Knaur

Über die Autoren:

P. D. James, seit 1991 Baroness James of Holland Park, wurde 1920 geboren. Da ihr Mann unheilbar krank aus dem Weltkrieg zurückkehrte, musste sie für sich und die beiden Töchter sorgen. Erst nach langen Jahren in der Krankenhausverwaltung und der Kriminalabteilung des britischen Innenministeriums konnte sie sich ab 1962 der Schriftstellerei widmen. Als Knaur Taschenbuch sind zehn Romane der »Queen of Crime« lieferbar.

T. A. Critchley, geboren 1919, war jahrelang Kollege von P. D. James in der Kriminalabteilung der britischen Innenministeriums. Er verfasste u. a. eine Geschichte der Polizei in England und starb 1991.

P. D. James
T. A. Critchley

Die Morde am Ratcliffe Highway

Aus dem Englischen übersetzt
von Sigrid Langhaeuser

Knaur

Die englische Originalausgabe erschien unter dem Titel
»The Maul and the Pear Tree« bei Faber & Faber in London

Besuchen Sie uns im Internet:
www.knaur.de

Vollständige Taschenbuchausgabe 2003
Droemersche Verlagsanstalt Th. Knaur Nachf., München
Copyright © 1971, 1987 by T.A. Critchley and P. D. James
Copyright © 2000 bei P. D. James für neues Material
Copyright © 2003 der deutschsprachigen Ausgabe bei
Droemersche Verlagsanstalt, Th. Knaur Nachf., München
Alle Rechte vorbehalten. Das Werk darf – auch teilweise –
nur mit Genehmigung des Verlages wiedergegeben werden.
Umschlaggestaltung: ZERO Werbeagentur, München
Satz: Ventura Publisher im Verlag
Druck und Bindung: Clausen & Bosse, Leck
Printed in Germany
ISBN 3-426-61982-2

*Diese Neuausgabe
ist dem Andenken von T. A. Critchley gewidmet*

Inhalt

Einführung 15
Vorwort 17

    I. Tod eines Weißwarenhändlers 23
    II. Der Unbekannte oder die Unbekannten 37
    III. Der Hammer 63
    IV. Die zwölfte Nacht 97
    V. Der »Pear Tree« 127
    VI. Das Weihnachtsfest 147
    VII. Der Schuldspruch von Shadwell 173
    VIII. Ein Grab an der Straßenkreuzung 197
    IX. Das Klappmesser 219
    X. Ein Fall für das Parlament 237
    XI. Das achte Opfer? 255

Epilog 297
Personenverzeichnis 301

Mr. Williams gab sein Debüt auf der Bühne des Ratcliffe Highway. Hier verübte er jene beispiellosen Morde, die ihm eine so glänzende und unvergängliche Reputation eingebracht haben. Zu diesen Morden muss ich übrigens anmerken, dass sie in einer Hinsicht doch beklagenswerte Folgen hatten. Sie steigerten den Anspruch der Connaisseure in einem solchen Maße, dass sie alles, was in dieser Hinsicht danach geleistet wurde, unbefriedigt lassen muss. Sämtliche anderen Mordtaten verblassen vor dem tiefen Blutrot der seinen.

Thomas de Quincey:
»On the Knocking at the Gate in Macbeth«

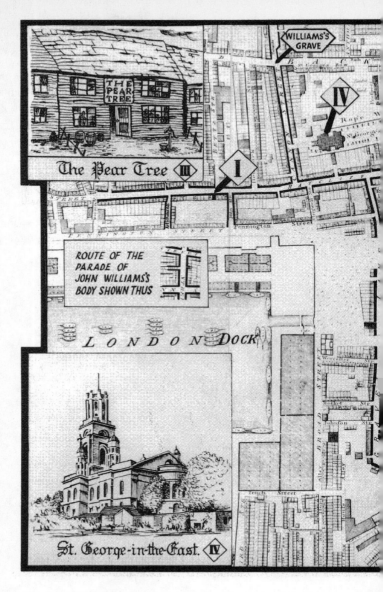

Karte des Ratcliffe Highway um 1811 (Benton Hughes)

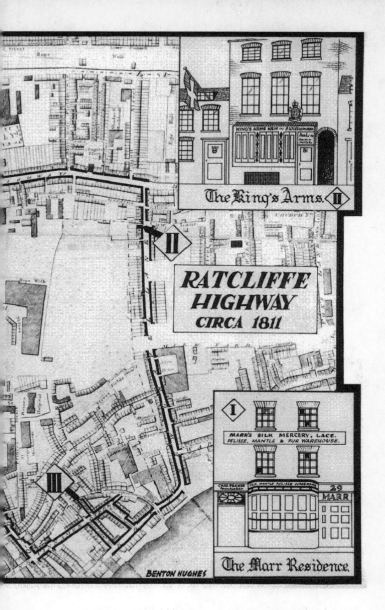

Einführung

Das vorliegende Buch geht auf das Jahr 1969 zurück, als ich T. A. Critchleys »A History of Police in England und Wales, 900–1966« zum ersten Mal las. Diese Abhandlung enthält einen kurzen Bericht über die Morde am Ratcliffe Highway am Ortsrand von Wapping im Jahre 1811. Der brutale Mord an zwei Familien rief landesweit eine beispiellose Panik hervor, und Tom Critchley geht in seinem Buch auf die Forderung nach einer Reform der Polizei ein, zu der die Vorgänge Anlass gaben, da sich unerfahrene Friedensrichter mit ihren bemitleidenswert unzureichenden und schlecht ausgerüsteten Helfern vor dem Hintergrund wachsender Hysterie und öffentlicher Kritik mit dem rätselhaften Fall herumschlugen. Durch Zufall hatte ich erst kurz zuvor einen zeitgenössischen Bericht über die Morde gelesen, der mich an der Schuld des schließlich festgenommenen Seemans John Williams hatte zweifeln lassen. Critchley und ich entschlossen uns deshalb, anhand aller Quellen, die wir auftreiben konnten, eigene Nachforschungen anzustellen, mit dem Hintergedanken, gemeinsam einen Bericht zu verfassen. »Die Morde am Ratcliffe Highway«, ursprünglich 1971 bei Constable erschienen, stellte das Ergebnis dar. Für mich war die Zusammenarbeit fesselnd, aufregend und zutiefst befriedigend. Leider ist mein Koautor inzwischen verstorben, deshalb sei diese Neuauflage, über die er sich sicher gefreut hätte, ihm gewidmet.

Es gibt ganz gewiss keinen Stadtteil von London, der sich seit der ersten Veröffentlichung des Buches stärker verändert hat als der Uferbereich von Wapping. Wenn die Geister jener bedauernswerten Opfer und der seefahrenden Untermieter von Mrs. Vermilloe ihre vertrauten Gefilde wieder aufsuchen könnten, würden höchstens die eine oder andere Kneipe und der elegante achteckige Turmaufsatz von St.-George's-in-the-East heimatliche Gefühle in ihnen wachrufen. Sie hätten sicher den Eindruck, der Highway mit seinem glänzenden Asphalt und seinem nie endenden Verkehrsstrom habe die Themse als Londons Hauptverkehrsader abgelöst, ebenso geschäftig und vielleicht genauso gefährlich wie der Fluss, den sie einst kannten. Was, so frage ich mich, würden sie vom Yachtclub St. Katherine's Dock und den Betonbastionen der Hotels am Ufer halten, oder von den umgebauten Lagerhäusern, die einstmals Zitadellen des Handels waren, der ihnen einen, wenn auch unsicheren Lebensunterhalt verschaffte, heute hingegen begehrte Wohnungen für die Reichen beherbergen? Die Hütten und die engen Gassen, die einst überquollen von wimmelndem Leben, sind verschwunden, nur die kraftvoll strömende Themse ist die gleiche geblieben.

T. A. Critchley und ich haben, hauptsächlich mit Hilfe zeitgenössischer Berichte, eine Lösung für das Geheimnis gefunden, aber ein Rätsel bleibt der Fall nach wie vor. Die Morde am Ratcliffe Highway, die bislang als simple Akte extremer Brutalität betrachtet wurden, gehören zu den interessantesten und außergewöhnlichsten Fällen der britischen Kriminalgeschichte.

P. D. James

Vorwort

Während der dunklen Nächte des Dezembers 1811 wurden in der Nähe des Ratcliffe Highway innerhalb eines Zeitraums von zwölf Tagen zwei Haushalte ausgelöscht. Insgesamt wurden sieben Personen brutal erschlagen. Von Anfang an fesselten die Morde durch ihre Brutalität und Erbarmungslosigkeit die Phantasie der Öffentlichkeit. Nie zuvor, nicht einmal zu Zeiten der Gordon-Aufstände, die London an den Rand der Anarchie brachten, war mit einem solchen nationalen Aufschrei gegen die traditionellen Ordnungskräfte protestiert worden, und nie war heftiger und anhaltender nach Reformen verlangt worden. Die Regierung schrieb die höchste jemals ausgesetzte Belohnung für Hinweise aus, die zur Ergreifung der Mörder führen würden; drei Wochen lang gab die »Times« diesen Verbrechen den Vorrang vor fast allen anderen Nachrichten; und De Quincey inspirierten sie zu einem der großen Essays in englischer Sprache, »Der Mord als schöne Kunst betrachtet«, dem die unvergleichliche Darstellung des Blutbads an den Marrs und den Williamsons Jahre später als Postskriptum hinzugefügt wurde. Noch jahrzehntelang waren Gerüchte über die Gräueltaten in Umlauf, bis ein Dreivierteljahrhundert später Jack the Ripper im benachbarten Erst End auf dem Plan erschien und seinen einzigen Konkurrenten um den Lorbeer für das blutigste Gemetzel in der britischen Kriminalgeschichte aus dem Rampenlicht verdrängte.

Das Entsetzen und die Ratlosigkeit, die sie hinterließen, und die ähnlich armseligen Tatorte verbinden diese beiden außergewöhnlichen Verbrechen, aber in einer Hinsicht unterschieden sich die Gegebenheiten von 1887 stark von denen im Jahre 1811. Für die Jagd auf den Ripper standen etwa vierzehntausend städtische Polizisten zur Verfügung, unterstützt von hunderten von Kriminalbeamten; und obwohl sie den Täter niemals dingfest machen konnte, war die Polizei zumindest in der Lage, die bestürzte

15

Bevölkerung zu beruhigen. 1811 dagegen gab es in Großbritannien kaum Polizeikräfte, und die Panik breitete sich unkontrolliert aus. Einer der faszinierendsten Aspekte der Beschäftigung mit diesen Verbrechen ist der Einblick, den sie in die Methoden gewähren, mit denen sich das dem Tode geweihte Gemeindesystem, unterstützt von der neuen Institution der Polizeirichter, der Herausforderung stellte, welche die Ermittlungen in einem bedeutenden Mordfall mit sich bringen, Ermittlungen, die trotz der öffentlichen Kritik letztendlich von Erfolg gekrönt waren. Doch als wir Nachforschungen jenseits der gedruckten Berichte über die Mordfälle anstellten, wurde offensichtlich, dass der Fall erheblich komplizierter lag, als mit Ausnahme einer Hand voll damals lebender Männer jemals irgendjemand wahrhaben wollte. Wir haben aus nichtveröffentlichten Quellen und Zeitungsberichten die Ereignisse rekonstruiert, und während sich die Geschichte weiterentwickelte, wurde klar, dass das System des Jahres 1811 nicht mehr geleistet hatte, als ein überzeugendes, bequemes und beklemmendes Urteil über einen Toten zu verhängen, während der eigentliche Kern der Morde am Ratcliffe Highway weiterhin im Dunkeln blieb. Unter all den veröffentlichten Berichten über die Morde konnten wir nur zwei finden, die irgendeinen Wert hatten. Die wichtigste Quelle besteht aus drei zeitgenössischen (und heute seltenen) Flugschriften, die von John Fairburn zum Preis von sechs Pence das Stück herausgegeben wurden. Sie sind nicht datiert, aus ihrem Inhalt geht jedoch hervor, dass sie im Dezember 1811 oder Anfang 1812 gedruckt wurden. Die Flugschriften schildern den Tathergang und enthalten eine nützliche Auswahl von Beweisen, die den Friedensrichtern und dem Coroner bei drei aufeinander folgenden Untersuchungen vorgelegt wurden. Die zweite brauchbare Quelle ist Sir Leon Radzinowiczs »History of the English Criminal Law, Vol. 8«, in der der Ablauf der Geschichte kurz ausgeführt ist, allerdings ohne die entsprechenden Beweise. Radzinowicz konnte jedoch die Dokumente des Innenministeriums einsehen, die Fairburn offensichtlich nicht zugänglich waren. Die meisten übrigen

Berichte scheinen entweder Fairburn oder De Quinceys phantasie-
vollen Essay auszuschlachten und waren dementsprechend für
unsere Zwecke nicht brauchbar. Wegen der Ungeheuerlichkeit der
Verbrechen sind jedoch die zeitgenössischen Zeitungsberichte
über die Verfahren bemerkenswert vollständig. Wir haben uns vor
allem auf die Artikel der »Times«, des »London Chronicle«, der
»Morning Post« und des »Morning Chronicle« gestützt, ergänzt
durch Beiträge im »Courier«, im »Examiner« und im »Gentleman's
Magazine«.

Unsere dritte Hauptquelle waren die heute im Staatsarchiv auf-
bewahrten Akten des Innenministeriums. Vor der Gründung der
Stadtpolizei korrespondierten die Friedensrichter von Middlesex
regelmäßig mit dem Innenminister über Kriminalfälle, und die
Briefe vom Dezember 1811 und vom Anfang des Jahres 1812 enthalten eine Fülle von Material zu den Morden am Ratcliffe
Highway, das bisher nie zusammengestellt oder, mit Ausnahme
einiger weniger Dokumente, auf die sich Radzinowicz bezieht,
veröffentlicht wurde.

Zwei Quellen, von denen jede einen Anhaltspunkt zur endgültigen Lösung des Rätsels enthalten könnte, standen uns nicht zur
Verfügung. Der schwerwiegendste Verlust ist der der Protokolle
der ursprünglichen Zeugenaussagen vor den Friedensrichtern von
Shadwell. Sie wurden am 10. Januar 1812 auf Anordnung des Innenministers an das Innenministerium geschickt und von dort am
7. Februar an den Gerichtsschreiber von Shadwell zurückerstattet.
Danach verliert sich ihre Spur. Die Friedensrichter selbst teilten
dem Innenminister im Dezember 1811 mit, dass die Zeitungsberichte über die Anhörungen »ziemlich akkurat« seien, also ist der
Verlust vielleicht nicht allzu gravierend. Trotzdem hätten in den
ursprünglichen Abschriften enthaltene kleine, zusätzliche Details
im Zusammenhang mit dem, was wir inzwischen wissen, wahrscheinlich bestätigen können, was nun eine vorsichtige Schlussfolgerung hinsichtlich der tatsächlichen Täter bleiben muss. Die
zweite verlorene Quelle hat sich allem Anschein nach einmal

unter den Aufzeichnungen der Ostindischen Gesellschaft befunden. Wir vermuten, dass die Einzelheiten einer Meuterei, die Anfang 1811 an Bord ihres Handelsschiffs »Roxburgh Castle« ausbrach, einige Klarheit in die späteren Ereignisse am Ratcliffe Highway bringen würde, und wir nehmen an, dass die näheren Umstände dieser Meuterei, wären sie heute nachvollziehbar, unsere Hypothese bestätigen würden.

Wir sind vielen Leuten dankbar, die uns beim Beschaffen des Materials für dieses Buch geholfen haben. Insbesondere ist es uns eine Freude, unseren Dank für die stets freundliche und oft begeisterte Hilfe zum Ausdruck zu bringen, die uns die folgenden Personen zukommen ließen: die Belegschaft des Staatsarchivs, des Britischen Museums, des London Museum, des Archivs der Stadtverordnetenversammlung und der Bibliothek und des Verlags der Gildenhalle; Mr. Douglas Matthews, der stellvertretende Bibliotheksdirektor der London Library; die Bibliothekare des Innenministeriums, von New Scotland Yard, des London Borough of Tower Hamlets und der Londoner Hafenbehörde; der Kurator des Museums der River Thames Division der Stadtpolizei; Rev. A. M. Solomon, der gegenwärtige Pfarrer von St.-George's-in-the-East, der uns freundlicher Weise den Fall betreffende frühe Gemeindedokumente zur Verfügung stellte; und Mr. Benton Hughes, dem wir für seine Arbeit an der Straßenskizze des Ratcliffe Highway besonders großen Dank schulden. Die Karte basiert auf einem Stich von Richard Horword aus dem Jahr 1807; die Zeichnungen von Marrs Geschäft, dem »King's arms« und der Kirche St.-Georg's stammen von zeitgenössischen Drucken, die des »Pear Tree« ist frei erfunden.

Für die übrigen Abbildungen schulden wir Dank: dem Komitee der Bibliothek des London Borough of Tower Hamlets für die freundliche Genehmigung der Wiedergabe des Drucks vom Leichenzug anlässlich des Begräbnisses der Marrs; die Genehmigung zur Wiedergabe des von der Gemeinde St.-George's herausgegebenen Handzettels und des Protokolls der ausgezahlten Belohnungen verdanken wir dem Leiter des Staatsarchivs; die Zeichnung von Marrs Geschäft und dem Zimmermannshammer stammt aus der Bibliothek der Gildenhalle und die von John Williams' Leiche auf dem Karren vor Marrs Geschäft aus der Druckesammlung der Stadtverordnetensammlung.

Schließlich ist es uns eine Freude, MA Dr. med. Keith Simpson, Professor für forensische Medizin am Guy's Hospital, London, unseren Dank für seine freundliche Bereitschaft auszusprechen, die bei der Zeugenbefragung vorgetragenen medizinischen Beweise zu lesen und unsere diesbezüglichen Fragen zu beantworten.

April 1971, T. A. C./P. D. J.

I
Tod eines
Weißwarenhändlers

Am letzten Abend seines Lebens machte sich Timothy Marr, Weiß-
warenhändler am Ratcliffe Highway, kurz vor Mitternacht daran,
mit Hilfe seines Gehilfen James Gowen seinen Laden aufzuräu-
men. Stoffbahnen mussten aufgerollt und verstaut werden, raues
Kammgarn, gefärbtes Leinen, Leinwand für Seemannshosen und
Serge für die Jacken der Seeleute, Ballen billiger bedruckter
Baumwolle für vier Pence den Meter und Ballen von Seide und
Musselin, mit denen die wohlhabenderen Kunden vom Wellclose
Square und aus Spitalfields angelockt werden sollten. Es war
Samstag, der 7. Dezember 1811, und der Samstag war immer der
härteste Tag der Woche. Das Geschäft öffnete um acht Uhr morgens und blieb bis zehn oder elf Uhr abends geöffnet. Die Auf-
räumarbeiten würden bis in die frühen Morgenstunden des Sonn-
tags dauern.
Marr war vierundzwanzig Jahre alt. Er hatte als Seemann bei der
Ostindischen Gesellschaft gedient und vor drei Jahren, 1808, seine
letzte Reise auf der »Dover Castle« gemacht. Es war seine erfolg-
reichste Reise gewesen. Er hing nicht in den Wanten, wie die übri-
ge Mannschaft, sondern war der persönliche Bedienstete des Kapitäns. Er muss ein angenehmer junger Mann gewesen sein, gewis-
senhaft, fleißig und voller Ehrgeiz. Während der langen Rückreise
nahmen seine Pläne Gestalt an. Er wusste genau, was er wollte. Zu
Hause wartete ein Mädchen auf ihn. Kapitän Richardson hatte ihm
Hilfe und Unterstützung in Aussicht gestellt, wenn er ihm auf der
Fahrt weiterhin gut dienen würde. Sobald er sicher zu Hause war,
wollte Marr seinen Abschied nehmen, seine Celia heiraten und ein
kleines Geschäft eröffnen. Das Leben an Land mochte schwierig
und unwägbar sein, doch zumindest würde es gefahrlos sein; und

21

wenn er hart arbeitete, versprach es Sicherheit und Wohlstand. Als die »Dover Castle« in Wapping vor Anker ging, heuerte Marr mit genügend Geld ab, um ein bescheidenes Geschäft zu gründen. Er heiratete, und im April 1811 fanden die beiden Eheleute, wonach sie suchten. Grundstücke waren in den Ufergemeinden im Osten Londons preiswert, und Marr kannte die Bedürfnisse der Seeleute. Er eröffnete einen Laden am Ratcliffe Highway Nr. 29 in der Gemeinde St.-George's-in-the-East an der Grenze zwischen Wapping und Shadwell.

Zweihundert Jahre lang hatte der Highway einen schlechten Ruf gehabt. Er war die größte der drei Hauptstraßen, die auf einem Streifen festen Bodens über das Marschland von Wapping nach Osten aus London herausführten. Seit der Römerzeit hatte es eine Straße auf diesem Steilufer gegeben, und an der Stelle, an der der rötliche Kies der Wasserlinie am nächsten kam (Red Cliff) war von jeher ein Hafen gewesen. Doch bereits 1598, in dem Jahr, in dem Stowe seinen »Survey of London« veröffentlichte, war der Ratcliffe Highway zu einer »schmutzigen Durchfahrt zwischen Gassen voller kleiner Mietshäuser« geworden, »in denen die Schankwirte der Seeleute hausen«. Der Niedergang hatte zu Stowes Lebzeiten stattgefunden. Vierzig Jahre zuvor war der Highway bis zu dem »Limehurst oder Lime Host, fälschlicherweise auch Lime House« genannten Weiler zwischen »gepflegten Hecken und langen Alleen aus Ulmen und anderen Bäumen« verlaufen. Wapping und das gesamte Land entlang des Ufers bestand aus grünen Feldern und Obstgärten, fast wie die Römer es hinterlassen hatten, »ohne dass in den letzten vierzig Jahren je ein Haus dort gestanden hätte«.

Es gab einen Grund dafür, dass trotz der zunehmenden Entwicklung der Schifffahrt im Pool of London in elisabethanischer Zeit niemand in Wapping bauen wollte. Der Weiler »war die öffentliche Richtstätte, wo Piraten und Seeräuber an der Tiefwasserstandsmarke gehenkt wurden und dort verblieben, bis die Flut sie dreimal überspült hatte«. Jahrelang hatten Aberglaube und Furcht die Bauwilligen zurückgehalten, und erst als die Galgen ein Stück weiter den Fluss hinunter verlegt wurden, entstanden die ersten Slums. Sie breiteten sich rasch über den morastigen Boden aus, bis zu den Galgen und darüber hinaus, bis Shadwell, Ratcliffe, Limehouse und Poplar. Das Leben in diesen elenden Hütten des achtzehnten Jahrhunderts war brutal, und wenn in den Wellen, die bei Flut hereinbrandeten, die Ketten eines Toten rasselten, war das nichts als ein Teil der Realität. Das Gleiche galt für die verschlungenen Gassen von Wapping. Die Piers und Dämme und die von den Gezeiten ausgewachsenen Treppenfluchten, die zum Wasser hinunterführten – die Pelican Stairs, die King James' Stairs, die Wapping New Stairs –, ließen noch immer die Überreste eines vormaligen Küstendorfs erkennen, die jedoch rasch verschwanden. Dr. Johnson hatte einen Teil der ersten Veränderungen miterlebt. »Er erzählte heute«, berichtet Boswell im März 1783, »ausführlich von der wunderbaren Größe und Vielfalt Londons und bemerkte, dass Männer mit Wissbegier und Forschungsdrang hier Lebensweisen entdecken könnten, die sich kaum jemand vorzustellen vermöge. Er empfahl uns vor allem, Wapping zu erkunden.«

Der gesamte Bezirk grenzte im Süden an Londons dunkle Lebensader, die Themse, einen breiten, belebten Strom voller Schiffe.[1] Hier lagen die großen Schiffe der Ostindischen Gesellschaft, massig und furchteinflößend wie Kriegsschiffe, die Tee, Medikamente, Musselin, Kattun, Gewürze und Indigo geladen hatten, die Handelsschiffe der Westindischen Gesellschaft, die Zucker, Rum, Kaffee, Kakao und Tabak aus der Karibik brachten; Kohlefrachter, die von Newcastle herunterkamen, Walfänger aus Grönland, Küstenschiffe, Paketboote, Briggs, Leichter, Lastkähne, Fähren und

---

[1] Jedes Jahr gingen im Hafen von London – der damals der größte Hafen der Welt in der größten Stadt der Welt war – 13 000 Schiffe aus allen Teilen der Welt vor Anker. Bevor 1805 das London Dock eröffnet wurde, machten etwa 10 000 Diebe Jagd auf die Ladung von Tausenden von offen im Fluss vertäuten Schiffen. Die Verluste beliefen sich auf etwa 500 000 Pfund pro Jahr, doch der erstaunliche Reichtum, der nach London floss, war so groß, das dies weniger als ein Prozent des Gesamtwerts der gehandelten Waren ausmachte.

Dingis. Die Bürger der Pfarrgemeinde von Wapping verbrachten ihr Leben vor dem ewig gleichen Hintergrund aus den Geräuschen des Flusses, dem Seufzen des Windes in Segeln und Masten, dem Klatschen des Wassers, das schwer gegen die Kaimauern schlug, und den heiseren Rufen der Bootsmänner und Fährleute. Der schwere sommerliche Geruch der Themse, ihre Seewinde und Herbstnebel waren Teil der Luft, die sie atmeten. Selbst die Gestalt des Ufers war geprägt von Wappings vielfältigen Verbindungen zum Fluss, und die Namen vieler Straßen bezeichneten ihre Funktion. Über die Old Gravel Lane wurde Kies aus den Gruben in Kingsland als Ballast an die Kais von Wapping gebracht, während die Cable Street die Heimstatt der Seiler war, die entlang der Felder, durch die sie verlief, ihre Taue drehten.

Der rege Handel auf dem Fluss sicherte fast sämtlichen Einwohnern, den Reichen wie den Armen, ihren Lebensunterhalt. Da waren die Hafenarbeiter oder Stauer, die die Ladungen aus den Lagern auf die Leichter schleppten, die Jollenführer, die die Leichter und andere Boote zur Versorgung der Schiffe steuerten, die Lieferanten von Tauwerk und Takelagen, Schiffsbäcker, Wäscherinnen, die davon lebten, dass sie die Kleidung der Seeleute wuschen, Zimmerleute, die die Schiffe reparierten, Rattenfänger, die sie vom Ungeziefer befreiten, Herbergswirte und Bordellbesitzer, Pfandleiher, Schankwirte und andere, die es sich zur Aufgabe gemacht hatten, die heimkehrenden Seeleute so schnell und so gründlich wie möglich um ihre angesparte Heuer zu bringen. Alle dienten, jeder auf seine Weise, den Schiffen und den Seeleuten; und die Seeleute, diese prahlerischen, verrufenen Gesellen, die mit den Gezeiten kamen und gingen, beherrschten alles. Sie hausten in billigen Herbergen am Fluss, schliefen zu viert oder fünft in einem Raum auf Strohmatratzen, zwischen denen ihre Seekisten standen. Nach Monaten auf dem Wasser unter harter Disziplin kamen die Männer mit dreißig oder vierzig Pfund in der Tasche reich nach Hause und gaben ihr Geld sofort aus – ein kosmopolitische Bande, Halsabschneider oder künftige Gentlemen, einäugig, einbeinig, ehemalige Meuterer, Helden, Piraten, die Erbauer eines Imperiums, die in der größten Stadt der Welt zu Hause waren. Zwischen den englischen und den ausländischen Seeleuten herrschte ewig Streit. Im Oktober 1811 ermahnte der Innenminister die örtlichen Friedensrichter in einem Schreiben, die Kämpfe zu schlichten, bevor es Tote gab. Bald darauf, wie um diese Warnung zu unterstreichen, wurde ein Portugiese erstochen.

Marr ging aus seinen Begegnungen mit diesen Raufbolden der Handelsmarine allem Anschein nach als sehr disziplinierter Mensch hervor. In den wenigen Monaten, seit er im Geschäft war, hatte er sich dank seines Fleißes und seiner Ehrlichkeit bereits einen guten Ruf erworben. Der Handel blühte, und in den letzten Wochen hatte er einen Zimmermann, Mr. Pugh, beschäftigt, um seinen Laden zu modernisieren und die Innenausstattung zu verbessern. Die gesamte vordere Fassade war abgerissen, die Ziegelmauer umgebaut und das erkerartige Schaufenster vergrößert worden, um die Waren besser ausstellen zu können. Und am 29. August 1811 war Marrs Sohn geboren worden, der sein Glück vervollständigte und ihn in seinem Ehrgeiz bestärkte. Er konnte sich auf den Tag freuen, an dem auf der Fassade seines Geschäfts – vielleicht sogar auf den Fassaden mehrerer Geschäfte von Bethnal Green bis Hackney und Dalston, von der Balls Pond Road bis Stamford Hill und darüber hinaus – der Schriftzug »Marr & Sohn« prangen würde.

Das erste Geschäft war freilich ein sehr bescheidener Anfang. Es stand in einer Reihe gewöhnlicher Häuser, deren Vorderseiten auf den Ratcliffe Highway hinausgingen. Der Laden nahm mit seiner Theke und seinen Regalen den größten Teil des Erdgeschosses ein. Hinter der Ladentheke führte eine Treppe in eine hintere Diele, in die zwei Treppen mündeten, von denen eine hinunter in die Küche führte, die im Keller lag, und die andere nach oben zu einem Treppenabsatz und zwei Schlafzimmern im ersten Stock. Der erste Stock diente als Lagerraum für Seide, Spitzen, Mäntel, Umhänge und Pelze. Es war ein schlichtes Haus, dessen eintöniges Aussehen nur durch den schönen, neuen, frisch olivgrün gestrichenen Schaufenstererker aufgelockert wurde. Die Häuserzeile, in der das Geschäft lag, war eine von vier ähnlichen Häuserreihen, die die Seiten eines Quadrats bildeten. Innerhalb des Blocks hatte jedes Haus seinen eigenen, eingezäunten Garten, der durch eine Hintertür über die Diele zu erreichen war. Der Grund innerhalb des Quadrats gehörte den Bewohnern des gesamten Blocks gemeinsam. Die Häuserreihe auf der Marrs Geschäft gegenüberliegenden Seite des Quadrats war der Pennington Street zugewandt, und hier warf eine gewaltige, sechs Meter hohe Ziegelwand ihren Schatten auf die Häuser. Es war die sechs Jahre zuvor vom Architekten des Gefängnisses von Dartmoor errichtete festungsartige Mauer des London Dock, die zum Schutz hunderter dahinter vor Anker liegender Schiffe diente. Für den Bau des Docks waren viereinhalb Hektar Hütten und ärmliche Behausungen eingeebnet und ihre Bewohner in die umliegenden Slums gepfercht worden. Die meisten waren somit von dem einzigen Broterwerb abgeschnitten, den sie kannten, da die Schiffe, die sie einst geplündert hatten, nun durch die monströse schwarze Mauer des Docks geschützt wurden. Um diese leichte Art, sich seinen Lebensunterhalt zu erwerben, gebracht, stellten sie nun den Bewohnern der Ufergemeinden nach und vermehrten Londons wachsende Heerscharen von Dieben und Bettlern. Die Mauer, die Londons Schifffahrt sicherer machte, trug nicht eben zur Sicherheit des Ratcliffe Highway bei.

Es waren schlechte Zeiten und eine unangenehme Gegend für eine Geschäftsgründung. 1811 hatte Napoleons Blockade der kontinentalen Häfen den europäischen Handel fast zum Erliegen gebracht. Im industrialisierten Binnenland schürten die Aktivitäten der Maschinenstürmer die Furcht vor einer Revolution. Die Ernte war katastrophal gewesen, und als passende Dreigabe für ein Jahr der Gewalt und Unsicherheit gaben die Ärzte des alten Königs 1811 endlich bekannt, dass ihr Patient unwiderruflich wahnsinnig geworden sei. Der Prinz von Wales wurde Regent.

Jetzt jedoch, als er am Ende einer arbeitsreichen Woche seinen Laden aufräumte, kreisten Marrs Gedanken um privatere Sorgen: um die Gesundheit seiner Frau, die sich nur langsam von der Entbindung erholte, um die Frage, ob der Umbau des Ladens klug gewesen war – hatte er sich vielleicht übernommen? –, um die ärgerliche Sache mit dem verlorenen Stemmeisen, das der Zimmermann Pugh von einem Nachbarn ausgeliehen hatte, um nun darauf zu beharren, dass es sich nach wie vor in Marrs Geschäft befinde, das aber trotz gründlicher Suche nicht aufgetaucht war, und schließlich um seinen eigenen Hunger am Ende eines langen Tages. Der Stoffhändler hielt in seiner Arbeit inne und rief nach dem Dienstmädchen Margaret Jewell. Obwohl es schon spät war (etwa zehn Minuten vor Mitternacht, wie Margaret Jewell später dem Coroner mitteilen sollte), gab er dem Mädchen eine Pfundnote und schickte sie weg, um die Rechnung beim Bäcker zu begleichen und ein paar Austern zu kaufen. Zum Preis von einem Penny das Dutzend und von den Austernbooten aus Whitstable frisch geliefert, würden sie nach einem langen Tag ein billiges, schmackhaftes Abendessen abgeben. Und sie würden eine willkommene Überraschung für Marrs junge Frau Celia sein, die sich zu diesem Zeitpunkt in der Küche im Keller befand und ihr Baby fütterte. Timothy Marr junior war dreieinhalb Monate alt.

Als sie die Ladentür schloss und in die Nacht hinaustrat, sah Margaret Jewell ihren Herrn und James Gowen noch immer hinter der Theke an der Arbeit. Das Mädchen bog nach links in den Ratcliffe Highway ein.

Es scheint, als hätte sie keine Angst gehabt, nachts allein unterwegs zu sein; doch dieses Gefühl der Sicherheit, das schon bald für eine ganze Generation zerstört werden sollte, war etwas verhältnismäßig Neues. Die Gemeindevertreter einiger unter Queen Anne erbauter Kirchen hatten die ersten zivilisierenden Maßnahmen durchgesetzt – Pflastersteine, Öllampen und Gemeindenachtwächter –, doch die größten Veränderungen hatten erst zu Margaret Jewells Lebzeiten stattgefunden. Die Leute wurden es nie

müde, sich an das Feuer von 1794 zu erinnern, das verheerendste
seit dem großen Brand von London, bei dem die Flammen Hun-
derte von Holzhäusern und Hütten zu beiden Seiten des Highways
verschlungen hatten. Im Hof eines Bootsbauers war ein Kessel
Pech übergekocht, und das Feuer sprang auf eine mit Salpeter
beladene Barke über. Es war Ebbe, und die daneben liegenden
Schiffe steckten hilflos im Schlamm fest. Die Barke explodierte
und entzündete die Salpeterlagerhäuser der Ostindischen Gesellschaft. Feuer regnete auf den Ratcliffe Highway herab, wie es
einhundertfünfzig Jahre später erneut geschehen sollte. Aber es
war ein reinigendes Feuer. Die Holzhütten wurden durch kleine
Ziegelhäuser ersetzt, von denen Marrs Geschäft eines war, und
kleine Inseln der Ehrlichkeit entstanden. Die Eröffnung des London Dock 1805 schuf weitere solcher Inseln, da wohlhabende
Kaufleute in die Gemeinde zogen und ihren Wohlstand allsonn-
täglich durch die lange Reihe ihrer Kutschen demonstrierten, die
vor den Kirchentoren von St.-George's-in-the-East vorfuhren. In
einer stürmischen Winternacht jedoch konnte der Highway für
Abergläubische noch immer ein furchteinflößender Ort sein, wenn
die Bugsprite und Spieren an den Kais des London Dock quietsch-
ten und knarrten und der Wind in alten Takelagen stöhnte wie der
letzte Seufzer eines am Fluss gehenkten Piraten. Doch die meisten
Nächte waren nun friedlich, und tagsüber war der Highway eine
heitere, vulgäre, lärmende Straße geworden, leuchtend bunt durch
die unzähligen bemalten Schilder vor den Gasthäusern und Geschäften, und erfüllt von den verlockenden Gerüchen der See und
des Flusses, nach Fisch, geteerten Seilen, neuen Tauen, Segeln und
harzigen Hölzern für Schiffsspieren. Und vor allem an einem
Samstagabend, an dem die Männer ihren Wochenlohn ausbezahlt
bekamen und die Gaststätten und Geschäfte lange offen blieben,
entfaltete der Highway in dem relativ neuen Gefühl der Sicherheit, das es einem Dienstmädchen ermöglichte, um Mitternacht
unbehütet auszugehen, ein ganz eigenes, schillerndes Leben.
Margaret Jewell ging den Ratcliffe Highway entlang zu Taylors

Austerngeschäft, das aber bereits geschlossen hatte. Daraufhin ging sie zurück zu Marrs Haus und sah durch das Fenster ihren Herrn noch immer hinter der Theke arbeiten. Es war das letzte Mal, dass sie ihn lebend sah. Es war jetzt beinahe Mitternacht. Eine milde, wolkenreiche Nacht war auf einen nassen Tag gefolgt, und das Mädchen war möglicherweise dankbar für eine Ausrede, länger ausbleiben zu können. Sie ging an Marrs Laden vorbei und bog den John's Hill hinunter vom Highway ab, um die Bäckerrechnung zu bezahlen.

Und damit kehrte sie der Sicherheit den Rücken. Gleich beim John's Hill lag die Old Gravel Lange, die historische Landverbindung zur Küste von Wapping, die sich etwa fünfundsechzig Meter östlich des Execution Dock zum Fluss hinunterwand, wo die Piraten hingen. Zwischen den Anlegeplätzen hob und senkte sich das Wasser unter einer dicken Schaumschicht aus Schlick und Abfall, dahinter hatten die Gezeiten von Jahrhunderten ein Gewirr von alten, verfallenen Hütten angespült wie Entenmuscheln auf einem Schiffsrumpf. Sie standen vollkommen planlos dort. Früher war es üblich gewesen, Höfe und Gassen in rechten Winkeln zu den Straßen zu bauen. Höfe wurden innerhalb von Höfen gebaut, Gassen hinter Gassen. Und in jüngster Zeit hatte das Mädchen mit angesehen, wie ganze Bezirke ummauert wurden, überragt und selbst bei Tageslicht verdunkelt durch die kahlen Mauern von Lagerhäusern, die nackten, hochragenden Wände von Mietskasernen für Seeleute und die riesige Mauer des London Dock, hinter der die fremdartige, schwimmende Stadt geborgen lag. Margaret hatte vermutlich schaurige Geschichten vom Leben in den von illegalen Einwanderern überschwemmten dunklen Labyrinthen gehört, von Männern und Frauen, zusammengepfercht in verlassenen Gebäuden, die in der Gegend, in der sich die Old Gravel Lane zur Themse hinunterwand, eine ständige Brandgefahr für die Verstecke und Materiallager darstellten – Gun Alley, Dung Wharf, Hangman's Gains, Pear Tree Alley. Die hungernden Menschen verhielten sich die meiste Zeit ruhig, mit dem trotzigen Mut der Verzweiflung,

29

aber für ehrbare Londoner stellten sie eine stete Bedrohung dar. Gelegentlich wurde diese Bedrohung Wirklichkeit, wenn der wild gewordene Pöbel nach Westen brandete, um sich auszutoben und zu plündern, oder ausschwärmte, um sich an einer öffentlichen Hinrichtung zu delektieren.

»Die Bäckerei war geschlossen«, berichtete Margaret Jewell dem Coroner später. »Ich ging dann zu einem anderen Geschäft, um die Austern zu holen, aber ich fand keinen offenen Laden. Ich war ungefähr zwanzig Minuten lang fort.« Sie wagte sich nicht hinunter in die Uferbereiche von Wapping, sondern kehrte zum vertrauten, sicheren Ratcliffe Highway zurück.

Jetzt war es nach Mitternacht, und der Straßenlärm legte sich. Die Kneipen schlossen, Fensterläden wurden geschlossen und verriegelt. Und als die Straßen still wurden, hörte Margaret Jewell plötzlich das Echo ihrer eigenen Schritte auf dem Pflaster. Von oben warfen die wackligen, mit rohem Fischtran betriebenen Straßenlaternen flackerndes Licht auf den Boden, das die Schatten zum Leben erweckte und noch schwärzer erscheinen ließ, und zwischen den Laternen lag die Straße in völliger Dunkelheit da. Als Margaret Jewell das Haus Nummer 29 am Ratcliffe Highway erreichte, brannte auch in Marrs Geschäft kein Licht mehr. Es lag ebenfalls im Dunkel, mit fest verschlossener Tür. Sie war ausgesperrt. Margaret stand allein auf der stillen Straße und zog an der Glocke.

Das Klingeln erschien dem wartenden Mädchen unnatürlich laut. Zu dieser späten Stunde war niemand in der Gegend, mit Ausnahme von George Olney, dem Nachtwächter, der schweigend auf der anderen Straßenseite vorbeiging, um einen Mann, den er festgenommen hatte, in die Arrestzelle zu bringen. Margaret Jewell läutete erneut, diesmal lauter, drückte sich dicht an die Tür und lauschte auf jedes Geräusch aus dem Inneren. Sie war noch nicht ernsthaft besorgt. Ihr Herr ließ sich eben Zeit. Wahrscheinlich war er bei seiner Frau in der behaglichen Küche im Untergeschoss. Vielleicht hatte die Familie die Hoffnung auf Austern auch aufgegeben und war schon zu Bett gegangen. Das Mädchen hoffte nur, dass ihr Herr sie nicht schelten würde, weil sie für ihre erfolglose Mission so lange gebraucht hatte, und dass ihr Klingeln das Kind nicht wecken würde. Noch einmal zog sie heftig an der Glocke und lauschte: Und diesmal hörte sie ein Geräusch, an das sie sich bis an ihr Lebensende mit Grauen erinnern sollte. Im Moment jedoch bedeutete es nur Erleichterung und die tröstliche Gewissheit, dass sie bald in der warmen, vertrauten Küche stehen würde. Da waren leichte Schritte auf der Treppe zu hören. Jemand – sicher ihr Herr – kam herunter, um die Tür zu öffnen. Dann hörte sie noch ein wohl bekanntes Geräusch: Das Baby gab einen leisen Schrei von sich.

Aber es kam niemand. Die Schritte verklangen, und es wurde wieder still. Es war eine absolute Stille, unheimlich und erschreckend. Das Mädchen griff nach der Klingel und läutete wieder; dann begann sie, hin- und hergerissen zwischen Panik und Unwillen, gegen die Tür zu treten. Ihr war kalt, und sie hatte Angst. Während sie läutete und gegen die Tür trat, kam ein Mann daher. Vielleicht fühlte er sich in seiner Trunkenheit durch den Lärm gestört, vielleicht bildete er sich auch ein, dass das Mädchen ein Ärgernis darstellte, jedenfalls fing er an, sie anzupöbeln. Margaret Jewell hörte auf zu klopfen. Sie konnte nichts tun als warten, bis der Nachtwächter wiederkam. Das vergebliche Läuten würde nur zu neuen Beschimpfungen führen.

Sie wartete etwa dreißig Minuten lang. Pünktlich um ein Uhr kam George Olney, um die Stunde auszurufen. Er sah das Mädchen vor Marrs Tür stehen, wusste nicht, wer sie war, und forderte sie auf weiterzugehen. Sie erklärte ihm, dass sie zum Haushalt gehöre und es für sehr eigenartig halte, dass man sie ausgesperrt hatte. Olney stimmte ihr zu. Er sagte, dass die Familie zweifellos zu Hause sei. Er war vorbeigegangen, als er die zwölfte Stunde ausrief, und er hatte selbst gesehen, wie Marr seine Fensterläden schloss. Kurz nach Mitternacht hatte er das Fenster wie gewöhnlich überprüft und bemerkt, dass die Läden nicht verriegelt waren.

Er hatte nach Marr gerufen, und eine fremde Stimme hatte geantwortet: »Wir wissen Bescheid.« Jetzt hielt er seine Laterne hoch gegen das Fenster und überprüfte den Fensterladen erneut. Er war noch immer nicht verriegelt. Er griff nach dem Glockenzug und läutete Sturm. Keine Antwort. Er läutete wieder, hämmerte mit dem Klopfer, beugte sich nieder und rief durch das Schlüsselloch: »Mr. Marr! Mr. Marr!«

Das Klingeln schwoll zu einem Crescendo an und weckte John Murray, einen Pfandleiher, der im Nachbarhaus lebte. Er war kein Mann, der sich in die Angelegenheiten seiner Nachbarn einmischte, doch er war auch schon von Margaret Jewells vorheriger Attacke auf die Tür gestört worden. Nun, um Viertel nach eins, waren er und seine Frau bettfertig und wollten schlafen. Früher in dieser Nacht hatten sie einen unerklärlichen Lärm gehört. Kurz nach zwölf Uhr waren er und seine Familie bei ihrem späten Abendessen durch ein Geräusch aufgeschreckt worden, das klang, als ob ein Stuhl zurückgeschoben würde. Danach war der Schrei eines Jungen oder einer Frau zu hören gewesen. Die Geräusche hatten ihn zu diesem Zeitpunkt nicht weiter beunruhigt. Vermutlich war Marr am Ende des längsten und anstrengendsten Tages der Woche verärgert und müde gewesen und hatte seinen Gehilfen oder sein Dienstmädchen gezüchtigt. Das war seine Sache. Aber dieses andauernde Gebimmel war etwas anderes. Murray ging auf die Straße hinaus.

Die Situation war rasch erklärt. Margaret Jewell stammelte etwas Unzusammenhängendes von Austern, Bäckerrechnungen und Babygeschrei, und George Olney berichtete wesentlich ruhiger von dem nicht vorgeschobenen Riegel und seinem erfolglosen Klopfen. John Murray übernahm die Führung. Er wies den Nachtwächter an, weiter heftig an der Klingel zu ziehen, er selbst wollte in seinen Hinterhof gehen und versuchen, die Familie von der Rückseite des Hauses aus zu wecken. Das tat er, indem er drei- oder viermal »Mr. Marr!« rief. Niemand antwortete. Dann sah er Licht auf der Rückseite des Hauses. Er kehrte zur Straße zurück und wies den Nachtwächter an, noch lauter zu klingeln. Er selbst wollte versuchen, durch die Hintertür in das Haus zu gelangen.

Es war nicht schwierig, über den wackligen Zaun zu steigen, der die beiden Grundstücke voneinander trennte, und bald befand er sich in Marrs Hof. Er stellte fest, dass die Hintertür offen stand. Im Haus war es vollkommen still, aber er sah das schwache Licht einer Kerze, die auf dem Treppenabsatz brannte. Murray ging die Treppe hinauf und nahm die Kerze in die Hand. Er stand vor der Schlafzimmertür der Marrs, aber wie so oft gewann die Gewohnheit die Oberhand über die Vernunft, und sein Taktgefühl hinderte ihn daran einzutreten. Er blieb unentschlossen stehen, dann rief er leise, als schlafe das junge Paar ungeachtet des Lärms auf der Straße in friedlicher Umarmung: »Marr, Marr, Ihre Fensterläden sich nicht verriegelt.«

Niemand antwortete. Murray, der noch immer zögerte, in die Intimsphäre seines Nachbarn einzudringen, hielt die Kerze hoch und tastete sich vorsichtig die Treppe hinunter und in den Laden.

Dort fand er die erste Leiche. Der Gehilfe James Gowen lag tot unmittelbar vor der Tür, die in den Laden führte, etwa zwei Meter vom Fuß der Treppe entfernt. Sein Gesicht war zu Brei geschlagen, sein Schädel, aus dem noch immer Blut floss, war zertrümmert, Blut und Hirnmasse waren bis zur Theke hinaufgespritzt und hingen wie ein grausiger Auswurf an der niedrigen Decke. Vor Schreck und Entsetzen wie versteinert, brachte Murray einen Moment lang keinen Ton heraus und konnte sich nicht von der Stelle rühren. Die Kerze zitterte in seiner Hand und warf Schatten und ein sanftes, flackerndes Licht auf den Toten zu seinen Füßen. Der Pfandleiher stöhnte auf, taumelte zur Tür und fand seinen Weg versperrt von der Leiche von Mrs. Marr. Sie lag mit dem Gesicht nach unten vor der Tür zur Straße. Aus ihrem entsetzlich zugerichteten Kopf quoll immer noch Blut.

Irgendwie schaffte es Murray, die Tür zu öffnen. Stammelnd stieß er hervor: »Mord! Mord! Kommen Sie und sehen Sie, was hier passiert ist!« Der Nachtwächter und Margaret Jewell, zu denen sich mittlerweile Nachbarn und ein zweiter Nachtwächter gesellt hatten, drängten in den Laden. Sie waren fassungslos vor Schrecken. Margaret Jewell begann zu kreischen. Alles stöhnte und schrie. Augenblicke später wurde die nächste Tragödie entdeckt: Hinter der Theke, ebenfalls mit dem Gesicht nach unten und dem Kopf zum Fenster, lag die Leiche Timothy Marrs. Jemand rief: »Das Kind, wo ist das Kind?«, und alle rannten in den Keller. Dort fanden sie das Baby. Es lag noch immer in seiner Wiege. Die Wange war von einem Schlag aufgerissen, die linke Seite des Gesichts zerschmettert, die Kehle durchschnitten, sodass der Kopf fast vom Körper abgetrennt war.

Krank vor Entsetzen angesichts der Brutalität der Bluttat und fast ohnmächtig vor Angst stolperten die Nachbarn und Nachtwächter aus der Küche nach oben. Der Laden füllte sich und war bald von vielen Kerzen erhellt. Angstvoll aneinander gedrängt sahen sich alle im Raum um. Dort, auf dem Teil der Theke, der nicht mit Gowens Blut und Hirn bespritzt war, sahen sie ein Zimmermannsstemmeisen liegen. Zögernd und mit zitternden Händen hoben sie es hoch. Es war vollkommen sauber.

II
Der Unbekannte
oder die Unbekannten

Das plötzliche Scheppern der Rasseln der Nachtwächter alarmierte die ganze Nachbarschaft. Schlafzimmerfenster wurden aufgestoßen, und Menschen in Schlafmützen streckten die Köpfe heraus. Die Leute zogen sich eilig an und versammelten sich vor Marrs Geschäft. Einige hatten Murrays schrecklichen Schrei »Mord!« gehört, andere strömten instinktiv zu einer Szene, die aus einem Alptraum zu stammen schien. Aber da gab es nichts zu sehen: nur die halb offene Tür, die nicht verriegelten Fensterläden und die blassen, verstörten Gesichter der wenigen Menschen, die im Inneren des Hauses gewesen waren.

In Minutenschnelle hatte die Neuigkeit das River Thames Police Office in Wapping erreicht. Dort hatte der Polizeibeamte Charles Horton Dienst. Er rannte die Old Gravel Lane hinauf, kämpfte sich durch die Menge am Ratcliffe Highway und betrat Marrs Laden. Als erster Polizist am Tatort hatte er die Pflicht, das Gebäude zu durchsuchen. Er hatte Glück, in dieser Nacht Dienst zu haben. Zwei Monate später, als der Innenminister die Verteilung von Belohnungen genehmigte, erhielt Horton zehn Pfund für das, was er gefunden hatte.

Der Polizist untersuchte die Leichen im trüben Licht seiner Laterne. Die Luft war bereits vergiftet vom widerlich süßen Geruch nach Blut und Gehirn. Er ging systematisch vor, hielt die Laterne unter die Theke, hinter die Tür, in die Regale und in jede dunkle Ecke, in die die Mörder ihre entsetzlichen Waffen geworfen haben konnten. Doch außer dem Stemmeisen fand er nichts. Es schien auch nichts gestohlen worden zu sein. In Marrs Tasche fand Horton fünf Pfund, und in der Kasse lag Kleingeld. Dann ging er hinunter in die Küche, wo das tote Kind in seiner blutdurchtränkten

35

Wiege lag. Doch auch dort blieb seine Suche ergebnislos. Wer immer die Kehle des Babys durchschnitten hatte, hatte sein Messer wieder mitgenommen.

Blieb nur noch die Durchsuchung der oberen Stockwerke. Begleitet von Olney ging Horton vorsichtig die Treppe hinauf und blieb angespannt lauschend auf dem Treppenabsatz stehen, von dem aus Murray kurz zuvor nach dem jungen Paar im Schlafzimmer gerufen hatte. Die Tür stand noch offen. Horton fasste seinen Schlagstock fester und trat ein. Das Bett war unberührt. Daneben stand ein Stuhl und an den Stuhl gelehnt, mit dem Griff nach oben, ein schwerer eiserner Hammer, wie ihn die Schiffszimmerleute verwendeten. Der Griff war mit Blut verschmiert, das Blut an dem eisernen Hammerkopf war noch feucht, und Haare klebten daran. Die Mörder mussten durch Margaret Jewells Klingeln aufgeschreckt worden sein, die Waffe fallen gelassen und die Flucht ergriffen haben. Auch aus dem Schlafzimmer war nichts gestohlen worden. Eine Schublade enthielt einhundertzweiundfünfzig Pfund in bar.

Horton trug den Hammer behutsam nach unten. Dessen Anblick ließ die Menge im Laden zurückweichen. Der Polizist stellte seine Laterne auf der Theke ab und untersuchte die Waffe. Der eiserne Kopf war geformt wie ein Amboss, das grauenvoll mit Blut und Haaren verklebte dickere Ende abgeflacht, um Nägel in die Schiffsplanken zu schlagen. Das schmale Ende, das in einer Spitze mit einem etwa pennygroßen Durchmesser auslief, wurde benutzt, um die Nägel unter die Oberfläche des Holzes zu treiben. Diese Spitze stellte den ersten Fingerzeig dar: Es war zu erkennen, dass sie am Ende abgebrochen war.

In der Zwischenzeit waren weitere Hinweise entdeckt worden. Zwei deutlich erkennbare Fußspuren führten von der Rückseite von Marrs Haus fort. An diesem Tag hatten Zimmerleute im Laden gearbeitet, und die Abdrücke enthielten Spuren von Blut und Sägemehl. Offensichtlich waren die Mörder über den hinteren Zaun entkommen und von dort über das eingezäunte Grundstück auf der Rückseite weitergelaufen. Ein Mann aus der Pennigton Street bestätigte dies. Er lebte neben einem unbewohnten Haus an der Ecke Pennington Street und Artichoke Hill. Kurz nachdem der erste Alarm ausbrach, hatte er ein Rumpeln in dem leer stehenden Haus gehört, und »etwa zehn oder zwölf Männer« waren hinaus- und in die Pennington Street hinuntergerannt. Die logische Schlussfolgerung war, dass die Bande die Old Gravel Lane entlang geflohen und dort verschwunden war.

Kurz vor Anbruch der Morgendämmerung kehrte Horton mit dem Hammer zum River Thames Police Office zurück, wo er bereits drei in Gewahrsam genommene Männer vorfand. Es handelte sich um griechische Seeleute, die in der Nähe von Marrs Haus herumgelungert hatten. Einer von ihnen hatte Blutspritzer auf der Hose. Sie waren die ersten von vielen, die unter ähnlichen Umständen auf den geringsten oder gar keinen Verdacht hin festgenommen wurden. Der Schrecken und das Gefühl ohnmächtiger Wut angesichts des Mordes an dem Baby versetzte die gesamte Gemeinde in eine Art Massenhysterie, die sich als Erstes gegen Ausländer richtete. Die griechischen Matrosen wurden dem Friedensrichter der River Thames Police, John Harriott, vorgeführt, aber sie hatten ein Alibi. Sie konnten beweisen, dass sie gerade von Gravesend heraufgekommen waren, und wurden entlassen.

So stand am Sonntagmorgen schon kurz nach Tagesanbruch, wenige Stunden nach den Morden, vieles fest: Ein Polizeibeamter hatte Marrs Haus durchsucht und den blutverschmierten Hammer mit seinem unverkennbaren Merkmal gefunden; man hatte festgestellt, dass nichts gestohlen worden war; zwei Paar Fußspuren waren entdeckt worden; der wahrscheinliche Fluchtweg war ermittelt worden; und drei Männer waren festgenommen und dem Friedensrichter vorgeführt worden. Fast könnte der Eindruck entstehen, dass in London bereits achtzehn Jahre vor der Gründung der Stadtpolizei im Jahre 1829 eine organisierte, wenn auch rudimentäre Polizei existierte, die gut genug ausgebildet und ausgerüstet war, um rasch auf die Ereignisse reagieren zu können. Dieser Eindruck ist falsch.

Die Hauptverantwortung für die Verbrechensbekämpfung lag in der Gemeinde St.-George's-in-the-East fest in den Händen der Kirchenvorsteher, Aufseher und Gemeindevertreter, die durch aufs Mittelalter zurückgehende Gesetze verpflichtet waren, alljährlich die unbezahlten Teilzeitämter des Gemeindepolizeichefs und der Gemeindeschutzleute neu zu besetzen. Diese Ämter waren zwar ehrenvoll, aber äußerst lästig. Die Gemeindeschutzleute, von denen jährlich bis zu zwölf ernannt werden konnten, waren dafür zuständig, die Nachtwachen einzuteilen und zu kontrollieren sowie die Gefangenen in Verwahrung zu nehmen und am Morgen einem Friedensrichter vorzuführen. Nach einem harten Arbeitstag hatten Kaufleute und Handwerker weder Energie noch Neigung zu einem anstrengenden, unentgeltlichen Dienst an der Gemeinde. Einer alten Tradition folgend, konnten sie sich jedoch davor drücken, indem sie entweder eine Geldstrafe von zehn Pfund zahlten oder einen Stellvertreter bezahlten, der den Dienst an ihrer Stelle ableistete. Die meisten dieser Stellvertreter waren korrupt, und viele blieben jahrelang im Amt.

Unter der Aufsicht der Gemeindeschutzleute (oder ihrer bezahlten Stellvertreter) beschäftigte die Gemeinde St.-George's-in-the-East zusätzlich fünfunddreißig Nachtwächter für zwei Schilling pro Nacht sowie einen Nachtbüttel, der sie überwachte. Die Aufgabe der Nachtwächter bestand darin, von neun Uhr abends bis vier Uhr morgens die halben Stunden auszurufen, und »alle Missetäter, Schurken, Vagabunden, Störenfriede und jeden, der sich verdächtig macht, Übles zu planen, herumlungert oder sich schlecht benimmt, ausfindig zu machen, festzunehmen und festzuhalten«. So stand es im örtlichen Gesetz, doch die Nachtwächter sahen ihre Arbeit anders. Für sie war ihr Amt die leichteste ihnen bekannte Möglichkeit, vierzehn Schilling in der Woche plus Nebenverdienst einzustreichen. Zwischen ihren Runden suchten sie Schutz in kleinen Wachhäuschen, die nach einem zeitgenössischen Bericht im »Examiner« »lediglich eine Sache der einfachsten Barmherzigkeit sind, wenn man bedenkt, was für arme, verbrauchte Kreaturen sie benutzen und wie oft Nebel und Regen die ganze Nacht über andauern«.

Die Gemeindenachtwächter waren ausnahmslos alt. Die meisten gingen tagsüber einer anderen Beschäftigung nach, waren aber nicht mehr kräftig genug, harte körperliche Arbeit zu leisten. Sie nahmen deshalb die Nachtarbeit an, um ihren zwangsläufig geringen Verdienst aufzubessern. Nach Aussage eines Mr. Jenkinson vom Charterhouse Square gab es einen weiteren Grund für die Gemeinde, nur alte Männer einzustellen. »Ich habe gehört, dass die Gemeinde Covent Garden vor einigen Jahren versucht hat, junge Männer als Nachtwächter einzustellen«, vertraute er dem Innenminister taktvoll an, »dies allerdings aufgrund der Beziehungen wieder aufgeben musste, die sich zwischen ihnen und den Prostituierten entwickelten und die sie von ihren Pflichten abhielten, während die Verbrechen begangen wurden.« Doch die alten Leute waren kaum effektiver. Vielleicht waren sie zu senil, um noch von den Prostituierten in Versuchung geführt zu werden, aber sie waren auch zu schwach und zu unfähig, um eine Gefahr für Einbrecher darzustellen. Woran es offensichtlich fehlte, war eine Truppe kräftiger, energischer und ehrlicher junger Männer, die unempfänglich für die sexuellen Verlockungen der Frauen waren, eine Spezies, für die, selbst wenn sie existiert hätte, die Aufgaben und das Gehalt eines Gemeindenachtwächters kaum sonderlich verlockend gewesen sein dürften.

Die Akten des Innenministeriums enthalten eine Beschreibung des Amtes aus der Sicht eines Nachtwächters dieser Zeit. Thomas Hickey war nacheinander bei fünf verschiedenen städtischen Gemeinden angestellt, und die Gaunereien, von denen er berichtet, waren überall die gleichen. Ein beliebter Trick der Nachtwächter war es, sich von einem Einbrecher (oft einem guten Freund) bestechen zu lassen, einen Fremden wegen einer Bagatelle wie Herumlungern festzunehmen, ihn zum Wachhäuschen zu bringen und sich dort lange genug mit ihm herumzustreiten, dass der Einbrecher unterdessen ein Haus seiner Wahl ausrauben und verschwinden konnte. Wenn dann der Gemeindeschutzmann kam, um den Festgenommenen in Gewahrsam zu nehmen, konnten er und der Nachtwächter sich darauf einigen, die Anklage für eine vereinbarte Summe fallen zu lassen. »Dann, um Ihnen die Wahrheit zu sagen, edler Herr, teilen der Herr Nachtwächter und der Herr Gemeindeschutzmann das Bestechungsgeld unter sich auf.« Hickey und seine Freunde hatten auch Erfahrungen mit den Verlockungen der Prostituierten. »Ein weitaus größeres Übel sind die unglücklichen Frauen, die aus purer Notwendigkeit des Nachts auf den Straßen herumstolzieren, diese armen Geschöpfe müssen – ich sage müssen – zu ihrer eigenen Sicherheit einen Beschützer haben, besser bekannt unter der Bezeichnung Zuhälter oder Lude – verzeihen Sie diese Ausdrücke, edler Herr –, die als Diebe bekannt sind. Die unglückliche Frau muss, und das ist meist geplant, wenn der Nachtwächter auftaucht, diesen von seinen Aufgaben abhalten und ihm ein wenig Gin verabreichen, was nie abgelehnt wird, und den doppelten Zweck erfüllt, ihr die Freiheit zu verschaffen, weiter umherzustreifen, und ihrem Beschützer die Gelegenheit, in ein Haus einzubrechen oder einen unachtsamen Passanten auszurauben.«

Ein Nachtwächter durfte die Grenze seiner Gemeinde nicht ohne die Erlaubnis eines benachbarten Gemeindeschutzmanns überschreiten, und es gibt viele Geschichten von alten Männern, die wohlwollend zusahen, wie Einbrecher ein Haus auf der anderen Seite einer Straße ausräumten, die eine Gemeindegrenze bildete. Oft verdösten sie jedoch die ganze Nacht im Suff. Ihr bei Generationen von Karikaturisten beliebtes Handwerkszeug waren Laterne und Rassel. Die Laterne war ein mit dicken Schichten von Teer und Fett verkrustetes, schweres Eisengerät. Das Scheppern der Rassel diente allenfalls als Sammelruf für die Verbrecher, als Fortissimobegleitung für (um noch einmal den »Examiner« zu zitieren) die »alte, von Zeit und Wetter brüchig gewordene Stimme, die

die Diebe zusammenzutrommeln scheint, damit sie ihr Unwesen treiben können, wo es ihnen gefällt«.

Niemand konnte erwarten, dass diese dürftige Gemeindepolizei, selbst wenn sie im Winter durch vierundzwanzig »Nachtwachen« ergänzt wurde, einen Mord verhindern konnte; und der Gedanke, sie als Ermittlungsbehörde einzusetzen, war lächerlich. Die Männer der Gemeindepolizei waren jedoch nicht die einzigen Vertreter des Gesetzes in dem Sprengel, in dem Marr lebte. Hinter ihnen (wenn ihnen auch nicht vorgesetzt) stand ein lokales Gericht mit drei Friedensrichtern, die im Amtshaus von Shadwell residierten. Es war eines von sieben Friedensgerichten, die 1792 gegründet worden waren. Den Gründungserlass könnte man als Antikorruptionsgesetz bezeichnen, denn er räumte in Middlesex endlich mit dem Schandfleck auf, den die alten »gewerbsmäßigen Richter« dargestellt hatten, die mehr als ein Jahrhundert lang das Recht als äußerst profitables Geschäft betrieben hatten. Nachdem sie sich in das Richteramt eingekauft hatten, nahmen sie offen sämtliche Bestechungsgelder an, die sie für die Freilassung von Dieben bekommen konnten, trafen Schutzvereinbarungen mit Bordellbesitzern und bedrohten jeden mit Gefängnis, der es wagte, sich ihnen entgegenzustellen. Gelegentlich trafen sie auf Schurken, die noch schlauer waren als sie selbst. Ein vertraulicher Bericht an den Lordkanzler spricht von »einem Sachsen, einem Richter bei Wapping; sehr arm und skandalös, wegen Schulden kürzlich Häftling in Seiner Majestät Schuldturm; schleicht jetzt in verbotenen Schenken in Tower Hill und Wapping herum und fasst in einer kleinen Kneipe in der Nähe der Zollbehörde eidesstattliche Erklärungen ab«. Doch nur wenige Richter sanken so tief. Sie mussten lediglich Geschäfte in der Nähe ihrer Gerichte eröffnen, um ausgezeichnet zu verdienen, indem sie als Preis für die Sicherheit vor Strafverfolgung Aufpreise von zehn oder zwanzig Prozent auf alle an Diebe und Prostituierte verkauften Waren verlangten. Ziel des Erlasses von 1792 war es gewesen, diese beneidenswerten Geschäftchen durch Gerichte zu ersetzen, die nach dem Vorbild des von Henry Fielding fünfzig Jahre zuvor in der Bow Street gegründeten Gerichts arbeiteten, wo für ein halbes Jahrhundert auf faire Weise Recht gesprochen worden war. Die Friedensrichter in den sieben neuen Amtshäusern erhielten jeweils vierhundert Pfund pro Jahr (die später auf fünfhundert erhöht wurden) – genug, so hoffte man, um über jedwede Versuchung erhaben zu sein.

Doch die Lösung des einen Problems hatte ein neues zur Folge. Die einzige für die Ernennungen geforderte Qualifikation war die gleiche, die für Friedensrichter ganz allgemein galt: Ein Kandidat musste über ein privates Einkommen von mindestens einhundert Pfund pro Jahr verfügen, damit er nicht zum Werkzeug der Regierung werden konnte. Die neuen Stellen wurden, wie es zu dieser Zeit üblich war, über Beziehungen besetzt. Um 1811 wurden, um erneut den »Examiner« zu zitieren, »eine Reihe von Leuten, deren Förderer nicht wussten, was sie mit ihnen anfangen sollten, und die weder die Zeit oder Neigung noch irgendein Talent für die Pflichten hatten, die sie erfüllen sollten, in die Amtshäuser gesetzt, zu ihrem eigenen großen Kummer und zum Schaden ihrer Mitbürger ... Der eine schrieb Romane, ein anderer studierte Politik, ein dritter befasste sich mit Theologie, ein vierter gab Kommentare über die vorübergehenden Mädchen ab, ein fünfter kaute wegen eines unvollendeten Reims an seinem Bleistift herum, und ein sechster vertrödelte seine Zeit über einer Biographie von Dr. Johnson.« Der Poeta laureatus persönlich war einer dieser Friedensrichter, und alle schienen enthusiastische Literaten gewesen zu sein. »Ein Straftäter konnte in einem von einem Friedensrichter geleiteten Theater wegen einer Schlägerei festgenommen werden, die er bei einem von einem anderen Friedensrichter verfassten Stück provozierte, und einem dritten vorgeführt werden, der in einer Zeitschrift die Kritik dazu schrieb.« Die Friedensrichter können bei Tag als das betrachtet werden, fasst der Autor zusammen, »was die Nachtwächter in der Nacht für uns sind: bedauernswerte Geschöpfe, die völlig fehl am Platz sind und niemandem nützen, außer denen, die uns ausrauben.

Die drei Friedensrichter von Shadwell, Robert Capper, Edward Markland und George Story, hatten ihr Amtshaus in der Shadwell High Street und sollten von dort aus die sechs dicht besiedelten Gemeinden Shadwell, Wapping, St. Anne's (Limehouse), St.-George's-in-the-East, Ratcliffe und Poplar überwachen. Zu ihrer Unterstützung hatten sie (wie alle anderen Gerichte) die Genehmigung, bis zu acht Polizisten einzustellen. Diese Männer trugen keine Uniform und hatten weder Dienstmarken noch irgendeine Art von Ausrüstung. Sie waren eine winzige, isolierte Polizeitruppe, die den Friedensrichtern persönlich unterstand. Jeder Polizist erhielt zweiundzwanzig Shilling pro Woche, doch das sollte nur ein Grundlohn sen. Es wurde erwartet, dass die Männer Arbeiten für Privatpersonen übernahmen, Verdächtige verfolgten und gestohlene Ware für eine Belohnung wiederbeschafften. Damit verdienten die Polizisten über ihr offizielles Gehalt hinaus bis zu einhundert Pfund im Jahr. Mit den Gemeindeschutzleuten und Nachtwächtern lebten sie in offener Feindschaft. Die Gemeindekräfte betrachteten die kleine Polizeitruppe als eine Art Spione, denen sie in jeder Hinsicht nur ungern Beistand leisteten. Sie gehören der gleichen Spezies an, erklärte ein Friedensrichter, doch »der eine ist der natürliche Feind des anderen«. Dies war unvermeidlich, da sie um die gleichen Einnahmequellen konkurrierten und verschiedenen Herren dienten.

Charles Horton, der Polizist, der Marrs Laden untersucht hatte, gehörte nicht zu den Männern aus Shadwell. Er war Mitglied einer dritten Organisation, die noch jünger war als das Friedensgericht in Shadwell. Die River Thames Police Force mit ihrem Polizeirevier an den Wapping New Stairs war 1800 durch einen Erlass gegründet worden. Ihre Aufgabe bestand im Schutz der wertvollen Ladungen und der Schiffe, die im Hafenbecken von London vor Anker lagen, und obwohl sie berechtigt war, neben dreiundvierzig »Wasserpolizisten« fünf »Landschutzleute« zu beschäftigen, beschränkte sich ihre Tätigkeit gewöhnlich auf den Fluss. Doch der Mann, der die Truppe seit ihrer Gründung leitete, John Harriott, war ein ungewöhnlicher Mensch. Um die Rolle zu verstehen, die er bei den

Ermittlungen in dem vorliegenden Mordfall spielte, ist es erforderlich, einen Blick auf seinen Werdegang zu werfen.

Harriott war als Junge zur Marine gegangen und in die Karibik gesegelt. Vor der levantinischen Küste erlitt er Schiffbruch, diente unter Adrimal Pocock bei der Einnahme von Havanna und danach bei der Eroberung von Neufundland. Als Frieden geschlossen wurde, heuerte er als Erster Maat in der Handelsmarine an, lebte einige Zeit bei den amerikanischen Indianern, tauchte dann plötzlich als Soldat in Ostasien auf, wo er als Kaplan und stellvertretender Militäranwalt auftrat. Bei einer Mission gegen einen aufsässigen Maharadscha zog er sich durch eine explodierende Lunte eine Verletzung am Bein zu, segelte nach Sumatra und zum Kap und ließ sich schließlich nach einem kurzen Intermezzo als Weinhändler in Essex nieder, um Landwirtschaft zu betreiben. Dort wurde er Friedensrichter. 1790 brannte sein Hof nieder. Harriott emigrierte in die Vereinigten Staaten, kehrte fünf Jahre später nach England zurück und half 1798 Patrick Colquhoun bei der Aufstellung der Flusspolizei mit ihrem Hauptquartier in Wapping. Er war seit deren Gründung der für die Truppe zuständige Friedensrichter. 1811 war er sechsundsechzig Jahre alt, ein schillernder, draufgängerischer, ausgekochter alter Freibeuter, einer der Gründerväter des ersten britischen Weltreichs, eine Gestalt wie aus den Büchern von Robert Louis Stevenson.

Dennoch zeigten Harriotts Memoiren, dass er mehr war als nur ein Freibeuter. Er war ein Mann von erstaunlicher Energie und Vielseitigkeit. Seinem aktiven und wissbegierigen Verstand war kein Thema fremd. Er war so etwas wie ein Amateurtheologe, immer bereit, sich in Wort und Schrift über die Existenz Gottes und die Wirksamkeit der Sakramente auszulassen, ein Erfinder mit erheblichen technischen Fähigkeiten, obwohl einige seiner Pläne eher genial als praktikabel waren, ein Menschenfreund, der einer der Ersten war, die die Zustände in den privaten Irrenanstalten anprangerten, und ein Philosoph, der in seinem eigenen Inneren Ordnung zu schaffen suchte, während sein Geist im Nachgrübeln über den Tod »durch die Erfahrung, die verwesenden Überreste seiner beiden ersten Frauen, seines Vaters und mehrerer seiner kleinen Kinder einem harten Eichensarg übergeben zu müssen, zu einem inneren Frieden weit jenseits von allem fand, was Worte auszudrücken vermögen«. Überdies war er ein lebensnaher Moralist, dessen Rat an seine Söhne, die sich »zu einem Zeitpunkt nach Indien einschifften, zu dem die Leidenschaften stark sind und das warme Klima den Wunsch nach Genuss steigert«, Besseres verdient hätte, als in den heute kaum noch gelesenen drei Bänden »Struggles Through Life« begraben zu liegen.

Auf diese Weise war also im Jahr 1811 die Polizeiarbeit in London organisiert. Bei einer Einwohnerzahl von insgesamt etwas über einer Million lebten an die dreihundertzwanzigtausend Menschen in der Innenstadt, und nur in diesem Teil der Großstadt gab es ein ordnungsgemäß organisiertes Verwaltungssystem und genug Geld für eine effiziente Nachtwache. Die über die Stadtgrenzen hinausgewucherten Siedlungen waren in fünfzig getrennte Gemeinden unterteilt, von denen jede ein winziger unabhängiger Staat war und die als gemeinsame Obrigkeit nur den König und das Parlament über sich hatten. Jede Gemeinde wurde von ihrem eigenen Gemeindevorstand regiert, der aus den Kirchenvorstehern, Aufsehern und Verwaltern bestand. Alles in allem beschäftigten diese Gemeinden etwa dreitausend Gemeindeschutzleute und Nachtwächter. In den Gemeinden verstreut, diesen jedoch in keiner Weise vorgesetzt, gab es die sieben neuen Friedensgerichte, jedes mit seinen drei Friedensrichtern und acht Polizisten. Sie waren ebenfalls unabhängige Einheiten. Unten am Fluss war das River Thames Police Office, das sich um die Schifffahrt kümmerte. Und schließlich gab es als Primus inter Pares das berühmte Bow Street Office, in dem ebenfalls drei Friedensrichter saßen und das über ein Elitecorps von sechzig Bow Street Runners verfügte, deren Tätigkeit sich jedoch für gewöhnlich darauf beschränkte, auf den Hauptstraßen zu patrouillieren, die nach London hineinführten. Bei diesem System, beziehungsweise dem Mangel an einem solchen, gab es keine allen vorgesetzte Behörde, und niemand war irgendjemandem gegenüber für irgendetwas verantwortlich. Animositäten und Eifersüchteleien waren an der Tagesordnung, und es galt als Ehrensache, keine Informationen auszutauschen.[2] Der Innenminister konnte seine Autorität geltend machen, um im Notfall die vorübergehende Mitarbeit des Bow Street Office oder des River Thames Police Office anzuordnen, doch jede andere gegenseitige Hilfe war undenkbar.

Fast achtzig Jahre später, als Jack the Ripper etwas nördlich des Ratcliffe Highway seine mitternächtlichen Gemetzel begann, scheiterten fast vierzehntausend Stadtpolizisten, die aus allen Teilen Londons zusammengezogen worden waren, an der Aufklärung der Verbrechen. 1811 bestanden die am Ratcliffe Highway zur Untersuchung und Aufklärung der Morde an den Marrs verfügbaren Kräfte aus einem Nachtbüttel, einem Gemeindepolizeichef, einem Schutzmann, fünfunddreißig altersschwachen Nachtwächtern und vierundzwanzig von den Gemeindevorstehern von St.-George's-in-the-East bezahlten Nachtpatrouillen, drei Friedensrichtern in ihrem Amtshaus in Shadwell und ihren acht Polizisten und einem neugierigen alten Abenteurer, Harriott, mit seiner Flusspolizei und seinen fünf Landschutzleuten.

Nach Harriott erschienen als Nächstes die Mitglieder der Gemeindeverwaltung auf dem Plan, und sie handelten auf die einzige Weise, die ihnen zu Gebote stand. Gute Ermittlungsarbeit beruhte auf zuverlässigen Informationen, und für Informationen musste man zahlen. Das war ein altes, gut erprobtes Rezept; die einzige Frage war, wie viel sollte man bieten? Nicht einen Penny mehr als unbedingt nötig, denn die Gemeinde St.-George's-in-the-East war eine der ärmsten Londons. Dennoch schien das Ausmaß des

---

[2] Als John Gifford, ein Friedensrichter am Gericht in der Worship Street, 1816 bei einer parlamentarischen Untersuchung gefragt wurde, ob es eine »regelmäßige Korrespondenz« zwischen seinem und den anderen Gerichten gebe, antwortete er entschieden: »Selbstverständlich nicht ... Die einzelnen Polizeireviere behalten ihre Informationen für sich und teilen sie nicht mit anderen, damit diese dann den Lorbeer und die Belohnung für die Aufspürung der Straftäter ernten.«

Verbrechens und die Gefahr, in der die Gemeinde weiterhin schweben würde, solange es nicht aufgeklärt war, eine bedeutende Summe nahe zu legen. Nachdem sie die Leichen gesehen hatten, hielten die besorgten Kirchenvorsteher, Aufseher und Verwalter eine Sitzung im Gemeindehaus von St. George's ab. Der Schreiber, John Clement, entwarf einen Handzettel und brachte ihn eilig zu Skirven hinüber, dem Drucker am Ratcliffe Highway. Skirven legte ihn augenblicklich in die Presse, und am gleichen Nachmittag wurde er an der Kirchentür und an den Toren sämtlicher benachbarter Kirchen und Kneipen angeschlagen:

FÜNFZIG PFUND BELOHNUNG
Entsetzlicher Mord!!

Das Wohnhaus von Mr. Timothy Marr, Ratcliffe Highway Nr. 29, Herrenausstatter, wurde heute Morgen zwischen zwölf und zwei Uhr von Unbekannten überfallen, wobei Mr. Marr, Mrs. Celia Marr, seine Frau, Timothy, ihr Säugling in der Wiege und James Biggs, ein Gehilfe, unmenschlich und barbarisch ermordet wurden!!

Der Hammer eines Schiffszimmermanns mit abgebrochener Spitze und das lange, eiserne Stemmeisen eines Maurers, etwa zwanzig Zoll lang, wurden in dem Gebäude gefunden, wobei angenommen wird, dass mit Ersterem der Mord begangen wurde. Wer immer diese Gegenstände verloren hat sowie jeder Alteisenhändler, der sie kürzlich verkauft hat oder vermisst, wird hiermit dringend aufgefordert, umgehend darüber zu berichten.

Die Kirchenvorsteher, Aufseher und Verwalter der Gemeinde St. George's in Middlesex bieten hiermit eine Belohnung von *fünfzig Pfund* für die Entlarvung und Ergreifung der Person oder der Personen, die den Mord begangen haben, auszuzahlen bei der Verurteilung.

Im Auftrag der Kirchenvorsteher, Aufseher und Verwalter

John Clement
Gemeindeschreiber
Ratcliffe-Highway, Sonntag, 8. Dezember 1811
Skirven, Drucker, Ratcliff Highway, London.

FIFTY POUNDS
REWARD.

Horrid Murder!!

WHEREAS,

The Dwelling House of Mr. TIMOTHY MARR, 29, Ratcliff Highway, Man's Mercer, was entered this morning between the hours of Twelve and Two o'Clock, by some persons unknown, when the said Mr. MARR, Mrs. CELIA MARR, his wife, TIMOTHY their INFANT CHILD in the cradle, and JAMES BIGGS, a servant lad, were all of them most inhumanly and barbarously Murdered!!

A Ship Carpenter's Pæn Maul, broken at the point, and a Bricklayer's long Iron Ripping Chissel about Twenty Inches in length, have been found upon the Premises, with the former of which it is supposed the Murder was committed. Any person having lost such articles, or any Dealer in Old Iron, who has lately Sold or missed such, are earnestly requested to give immediate Information.

The Churchwardens, Overseers, and Trustees, of the Parish of St. George Middlesex, do hereby offer a Reward of FIFTY POUNDS, for the Discovery and Apprehension of the Person or Persons who committed such Murder, to be paid on Conviction.

By Order of the Churchwardens, Overseers, and Trustees,

JOHN CLEMENT,

Ratcliff-highway,
SUNDAY, 8th, DECEMBER, 1811.

VESTRY CLERK.

SKIRVEN, Printer, Ratcliff Highway, London.

Der von der Gemeinde St.-George's-in-the-East herausgegebene Handzettel (Staatsarchiv)

Der bedauernswerte Gehilfe James Gowen war das am wenigsten beachtete Opfer. Sein kurzes Leben muss mehr Mühsal als Freuden für ihn bereitgehalten haben, und er starb auf grauenhafte Weise und in entsetzlicher Todesangst. Als der Handzettel abgefasst wurde, schien niemand auch nur seinen richtigen Namen zu kennen. Aber es gab jemanden, der sich an ihn erinnerte. Eine Woche später traf ein anonymer Brief von »einem entfernten Verwandten des armen Gehilfen, der am Ratcliffe Highway so bestialisch abgeschlachtet wurde« im Innenministerium ein, der besagte, dass »der Name des Jungen nicht James Biggs, sondern James Gowen« gewesen sei. »Überprüfen?«, schrieb ein ungläubiger Büroangestellter des Innenministeriums auf den Brief. Aber der Punkt war vielleicht doch nicht ganz unwichtig, und vielleicht sollte man der Sache irgendwann nachgehen – also fügte er »Mit Mr. Capper sprechen« hinzu.

Inzwischen hatten sich die Friedensrichter von Shadwell in ihrem Amtshaus versammelt. Doch was sollten sie tun? Es blieb kaum etwas anderes übrig, als abzuwarten. Das Angebot der Gemeindeverwaltung, eine Belohnung von fünfzig Pfund für Informationen zu bezahlen, würde mit Sicherheit rasche Ergebnisse bringen. Überdies erfuhren sie, dass Hariotts Untergebener Horton einen blutverschmierten Hammer gefunden hatte; also schickten sie eine Nachricht an das River Thames Police Office, in der sie Harriott einluden, an der Vernehmung von Margaret Jewell, John Murray und George Olney teilzunehmen.

Somit waren am Sonntagmorgen bereits drei verschiedene Behörden mit dem Fall befasst: die Kirchenvorsteher, Aufseher und Verwalter der Gemeinde mit ihrem Angebot einer Belohnung, Capper und die anderen Friedensrichter im Amtshaus von Shadwell, die auf die Informationen warteten, die die Prämie ans Tageslicht bringen musste, und Harriott vom River Thames Police Office. Während der folgenden Tage, als sich die Neuigkeit von dem Verbrechen wie ein Lauffeuer verbreitete, wurde diese verwirrende Situation noch schlimmer. In ganz London wurden

Verdächtige festgenommen und vor die Friedensrichter der anderen sechs Gerichte und selbst vor das Friedensgericht in der Bow Street geschleift. Jedes Gericht arbeitete im Wesentlichen ohne Verbindung zu den anderen, wobei Shadwell nur benachrichtigt wurde, wenn den anderen gerade danach war. Dennoch gab es eine zentrale Stelle, an der die unterschiedlichen Fäden ausnahmsweise zusammenliefen – zumindest theoretisch.

Die Friedensrichter der Friedensgerichte wurden vom Innenminister ernannt, und er war ihnen direkt vorgesetzt. Die Beziehung zur Bow Street war eng; der Vorsitzende Friedensrichter, Sir Richard Ford, ging mit seinen Plänen zur Entlarvung feindlicher Agenten im Innenministerium ein und aus, und William Day, ein Beamter des Innenministeriums, spielte bei der Leitung der Bow Street Runners eine führende Rolle. Die River Thames Police wurde ebenfalls streng kontrolliert, was Harriott bald ins Gedächtnis zurückgerufen werden sollte. Die anderen sieben Friedensgerichte hingegen waren (außer, was ihre Angestellten und ihre jährlichen Budgets betraf) verhältnismäßig unabhängig, doch sie waren gehalten, den Innenminister auf alle wesentlichen Ereignisse aufmerksam zu machen. Dies erklärt, warum von Anfang an detaillierte Berichte in Whitehall eingingen, die jeden neuen Verdacht, fast jeden verhörten Gefangenen und jede neue Wendung beschrieben, bis sich der Innenminister schließlich selbst veranlasst sah, ein sehr persönliches Interesse an dem Fall zu entwickeln.

Doch das war später. Zunächst behandelte das Innenministerium die Morde am Ratcliffe Highway genauso, wie es jeden anderen Mord behandelt hätte, mit höflicher Indifferenz. Der ehrenwerte Richard Ryder, ein aufgeblasener Mensch von fünfundvierzig Jahren ohne jeden Humor, war seit zwei Jahren Innenminister, aber die Angelegenheiten des Ministeriums scheinen ihn wenig interessiert zu haben. In seinem Büro im Dieset House – einem Gebäude an der Stelle, wo früher der Tennisplatz Heinrichs VIII. gewesen war, an der nördlichen Ecke zwischen Whitehall und Downing Street – beschäftigte er zwei Staatssekretäre, einen

Urkundsbeamten, einen Amtsschreiber und einen Privatsekretär, unterstützt von achtzehn Beamten; und Ende 1811 drängten die öffentlichen Angelegenheiten. Der Krieg auf der Iberischen Halbinsel war in einem kritischen Stadium, und Napoleons Kontinentalsperre begann, ihre Wirkung zu zeigen. Ein erheblicher Teil der Zeit des Ministeriums wurde durch subversive Aktivitäten in der Heimat beansprucht. Im November 1811 hatte die Bilderstürmerei der Ludditen in Nottinghamshire ihren Höhepunkt erreicht, und es war Aufgabe des Innenministeriums, eine volle militärische Kampagne gegen die Saboteure zu führen. Als die ersten Briefe der Friedensrichter wegen der Ratcliffe-Morde eintrafen, fanden sie wenig Beachtung.

Harriott war bezeichnenderweise der Erste, der sich mit dem Innenministerium in Verbindung setzte. Er schrieb schon am Sonntag. Die erschütternden Aussagen von Margaret Jewell und Murray hatten sein Interesse geweckt. Sobald die Voruntersuchung in Shadwell abgeschlossen war, kämpfte er sich durch die Menschenmenge vor dem Haus Ratcliffe Highway Nr. 29 und inspizierte das Haus persönlich. Dann kehrte er zum River Thames Police Office in Wapping zurück, um an John Beckett, den leitenden Staatssekretär im Innenministerium, zu schreiben.

»Zur Kenntnisnahme durch Herrn Innenminister Ryder«, begann er. »Ich halte es für unabdingbar, Sie unverzüglich mit dem folgenden Bericht betreffend den außergewöhnlich brutalen Mord an vier Personen vertraut zu machen.« Der Brief fasst im Weiteren zusammen, was Margaret Jewell und Murray vor den Friedensrichtern an diesem Morgen ausgesagt hatten. Harriott hatte bereits seine Theorien. »Es ist ziemlich offensichtlich«, schreibt er, »dass mindestens zwei Personen beteiligt waren, die ihre Tat höchstwahrscheinlich für einen Samstagabend geplant hatten, da die Geschäfte an diesem Tag sehr lange offen bleiben. Nachdem sie den Hausherrn beobachtet hatten, wie er die Fensterläden schloss und die Tür offen ließ, stürmten sie, als er hineinging, um die Riegel vorzuschieben, hinterher und begingen die grauenhaften

Morde. Doch als sie durch die Rückkehr des Mädchens und sein Klingeln gestört wurden, entflohen sie durch die Hintertür.«

Wie standen die Aussichten für eine Aufklärung? Harriott war optimistisch. Es gab zwei Spuren, die man verfolgen konnte. Zunächst würde er herausfinden, ob eine von etwa einem Dutzend junger Frauen, die Marr stundenweise beschäftigte, wusste, dass er Geld im Haus hatte, und an der Planung der Morde beteiligt war; das Angebot von Straffreiheit und einer Belohnung könnte eine von ihnen zu einer Aussage veranlassen. Zweitens könnte es das »unverkennbare Kennzeichen« auf dem Hammer ermöglichen, ihn zurückzuverfolgen. Die Erwähnung von »etwa einem Dutzend« bei Marr beschäftigter junger Frauen ist seltsam. Marr führte ein kleines Geschäft in einem bescheidenen Gebäude, und er war ein Herrenausstatter, kein Schneider. Es scheint unwahrscheinlich, dass er irgendwelche anderen Mitarbeiter als James Gowen und das Dienstmädchen beschäftigte. Es mag sein, dass Harriott in seinem Eifer und Enthusiasmus Gerüchte für Wahrheit gehalten oder einen Informanten missverstanden hatte. Jedenfalls sagten keine anderen Bediensteten als Margaret Jewell und ihre Vorgängerin vor Gericht aus, und von dem Dutzend junger Frauen ist danach nie mehr die Rede gewesen.

Harriott wollte keine Zeit verlieren und schnell zuschlagen, solange die Spur noch heiß war. Nachdem er seinen Brief abgesandt hatte, stellte er weitere Nachforschungen an, und seine Suche erbrachte bald weitere Fingerzeige. Sie konnten entscheidend sein. Eine halbe Stunde lang waren drei Männer vor Marrs Geschäft beobachtet worden, von denen einer ständig durch das Ladenfenster geschaut hatte. Dem Gericht lag eine Beschreibung vor. Einer der Männer war in »eine Art hellen Wintermantel« gekleidet und »ein großer, kräftiger Mann«. Der Zweite trug »eine blaue Jacke, deren Ärmel ziemlich zerfetzt waren und unter der er ein Flanellhemd zu tragen schien, und er hatte einen schmalkrempigen Hut auf dem Kopf«. Von dem dritten Mann gab es keine Beschreibung. Diesen viel versprechenden Hinweisen musste unverzüglich nachgegangen werden, und bis zum Montag, dem 9. Dezember, hatte Harriott einen eigenen Handzettel drucken lassen, der die Beschreibungen der Männer enthielt und auf dem zwanzig Pfund für ihre Ergreifung ausgesetzt wurden.

Von diesem Tag an waren die Morde keine lokale Neuigkeit mehr, sondern wurden zu einem nationalen Ereignis. »Entsetzliche, beispiellose Morde« verkündete der »Morning Cronicle« am Montag, und die »Times« berichtete: »Wir zweifeln fast daran, dass sich in den Annalen der Tötungsdelikte auch nur ein einziger Vorfall findet, der dem an Grausamkeit gleichkommt, der im Folgenden detailliert dargestellt werden soll.« Der Bericht war schaurig, doch die »Friedensrichter werden jede Mühe auf sich nehmen, um die Mörder zu überführen«. Dies traf auf Harriott mit Sicherheit zu.

Hingegen schienen die Richter in Shadwell in eine Art ratloser Resignation verfallen zu sein, nachdem sie am Vortag ihre Voruntersuchungen durchgeführt hatten. Den Montag verbrachten sie damit, vergeblich auf die Festnahme von Verdächtigen zu warten, doch es wurden keine vorgeführt. Markland setzte sich hin, um für den Innenminister einen eigenen Bericht über den Fall zu verfassen, in dem er einsilbig erklärte: »Wir haben keinen Hinweis, der zu einer Aufklärung führen könnte.« Der beschädigte blutige Hammer, die Fußspuren und das Stemmeisen spielten in seinen Augen anscheinend kaum eine Rolle. Wenn sie von »Fingerzeigen« sprachen, meinten die Friedensrichter damit Informationen aus erster Hand, die direkt zu einer Verurteilung führen konnten; aber Informationen mussten gekauft werden. »Die Gemeinde St. George's hat Handzettel veröffentlicht, auf denen eine Belohnung von fünfzig Pfund bei einer Verurteilung der Täter geboten wird«, schloss Markland und fügte feinsinnig hinzu: »Gestatten Sie mir den Hinweis, dass es angebracht wäre, wenn Seiner Majestät Regierung dies in der Ihnen angemessen erscheinenden Form in der ›Gazette‹ erwähnen würde.«

Über die Friedensrichter von Shadwell ist wenig zu erfahren, außer dass ihr Verhalten im Gegensatz zu dem des ungestümen

Harriott durchwegs das gutwilliger Dilettanten war. Story, der Älteste, war einer der ursprünglichen, 1792 ernannten Berufsrichter. Er muss inzwischen ein alter Mann gewesen sein, beteiligte sich nicht an der Korrespondenz mit dem Innenminister und hatte, soweit dies nachprüfbar ist, keinerlei Interesse an dem Fall. Seine Kollegen waren wesentlich jünger und beide erst seit kurzer Zeit im Amt. Markland, ehemals ein ehrenamtlicher Friedensrichter in Leeds, gehörte dem Gericht von Shadwell erst seit Februar 1811 an und Capper, ein Friedensrichter aus Hertfortshire, seit März. Sie wussten beide eine Menge über ländliche Gesetzesübertretungen – Wilderei, Schafdiebstahl, Landstreicherei –, und es ist gut möglich, dass Markland einige der Leute verurteilt hat, die infolge der industriellen Revolution verbittert waren und die nun den Armeen von King Ludd beitraten. Doch keiner von ihnen kannte das Leben in den Slums im Osten Londons oder wusste über die Seeleute Bescheid. Auch ist kaum wahrscheinlich, dass einer von ihnen die geringsten Erfahrungen mit Ermittlungen in einem größeren Kriminalfall hatte. Sie warteten lediglich auf Informationen, die nie eingingen, und es ist kaum überraschend, dass die »Times« am Dienstag berichten musste: »Alle Anstrengungen seitens der Polizei und sämtlicher ehrenwerter Bürger der Gemeinde St.-George's-in-the-East sind bislang erfolglos geblieben.«

Auch Harriotts Initiative, zwanzig Pfund für Informationen bezüglich der drei Männer auszuschreiben, die in der Nacht der Morde vor Marrs Geschäft gesehen worden waren, hatte noch nichts ergeben – außer einer Rüge für seinen Übereifer. Das Innenministerium tolerierte Ineffizienz, aber keine Abweichung von der Dienstvorschrift. Der Innenminister erinnerte den alten Herrn unmissverständlich daran, dass er nicht die Befugnis habe, eine solche Belohnung anzubieten. Seine Aufgabe sei die Polizeiarbeit auf dem Fluss, und Ryder forderte eine Erklärung. Harriotts Antwort war ein gelungener Kompromiss zwischen pflichtgetreuer Unterordnung und gekränktem Vorwurf. »Zutiefst verärgert über mich selbst, da ich mich durch meinen Tatendurst bei der Auffindung der gnadenlosen Mörder zu einem Irrtum verleiten ließ«, begann er, und in Unkenntnis des Umstands, dass die Handlungsvollmacht von Polizeirichtern »trotz der außergewöhnlichen Lage« begrenzt sei, habe er es für das Beste gehalten, den Handzettel ohne Verzögerung herauszugeben. Doch in Zukunft »werde ich sorgfältig darauf achten, meinen Eifer in angemessenen Grenzen zu halten«. Sehr zum Nachteil für den Fortgang der Untersuchungen scheint sich Harriott fortan daran gehalten zu haben. Inzwischen waren die Leichen von Marr und seiner Frau mit dem Kind auf dem Ehebett aufgebahrt worden. James Gowens Leichnam war in einem anderen Raum untergebracht worden, vermutlich dem, in dem normalerweise Margaret Jewell schlief. Dort ließ man die Toten liegen, bis es an der Zeit war, sie für das Begräbnis einzusargen. Sie wurden zweifellos bewacht – zumindest insofern, als ein Polizist aus Shadwell im Hause anwesend war –, aber es gab keine Beschränkungen für Schaulustige und wenig Kontrolle über den Strom der Nachbarn und Bekannten, der Neugierigen und am Morbiden Interessierten aus ganz London. Sie stiegen in endlosen Reihen die schmalen Stufen zu den Räumlichkeiten hinauf, die im wahrsten Sinne des Wortes zum Leichenschauhaus geworden waren. Feine Damen schoben ihre Röcke auf die Seite, wenn sie die Handwerker vom Ratcliffe Highway und die Seeleute und deren Frauen streiften, die aus ihren Mietshäusern am Fluss die Old Gravel Lane heraufgeschlendert kamen. Auf dem schmalen Treppenabsatz war ein einziges Menschengewoge. Die Besucher drängten sich aus dem mittleren Raum, in dem James Gowens bemitleidenswert zugerichtete Leiche lag, hinauf ins Schlafzimmer der Marrs, um die noch drastischere Szene zu besichtigen, die sich ihnen dort bot. Das Stimmengewirr wurde nur von Ausrufen des Entsetzens unterbrochen, während der Gestank des Pöbels, der durchdringende, allgegenwärtige Geruch Wappings im neunzehnten Jahrhundert, die ersten, ungesunden Spuren des Verwesungsgeruchs überlagerte. Da lagen die Leichen vollständig ausgeblutet und mit unbedeckten, klaffenden Wunden hingestreckt wie geschlachtete Tiere, und dennoch zeigten ihre wächsernen Gesichter den geheimnisvollen, verklärten Ausdruck menschlicher Toter.

Derartige Besuche in den Häusern der Hinterbliebenen zur Besichtigung der Leichen waren im Wapping des frühen neunzehnten Jahrhunderts weder neu noch ungewöhnlich, insbesondere unter den irischen Immigranten, die nach Ostlondon drängten, um der noch größeren Armut und dem Elend in ihrer Heimat zu entkommen, und die einen erheblichen Teil der Gelegenheitsarbeiter und ungelernten Hilfskräfte in der Großstadt stellten – sowie eine Armee professioneller Bettler. Ihre häuslichen Gewohnheiten waren für ihre ehrbareren und wohlhabenderen Nachbarn zum größten Teil inakzeptabel, wobei die irische Sitte der Totenwache besonders beunruhigend war. Die Leiche wurde ungeachtet der Todesursache auf dem einzigen Bett aufgebahrt, und die Beerdigung wurde hinausgeschoben, bis von den Nachbarn, die ihre Aufwartung machten, genug Geld zusammengekommen war, um Essen und Getränke für die Totenwache zu bezahlen. Totenwachen führten immer zu Trunkenheit und oft zu Gewalt, Krankheit und Tod, obwohl der schlimmste Fall erst 1817 eintrat, als eine Mrs. Sullivan, deren als Prostituierte tätige Tochter im Arbeitshaus gestorben war, die Gemeindeverwaltung überredete, die Leiche des Mädchens für das freizugeben, was sie als »anständiges Begräbnis« bezeichnete. Unglücklicherweise hatte sie mit ihrer Bitte Erfolg. Mrs. Sullivan brachte die nötige Summe für die Totenwache dreifach zusammen. Alles wurde für Getränke und für das Feiern ausgegeben, und die anständige Beerdigung wurde so lange hinausgeschoben, bis sechsundzwanzig Leute, die den verwesenden Leichnam besichtigt hatten, Fieber bekamen. Sechs von ihnen starben, und am Ende musste die Gemeinde das Mädchen beerdigen lassen. Es ist nicht mehr feststellbar, ob Marrs Bruder die Gelegenheit nutzte, Bargeld für die Beerdigungskosten zu beschaffen, obwohl es bezeichnend sein dürfte, dass die Beerdigung eine Woche lang aufgeschoben wurde. Es ist nicht unwahrscheinlich, das der eine oder andere Besucher, besonders wenn er Ire war, von

Mitleid erfasst und fasziniert vom Ausmaß des Schreckens der Szene auf dem Weg nach draußen ein oder zwei Münzen in eine Tasse fallen ließ. Das Geld wäre nicht unwillkommen gewesen. Die Rechnung für den gerade erst abgeschlossenen Umbau des Ladens musste noch bezahlt werden, und es hatte sich herausgestellt, dass Marr nur so viel Kapital hinterlassen hatte, dass seine Gläubiger lediglich neunzehn Shilling für das Pfund ausbezahlt bekamen.

Unter den Schaulustigen, die von den Slums am Fluss kamen, um die Leichen zu sehen, war ein deutscher Matrose namens John Richter, der bei einem Ehepaar Vermilloe in der Herberge »The Pear Tree« wohnte. Er schob sich die enge Treppe hinauf, sah, was er hatte sehen wollen, und ging unbeobachtet wieder, ohne jemandem im »Pear Tree« zu erzählen, wo er gewesen war.

Die Untersuchung zur Feststellung der Todesursache an den vier Opfern war für Dienstag, den 10. Dezember, in der Kneipe »The Jolly Sailor« am Ratcliffe Highway, fast gegenüber von Marrs Geschäft, anberaumt worden. Während seine Frau geschäftig vom Schankraum zur Küche eilte, um Vorbereitungen für einen außergewöhnlichen Besucheransturm zu treffen, richtete der Hausherr sein größtes Zimmer angemessen her. Ein imposanter Tisch stand für den Coroner bereit, mit Kerzen, die den düsteren Dezembernachmittag erhellen sollten; zwei lange Tische wurden für die Geschworenen zusammengeschoben und für die Zeugen gab es einen Stuhl. Ein großes Feuer brannte. Von draußen waren das Murmeln und Gewoge einer großen Menschenmenge zu hören.

Am frühen Nachmittag trafen nach und nach die Geschworenen ein, und kurz nach zwei Uhr erschien der Coroner, John Unwin. Er und die Geschworenen überquerten zunächst die Straße und nahmen Marrs Grundstück und die vier Leichen in Augenschein. Sie kehrten sichtlich erschüttert und mit ernsten Gesichtern in den »Jolly Sailor« zurück, und die gerichtliche Untersuchung wurde eröffnet.

Der erste Zeuge, der aufgerufen wurde, war Walter Salter, der Chirurg, der die Leichen auf Bitten des Coroners untersucht hatte.

Sein Auftreten war ziemlich selbstherrlich. Ohne Zugeständnisse an den Bildungsgrad und das Vokabular der Einwohner von Shadwell und Wapping übertrug er die brutale Wirklichkeit zertrümmerter Schädel und aufgeschlitzter Kehlen, die viele seiner Zuhörer mit eigenen Augen gesehen hatten, in unverständliche, latinisierende Floskeln. Die *Times* berichtete:

Bei *Timothy Marr* dem Jüngeren war die linke äußere Halsschlagader vollständig durchtrennt; die Wunde begann an der linken Seite des Mundes, war mindestens drei Zoll lang und erstreckte sich über die Arterie, und auf der linken Seite des Gesichts befanden sich zahlreiche Spuren von Gewalteinwirkung. Bei *Celia Marr*, der Ehefrau, lag eine Fraktur der linken Seite des Cranium vor, das Schläfenbein war vollständig zertrümmert, eine Wunde am Kiefergelenk erstreckte sich zwei Zoll lang bis zu ihrem linken Ohr, und eine weitere befand sich hinter selbigem Ohr. *Timothy Marr* der Ältere hatte eine gebrochene Nase, der Occipitalknochen war gebrochen, und die Spuren eines gewaltsamen Schlags befanden sich über dem rechten Auge. *James Gowen*, der Gehilfe, hatte mehrere Kontusionen an Stirn und Nase. Die Occipitalknochen waren grauenvoll zertrümmert, und das Gehirn war teilweise ausgetreten und teilweise verspritzt. Mr. Salter schwor, dass jede dieser Verletzungen allein eine hinreichende Todesursache darstellte.

Als Nächstes wurde *Margaret Jewell* befragt. Sie beschrieb, wie ihr Dienstherr sie mit einer Pfundnote ausgeschickt hatte, um Austern zu kaufen, und schilderte ihre erfolglose Suche auf dem Ratcliffe Highway und in den umliegenden Straßen, ihre Rückkehr nach etwa zwanzig Minuten, als sie das Haus verschlossen fand, die Ankunft des Nachtwächters und die anschließende Ankunft von Murray. Sie berichtete, wie Murray von hinten in das Haus gelangt war und die Tür zur Straße geöffnet hatte. An diesem Punkt ihrer Aussage wurde das Mädchen so von ihrem Schrecken überwältigt, dass sie in Ohnmacht fiel, und obwohl geraume Zeit nichts unversucht blieb, um sie wieder zu sich zu bringen, blieben alle Maßnahmen erfolglos. Sie wurde nicht weiter befragt.

Als Nächstes trat *John Murray* in den Zeugenstand. Er bekundete, dass er Pfandleiher sei und in dem Haus neben dem wohne, in dem die Morde begangen wurden. Um etwa zehn Minuten nach Mitternacht am Sonntagmorgen hatte er beim Abendessen gesessen, als er Lärm aus dem Ladengeschoss im Nachbarhaus hörte, der dem Zufallen eines Fensterladens oder dem Zurückschieben eines Stuhls ähnelte; er hatte auch eine menschliche Stimme gehört, die von Furcht oder einer Züchtigung herzurühren schien. Er glaubte, dass die Stimme die eines Jungen oder einer Frau gewesen sei. All dies geschah innerhalb einer Minute. Kurz vor ein Uhr hörte er das fortgesetzte Läuten an Mr. Marrs Türglocke; dieses Läuten dauerte bis annähernd halb zwei Uhr, und schließlich ging er zur Tür, um festzustellen, was los sei. Der Nachtwächter sagte, dass der Riegel nicht vorgeschoben gewesen und das Mädchen ausgesperrt worden sei. Murray beschrieb dann, wie es ihm gelungen sei, von hinten in das Haus zu gelangen, seinen kurzen Aufenthalt im oberen Stockwerk und seine anschließende Entdeckung der Leichen. Er sagte aus, dass er, nachdem das tote Kind aufgefunden worden war, in den Händen eines Polizisten eine Axt oder einen Zimmermannshammer gesehen habe, der mit Blut und Haaren verschmiert war. Mr. Marr hatte erst seit dem letzten April am Ratcliffe Highway gewohnt. Er war vierundzwanzig Jahre alt, seine Frau hatte etwa das gleiche Alter. Das Kind war erst vierzehn Wochen alt.

Als Nächster trat *George Olney* in den Zeugenstand. Er sagte, dass er Nachtwächter bei der Gemeinde St. George's sei. Seine Aussage stimmte völlig mit der des Mädchens überein. Als er das Haus betrat, waren die Opfer tot, aber noch nicht kalt. Er beschrieb, wie er Mr. Marr um Mitternacht die Fensterläden hatten schließen sehen. Er war im Hinterzimmer gewesen, als der Polizist den Hammer gefunden hatte. Der Kopf des Hammers befand sich auf dem Boden, und der Griff war gegen einen Stuhl gelehnt. Das Blut tropfte daran herunter auf den Boden. Er hatte auch das Stemmeisen gesehen, das gefunden wurde, aber an diesem befand sich kein Blut.

Dies waren die einzigen Zeugen, die vor dem Coroner vernommen wurden. Nachdem die Untersuchung abgeschlossen war, teilte der Coroner den Geschworenen mit, dass ihr Urteil, nachdem ihnen nun das traurige Protokoll der Fakten ohne auch nur eine einzige Zeugenaussage vorliege, die zur Identifizierung der Täter in diesem grauenhaften und gemeinen Mordfall beitragen könne, unglücklicherweise allgemein und anhand der ihnen zur Verfügung stehenden unzureichenden Beweise gefällt werden müsse. Er vertraue daher darauf, dass sie nicht zulassen würden, dass ihr Urteil von den in Umlauf befindlichen Gerüchten beeinflusst werde, die auf das löbliche Bedürfnis aller zurückzuführen seien, die Übeltäter ausfindig zu machen, deren weiteres Leben sicherlich von Gewissensbissen und Schuldbewusstsein geprägt sein müsse und die durch die Hand der Vorsehung, die Gebete der Menschen und die Anstrengungen der Polizei vielleicht schon in kurzer Zeit gestellt und ihrer verdienten Strafe zugeführt werden würden.

Die Geschworenen kamen nach kurzer Beratung zu dem Urteil, dass bei allen vier Leichen vorsätzlicher Mord durch einen Unbekannten oder mehrere Unbekannte vorliege.

III
Der Hammer

»Die durch diese unmenschlichen Morde geschürten Emotionen«, berichtete die »Times« am Mittwoch, dem 11. Dezember, »verbreiteten sich so stark, und die Neugier, den Ort zu sehen, an dem sie verübt wurden, wurde so intensiv, dass der Ratcliffe Highway durch den Ansturm der Schaulustigen am gestrigen Morgen schon vor zehn Uhr morgens fast unpassierbar war«. Der Bericht über die Ermittlungen nahm eine ganze Spalte ein und schloss wie folgt:

Wir waren selbst unermüdlich in unseren Nachforschungen, doch wir konnten nichts außer vagen Gerüchten aus der Menge in Erfahrung bringen, die aus keiner authentischen Quelle stammen. Einmal wurde behauptet, dass Mr. Marr am Old Bailey gegen einen Portugiesen ausgesagt habe, der kürzlich wegen Mordes gehängt wurde, und dass Freunde dieses Mannes aus Rachedurst sein Blut gefordert haben. Es ist jedoch zu hoffen, dass die Flucht der Schurken von kurzer Dauer sein und Recht und Menschlichkeit bald gerächt sein werden.

Darauf folgte ein erstaunliches Postskriptum. Es wurde berichtet, dass am Montagabend ein Mann namens Ashburton, der in der Nähe des Ratcliffe Highway in der Gravel Lane wohnte, als er die Morde an den Marrs mit Freunden in einer Kneipe diskutierte, »derart von Entsetzen übermannt wurde, dass er nicht anders konnte als gestehen, dass er selbst vor achtzehn Jahren Zeuge eines Mordes gewesen war. Er war in Gravesend gewesen, um zuzusehen, wie ein Handelsschiff der Ostindischen Gesellschaft auslief, und als er flussaufwärts nach Hause ging, wurde er Zeuge eines Streits zwischen einem Bootsmannsmaat und einem Gentleman, der inzwischen höchst geachtet auf dem Prince's Square lebte. Der Streit drehte sich um einen Jungen, der auf der Fähre in

Gravesend arbeitete und den der Maat hatte anwerben wollen. Ashburton sah, wie der Marinesoldat nach hinten fiel, während der andere Mann sich auf ihn warf und dreimal auf ihn einstach. Er sah, wie der Säbel des Bootsmannsmaats über Bord geworfen wurde, doch er wusste nicht, was mit der Leiche geschehen war. Er erzählte, dass er die Geschichte schon öfter erwähnt habe, doch nur wenn der Alkohol ihn unvorsichtig gemacht habe, und anschließend habe er immer behauptet, das Ganze sei auf seine Trunkenheit zurückzuführen gewesen. Nun jedoch sagte er nüchtern aus, und die »Times« berichtete, dass der Beschuldigte verhaftet worden sei und am Samstag den Friedensrichtern zur weiteren Vernehmung vorgeführt würde, um so ebenfalls zur Überfüllung des Gefängnisses und zur Arbeitsüberlastung der Herren Capper, Markland und Story beizutragen. Der unglückliche Gentleman, ein Portugiese namens Fansick, wurde am 14. Dezember vor dem Gericht von Shadwell vernommen und gegen Kaution auf freien Fuß gesetzt, da die Friedensrichter sich offenbar vor dringlichere Probleme gestellt sahen als einen unbewiesenen Mord, der achtzehn Jahre zurücklag.

Es ist nicht weiter erstaunlich, dass Mr. Ashburton aus der Gravel Lane von den Morden an den Marrs so beeindruckt war, dass er sich veranlasst sah, sein achtzehn Jahre währendes Schweigen zu brechen. Die Morde übten von Anfang an eine einzigartige Wirkung auf die Herzen und Gemüter der Londoner aus. Die Gefühle waren eine Mischung aus Schrecken über die Grausamkeit und Unbarmherzigkeit der Tat und Mitleid angesichts der Hilflosigkeit und Jugend der Opfer, die alle unter fünfundzwanzig Jahre alt gewesen waren, eines davon sogar ein Säugling in den Windeln. Es war nicht weiter erstaunlich, dass die Wohlhabenden und Mächtigen Neider anzogen und in Gefahr waren, ausgeraubt oder gar ermordet zu werden. Sie kannten die Gefahr und verfügten über die Mittel, sich davor zu schützen. Es war ebenso verständlich, dass Prostituierte, Spitzel und Diebe Gewalt und Rache ausgesetzt waren. Aber Timothy Marr war unvermögend und ehrbar gewesen und hatte hart gearbeitet. Er hatte mit seinen Nachbarn in Frieden gelebt und war ein guter Ehemann und Vater gewesen. Nichts davon hatte ihn retten können, weder Tugend noch fehlender Reichtum. Er und seine gesamte Familie waren in einem brutalen Blutbad ausgelöscht worden, als ob sie nicht zählten, weder im Himmel noch vor den Menschen.

Sicher waren die Zeiten hart, wenig zivilisiert und manchmal barbarisch. Das Rechtssystem war brutal. Aber es gab eine Justiz, es gab eine öffentliche Ordnung, wie sporadisch auch immer sie durchgesetzt wurde. Die Menschen im Osten Londons waren arm, ungebildet und häufig gewalttätig, dennoch waren brutale Morde verhältnismäßig selten, und England hatte in Europa eine beneidenswerte Reputation für seine geringe Mordrate. Im Jahr 1810 beispielsweise, dem ersten, in dem dem Innenministerium nach Verbrechen aufgeschlüsselte Statistiken vorgelegt wurden, war siebenundsechzigmal die Todesstrafe verhängt worden, jedoch nur neunmal wegen Mordes. Achtzehn Verurteilungen erfolgten wegen Einbruchs und achtzehn wegen Betrugs. Die Zahlen spiegeln die niedrige Aufklärungsrate bei Morden wider, doch das Verhältnis ist bezeichnend. Eigentumsdelikte waren weit eher an der Tagesordnung, und sie wurden ebenso hart bestraft wie Gewaltverbrechen. Mord war aber noch immer das einzigartige, das schreckliche Verbrechen. Das Auslöschen der gesamten Familie Marr schien die Grundfesten zu erschüttern, nicht nur die der öffentlichen Ordnung, sondern auch die der Moral und selbst der Religion. Wenn so etwas geschehen konnte, wer war dann noch sicher? Wenn Anstand und Bescheidenheit einen Mann nicht schützen konnten, was dann? Die Tatsache, dass die Morde allem Anschein nach sinnlos und ohne Motiv verübt worden waren, steigerte das Entsetzen noch. Menschen, die arm und gleichzeitig ehrbar waren, waren besonders verwundbar. Sie arbeiteten bis spät in die Nacht. Geschäftsinhaber und Schankwirte konnten ihre Türen nicht vor potentiellen Kunden verschließen, wenn sie überleben wollten. Doch wie sollten sie ihr Geschäft weiterführen, wenn schon in der Abenddämmerung jedes Gesicht in der Tür das eines mörderischen Teufels sein konnte, wenn ihnen ihre Frauen und Familien nach Einbruch der Dunkelheit nicht mehr von der Seite wichen, wenn ihre Kunden sich nicht mehr allein hinauswagten?

Die drei untätigen Friedensrichter in Shadwell und der unermüdliche Harriott waren sich dieser Unruhe, die inzwischen beinahe in Panik umschlug, sehr wohl bewusst. Doch bisher hatten ihre jeweiligen Maßnahmen kaum Ergebnisse erbracht. Am Mittwoch, dem 11. Dezember, wurde jedoch ein gewisser Fortschritt erzielt. Ein Zimmermann, der in Marrs Haus beschäftigt gewesen war, wurde verhaftet und wegen des Stemmeisens vor dem Gericht von Shadwell vernommen. Die »Times« berichtet:

Mr. Marrs Haus ist vor einiger Zeit renoviert worden. Ein gewisser Mr. Pugh wurde beauftragt, die Zimmermannsarbeiten zu beaufsichtigen. Er beschäftigte einen Mann, der die Schaufenster umgestaltete. Dieser Mann bat um ein Stemmeisen, das bereits als ein etwa zwanzig Zoll langes Werkzeug beschrieben wurde. Mr. Pugh besaß nichts Derartiges, konnte sich aber von einem Nachbarn ein Stemmeisen ausleihen. Nachdem der Mann seine Arbeit beendet hatte, wurde er entlassen, aber er gab das Stemmeisen nicht zurück. Mr. Pugh fragte ihn, was er damit getan habe, da es von einem Nachbarn entliehen sei. Der Mann antwortete, dass es im Gebäude sei und er es nicht finden könne. Dieser Vorfall ereignete sich vor drei Wochen. Mr. Pugh suchte Mr. Marr auf und bat ihn, das Stemmeisen zu suchen, damit er es zurückgeben könne. Einige Tage später teilte Mr. Marr Mr. Pugh mit, dass er sein Haus auf den Kopf gestellt habe, ohne das Werkzeug finden zu können. Das Stemmeisen blieb bis zum Morgen des tödlichen Massakers verschwunden und wurde erst jetzt neben Marrs Leiche gefunden. Mr. Pugh sagte über den Sachverhalt aus, und der Aushilfszimmermann wurde zur Vernehmung vorgeführt. Mr. Pugh und der Mann, der das Stemmeisen verliehen hatte, schworen aufgrund der identischen Kennzeichen, dass es dem Werkzeug ähnelte, das dem Verhafteten ausgehändigt worden war. Dieser verblieb zur weiteren Vernehmung im Gefängnis, bis das Dienstmädchen (dessen Leben durch einen so glücklichen Zufall gerettet worden war) vorgeladen werden konnte, um ihn als denjenigen zu identifizieren, der auf dem Grundstück beschäftigt gewesen war.

Damit war bis Mittwoch eine der in Marrs Haus gefundenen Waffen zweifelsfrei identifiziert, und der Zimmermann, von dem man wusste, dass er damit gearbeitet hatte, war in Haft. Der Nächste, der beschuldigt wurde, war ein Mann, der von der Polizei in einer Schenke festgenommen wurde, weil er am Dienstag geprahlt hatte, er wisse, wer die Morde begangen habe. Er wurde vernommen und als Verdächtiger festgehalten. Die Geschichte, die er den Friedensrichtern auftischte, war jedoch sehr widersprüchlich, und es wurde offensichtlich, dass er im Suff geredet hatte. Er wurde mit einer schweren Rüge für die Verbreitung derart widersinniger und grundloser Behauptungen entlassen. Gleichzeitig wurde ein weiterer Mann, der auf einen ähnlich unzureichenden und unbegründeten Verdacht hin in Haft genommen worden war, vernommen und anschließend entlassen.

Am folgenden Tag, dem Donnerstag, fünf Tage nach dem Mord, gab der Innenminister dem Druck der »Times« und anderer Stellen nach und gab bekannt, dass die Regierung eine Belohnung für die Aufklärung des Mordes ausgesetzt habe. Dieser Schritt war im wahrsten Sinn des Wortes beispiellos – jedenfalls seit einem halben Jahrhundert. Es war üblich, dass die Regierung Belohnungen für Hinweise aussetzte, die in Fällen von Vergehen gegen öffentliches Eigentum zu Verurteilungen führten, aber Forderungen, die Verbrechen gegen Einzelpersonen betrafen, wurden, auch wenn es sich um Mord handelte, unweigerlich abgelehnt. Der folgende Handzettel, der am Ratcliffe Highway und in anderen Teilen der Stadt verteilt wurde, muss daher als Zeichen der außergewöhnlichen Besorgnis der Regierung betrachtet werden:

Whitehall, 12. Dezember 1811. Wie Seiner Königlichen Hoheit, dem Prinzregenten, untertänigst vorgetragen wurde, brachen am letzten Sonntag zwischen zwölf und zwei Uhr morgens zwei oder mehr Unbekannte in das Wohnhaus von Mr. Timothy Marr, Herrenausstatter, Ratcliffe Highway Nr. 29 in der Gemeinde St. George, Middlesex ein. Der besagte Mr. Marr, seine Frau Mrs. Celia Marr, ihr Baby Timothy in der Wiege, und James Gowen, ein Dienstbote, wurden auf unmenschliche und bestialische Weise ermordet. Um größere Aufmerksamkeit auf den Fall zu lenken und die erbarmungslosen Mörder ihrer gerechten Strafte zuzuführen, ist Seine Königliche Hoheit erfreut, jedem (mit Ausnahme des bzw. der tatsächlichen Mörder), der seinen bzw. seine Komplizen in diesem Fall entlarvt, eine Belohnung von einhundert Pfund anzubieten, zahlbar bei der Verurteilung eines oder mehrerer der Täter durch den ehrenwerten Bevollmächtigten der britischen Krone für Seiner Majestät Staatskasse.

R. Ryder

Die Belohnung war erheblich, aber nicht übermäßig großzügig. Wie üblich trug sie den Wahrscheinlichkeiten Rechnung. Der Aushilfszimmermann war noch immer in Haft. Es konnte sich ja herausstellen, dass er in die Morde verwickelt war, und in diesem Fall mochte sich die Belohnung von einhundert Pfund für seine Komplizen sehr wohl als ausreichend erweisen, um einen von ihnen zu veranlassen, als Kronzeuge vor Gericht auszusagen. Doch auch der Verdacht gegen den Zimmermann brach in sich zusammen. Die »Times« vom 13. Dezember berichtet:

Gestern (am Mittwoch) Morgen wurde Mr. Pughs Aushilfe, der Zimmermann, der vor etwa drei Wochen für die Umgestaltung von Mr. Marrs Geschäft angestellt worden war, einem erneuten Verhör unterzogen. Mr. Marrs Dienstmädchen und ein Maurer waren anwesend, um den Mann zu identifizieren. Viele ehrbare Hausbesitzer, sein Vermieter und andere sagten zu seinen Gunsten aus und brachten ein Alibi bei, das die Friedensrichter zufrieden stellte. Es wurde bezeugt, dass das Stemmeisen dasjenige war, das sich der Zimmermann ausgeliehen hatte, doch ein junger Mann schwor, es im Keller gefunden zu haben, als er unmittelbar nach den Morden mit dem Nachtwächter durch Marrs Haus ging. Die Friedensrichter entließen den Mann, da für eine weitere Vernehmung keine ausreichenden Beweise vorlagen.

Dieser Bericht enthält einige Unstimmigkeiten. Das Stemmeisen wurde nicht im Keller von Marrs Haus gefunden. In den Berichten an den Innenminister geben sämtliche Friedensrichter an, es sei auf der Ladentheke gefunden worden. Selbst wenn es im Keller gefunden worden wäre, hätte das den Zimmermann kaum entlastet. Das Stemmeisen wurde von Pugh und dem Mann, von dem er es geliehen hatte, eindeutig identifiziert. Es wurde unbestreitbar nach den Morden in Marrs Haus gefunden. Der genaue Fundort ist in diesem Zusammenhang unerheblich. Also hatte entweder Marr trotz seiner vorherigen gründlichen, aber erfolglosen Suche das Stemmeisen einige Zeit, nachdem Margaret Jewell aufgebrochen war, um Austern zu kaufen, in seinem Geschäft gefunden, oder es war von einem der Mörder ins Haus gebracht worden, entweder als potentielle Waffe oder um in das Haus ein- oder aus ihm auszubrechen. Es war unbestreitbar außerordentlich wichtig herauszufinden, was mit dem Stemmeisen geschehen war und wer in seinen Besitz gelangt sein konnte, während es vermisst wurde. Es liegt auf der Hand, dass als Erstes Margaret Jewell zu diesem Punkt hätte befragt werden müssen. Sie musste gewusst haben, dass das Stemmeisen vermisst wurde und Marr von Pugh gebeten worden war, es zurückzugeben. Sie hatte vermutlich bei der Suche geholfen. Das Anwesen war klein, und das Stemmeisen wäre mit Sicherheit aufgetaucht, es sei denn, es war absichtlich und geschickt versteckt worden. Margaret Jewell hätte bestätigen können, dass ihr Herr gründlich danach gesucht hatte und fest überzeugt war, dass das Stemmeisen nicht mehr in seinen Räumlichkeiten war. Man kann mit ziemlicher Sicherheit davon ausgehen, dass das Stemmeisen nicht auf der Ladentheke lag, als das

Mädchen aufbrach, um Austern zu kaufen. Marr hätte seiner Frau zugerufen, dass er es gefunden habe, selbst wenn Margaret es nicht bemerkt hätte, als sie den Laden verließ. Die Friedensrichter hätten dem Stemmeisen sicherlich mehr Aufmerksamkeit gewidmet, wenn Haare und Blut daran geklebt hätten. Dennoch wurde es mit an Sicherheit grenzender Wahrscheinlichkeit von einem der Mörder ins Haus gebracht, nachdem es sich weder im Laden befunden hatte, bevor Margaret Jewell aufbrach, noch während ihrer Anwesenheit von Marr entdeckt worden war; und es stellte einen ebenso wichtigen, wenn auch weniger spektakulären Hinweis auf die Identität der Täter dar wie der blutverschmierte Zimmermannshammer.

Doch die Friedensrichter zeigten sich wenig beeindruckt von der Bedeutung des Stemmeisens. Sie waren von den Aussagen über den tadellosen Charakter des Zimmermanns weit mehr beeindruckt. Da es keine wissenschaftlichen Ermittlungsmethoden gab, wurde besonders großer Wert auf Aussagen zum Charakter eines Verdächtigen gelegt, und der Zimmermann war in der Lage, eine überzeugende Darstellung seines Fleißes und seines tadellosen Verhaltens zu liefern. Er war auch in der Lage, ein Alibi vorzuweisen, und wurde ohne erkenntliche Bemühungen der Friedensrichter, dieses zu überprüfen, entlassen.

Ebenfalls eigenartig und besonders enttäuschend ist die Tatsache, dass die »Times« es sorgfältig vermeidet, den Namen des Aushilfszimmermanns zu nennen. Es sickerte später durch, dass es zwei Leute gab, die für Pugh arbeiteten – Cornelius Hart und ein Schreiner, der im Beweismaterial abwechselnd Towler und Trotter genannt wird. Ein dritter Mann, Jeremiah Fitzpatrick, ebenfalls ein Schreiner, war ein Partner von Hart und könnte ebenfalls einer von Pughs Leuten gewesen sein. Es ist wahrscheinlich, dass Hart wegen des Stemmeisens vernommen wurde, da hauptsächlich er mit den vorangegangenen Umbauten an Marrs Geschäft befasst gewesen war. Doch das ist nirgendwo ausdrücklich festgehalten. Die Identifizierung des Stemmeisens war eine Entdeckung von größter Wichtigkeit, doch sie wurde von den Friedensrichtern nur wie eine unwesentliche Nebensache in ihren fruchtlosen Untersuchungen behandelt.

Am gleichen Tag, dem Mittwoch, erschien ein Mädchen namens Wilkie, das sechs Monate lang bei Mrs. Marr in Diensten gestanden und sie erst vor einem halben Jahr verlassen hatte, vor den Friedensrichtern, um ihren Namen reinzuwaschen. Unmittelbar nach den Morden hatte Margaret Jewell den Friedensrichtern bei ihrer Vernehmung geschildert, wie Mrs. Marr Wilkie entlassen habe, weil sie unter dem Verdacht stand, unehrlich zu sein. Es hatte Streit gegeben, und das beschuldigte Mädchen hatte gedroht, ihre Herrin umzubringen. Margaret Jewell berichtete, dass Mrs. Marr sie wegen dieser unbeherrschten Worte freundlich zurechtgewiesen und aufgefordert hatte, sie in ihrem hochschwangeren Zustand nicht so zu erschrecken. Die Drohungen und die Feindseligkeit können kaum ernst gemeint gewesen sein, da Wilkie die Marrs anschließend mehrmals besuchte, in einem »weißen Kleid, einem schwarzen Samtjäckchen, einem Strohhut mit einer kleinen Feder und Schuhen mit griechischen Riemen«. Es ist selbstverständlich gut möglich, dass diese Besuche eher der Zurschaustellung ihres neuen Putzes und der Demonstration ihrer Unabhängigkeit als dem Interesse am Wohlergehen der Familie Marr dienten, aber sie scheinen freundschaftlich gewesen zu sein. Margaret Jewell sagte aus, Mrs. Marr habe Wilkie oft wegen ihres losen Charakters und ihres unbeherrschten Temperaments gerügt, das Mädchen jedoch stets ihrer Freundschaft und ihrer Bereitschaft versichert, ihr zu helfen, wenn sie ihr Leben als Prostituierte aufgeben und in ehrliche Dienste zurückkehren wolle. Es überrascht kaum, dass Wilkie es abgelehnt hatte, »ihr weißes Kleid, die Schuhe mit griechischen Riemen« und ihre Freiheit gegen die Schufterei eines Dienstmädchens und die Beengtheit der kleinen Küche im Keller des Hauses Nr. 29 am Ratcliffe Highway einzutauschen. Nun jedoch tauchte sie auf, um ihre Unschuld zu beteuern und den Friedensrichtern auf jede ihr mögliche Weise zu helfen. Sie wurde rasch entlastet. Niemand hielt es für wahrscheinlich, dass ein gewöhnliches Hausmädchen, so zerstritten sie auch mit ihren früheren Dienstherren sein mochte, über die Mittel, die Fähigkeiten oder die körperlichen Reize verfügen könne, ihre männlichen Beschützer zu einer so umfassenden und bestialischen Rache zu veranlassen, und es war offensichtlich absurd anzunehmen, dass sie selbst Hammer und Messer geschwungen haben sollte. Die Friedensrichter vernahmen sie, und sie wurde entlassen, nachdem sie ausführlich beschrieben hatte, welche Zuneigung und Freundschaft zwischen Marr und den Verwandten seiner Frau und welches Glück in der Familie Marr geherrscht hatten. Das mag alles der Wahrheit entsprochen haben, doch es drängt sich der Verdacht auf, dass die jungen Marrs schon durch ihren bedauernswerten und schrecklichen Tod zu Ikonen der Tugend, zu Urbildern der Unschuld und des Guten verklärt wurden, damit man sie der Barbarei derer gegenüberstellen konnte, die sie ermordet hatten. Abgesehen von der Tatsache, dass sie ehrbar, fleißig und ehrgeizig waren, wissen wir herzlich wenig über sie. Lediglich John Murrays Aussage, dass er angenommen habe, der Schrei, den er um Mitternacht gehört hatte, könne aus Furcht vor einer Züchtigung ausgestoßen worden sein, wirft die Frage auf, ob solche Schreie im Haus Nr. 29 womöglich häufiger zu hören waren, und ob Marr, der durch eigene Leistung vom Diener zum Herrn über andere aufgestiegen war, nicht vielleicht ein ebenso harter wie ehrgeiziger Mann war.

Und weiter tröpfelten Gerüchte, Behauptungen und Informationsschnipsel herein. Eine verheißungsvolle Spur löste große Aufregung aus, und die »Times« berichtete, dass die Polizisten »in alle Himmelsrichtungen ausgeschickt wurden«. Wie es scheint, kehrte in der Mordnacht gegen 1:30 Uhr ein in Diensten des Herrn Sims aus Sun Tavern Fields stehender Mann zu seinem Nachtquartier zurück, nachdem er seinen Lohn von acht Shilling in Empfang genommen hatte. Bei seiner Heimkehr trug er einen Gehrock, der, wie der Vermieterin auffiel, sehr schmutzig war. Sie fragte, wo er gewesen sei, und er antwortete, dass ein Ölfass über ihm geplatzt sei und er versucht habe, das Öl auszuwaschen. Die Frau hatte darauf hingewiesen, dass man mit kaltem Wasser kein Öl auswaschen könne, und gesagt, dass sie auch kein Öl rieche. Kurz darauf gingen der Mann und sein Zimmergenosse zu Bett, doch sehr früh am nächsten Morgen verließ er sein Quartier, und seither hatte man nichts mehr von ihm gehört. Man nahm an, dass er die Portsmouth Road genommen hatte. Er wurde als mittelgroßer Mann um die dreißig, der nur ein Auge hatte, beschrieben, bekleidet mit einem vorne stark ausgewaschenen Gehrock und dunklen Hosen. Diese aufregende Neuigkeit löste hektische Aktivität aus, die erstaunlich erfolgreich war. Am folgenden Sonntag traf eine Expressbotschaft von Lord Middleton, einem Friedensrichter in Godalming, an die Friedensrichter am Gericht von Shadwell ein, die diese davon in Kenntnis setzte, dass der Mann, nach dem sie fahndeten und der als Thomas Knight identifiziert worden war, festgenommen und sicher im Gefängnis in Guildford untergebracht worden sei. Unverzüglich wurden zwei Polizisten aus Shadwell losgeschickt, um ihn nach London zurückzubringen.

Inzwischen verbreitete sich die Nachricht von dem gesuchten einäugigen Mieter im verschmutzten Gehrock rasch, und bevor Thomas Knight identifiziert und verhaftet war, wurden zahlreiche Unglückliche auf Verdacht festgenommen. In der Bow Street ging aus einem Lokal in St. Giles die Nachricht ein, dass sich dort ein einäugiger Mann befand, der der Beschreibung entsprach und einen Gehrock und dunkle Hosen trug. Er wurde festgenommen und in die Bow Street gebracht, wo er angab, ein in der Shy Lane wohnhafter Zimmermannsgeselle zu sein. Er war jedoch nicht im Stande, für die Zeit der Morde ein überzeugendes Alibi anzugeben, sodass die Friedensrichter ihn für weitere Vernehmungen dabehielten. Als er den Friedensrichtern erneut vorgeführt wurde, sagte sein Vermieter aus, dass er tatsächlich bei ihm in der Shy Lane wohne und dass er zum Zeitpunkt der Morde zu Hause in seinem Bett gewesen sei. Also wurde er freigelassen. Die »Times«

71

bemerkte bissig dazu, dass nur seine dümmliche Aussage zur eigenen Person ihm und dem Gericht die Unannehmlichkeiten eingetragen habe.

Am Samstagmorgen traf ein weiterer Bericht über einen Mann in einem blutigen Gehrock in der Bow Street ein, der in Begleitung einiger Soldaten in der Windmill Street gesehen worden war. Ganz offensichtlich verfolgte die Polizei aus Unsicherheit in diesem Stadium jeden, der Blutflecken auf der Jacke oder auch nur die entfernteste Ähnlichkeit mit Thomas Knight hatte. Ein Beamter wurde ausgeschickt, um den neuen Verdächtigen zum Gericht zu bringen. Er fand den Mann in Gesellschaft einiger Marinesoldaten, die aussagten, dass er sich zum Dienst bei der Marine verpflichtet und sieben Shilling als Teil der Heuer entgegengenommen habe. Dies betrachteten sie als Betrug, da ihm klar gewesen sein musste, dass er nicht diensttauglich war, weil er ein verletztes Bein hatte. Er wurde zum Gericht gebracht, wo er das Blut auf seinem Gehrock damit erklärte, dass er einen Schafskopf getragen habe. Also wurde auch er entlassen; doch gleichzeitig wurde ein weiterer bedeutender Fund gemeldet. Ein Mann namens Harris und sein Freund, offenbar beide Quäker, waren am Sonntagmorgen auf dem Weg zu einem Treffen in der Penn Street gewesen, als sie – wie sie sich erst jetzt veranlasst sahen, den Friedensrichtern mitzuteilen – in der Nähe des Wachhauses von St. George's einen wollnen Rock und ein Taschentuch mitten auf dem Ratcliffe Highway liegen sahen, die beide blutgetränkt waren. Daraufhin gaben die Friedensrichter einen weiteren Handzettel heraus:

MORD!

Es gingen gewisse Informationen bei diesem Gericht ein, denen gemäß am vergangenen Sonntagmorgen gegen Viertel nach acht Uhr in der Nähe des Wachhauses der Gemeinde St George's, Middlesex, ein sehr blutiger wollner Rock (oder ein Hemd) und nahe bei diesem ein Taschentuch im gleichen Zustand mitten auf dem Ratcliffe Highway gesehen wurden.

Wer immer ein derartiges Hemd oder Taschentuch an sich genommen hat oder sich in ihrem Besitz befindet, wird dringend aufgefordert, beides unverzüglich dem Gericht auszuhändigen, da die Richter der Überzeugung sind, dass sie einen Hinweis zur Aufklärung der kürzlich geschehenen entsetzlichen Morde am Ratcliffe Highway liefern könnten. Ebenso wird jeder, der Auskunft über den Verbleib des Hemds und des Taschentuchs geben kann, aufgerufen, sich unverzüglich bei den Friedensrichtern an diesem Gericht zu melden. Er wird für seine Mühen großzügig belohnt werden. Im Auftrag der Friedensrichter.

J.J. Mallett
Leiter der Geschäftsstelle

Die versprochenen Belohnungen waren tatsächlich großzügig. Zu diesem Zeitpunkt beliefen sie sich insgesamt auf über sechshundert Pfund, ein beachtliches Vermögen in Zeiten, in denen der Wochenlohn eines Handwerkers weniger als ein Pfund betragen konnte. Am 14. Dezember hatte die Regierung ihre Belohnung von einhundert auf fünfhundert Pfund erhöht, eine beispiellose Summe; dazu kamen fünfzig Pfund vom Gemeindevorstand von St.-George's-in-the-East, zwanzig Pfund von der River Thames Police und eine Belohnung von fünfzig Guineen, die am 14. Dezember vom ehrenwerten Thomas Bowes persönlich ausgesetzt wurden. Am nächsten Tag, dem Sonntag, fast genau eine Woche nach ihrem Tod, wurde die Familie Marr beigesetzt. Auf dem Friedhof von St.-George's-in-the-East wurde ein einzelnes Grab ausgehoben. Die Woche war bitterkalt gewesen, und die Spaten der Totengräber schlugen auf Erde, die hart wie Eisen war. Doch der Tag des Begräbnisses war milder, und der Atem der vielen Menschen, die seit dem frühen Morgen den Ratcliffe Highway säumten, stieg auf wie ein dünner Nebel, durch den man das Stampfen frierender Füße auf den Pflastersteinen, das Murmeln gedämpfter Stimmen und das Wimmern eines ungeduldigen Kindes hören konnte. Pünktlich um halb zwei wurden die Leichen unter dem großartigen, einsam aufragenden Kirchturm mit seinem achteckigen Aufbau die Stufen hinauf und ins Innere von St.-George's-in-the-East getragen, wo die Marrs den Gottesdienst besucht und nur zwei Monate zuvor anlässlich der Taufe ihres Kindes stolz vor dem Altar gestanden hatten. Mrs. Marrs weinende Mutter und ihre Schwestern, alle in schwere schwarze Schleier gehüllt, wurden von mitleidigen Seufzern begrüßt. Die Leute erinnerten sich, wie sie am Sonntag nach den Morden vom Land hereingekommen waren, um den Tag bei der jungen Familie zu verbringen, und bis zu ihrer Ankunft nichts von der Tragödie geahnt hatten.

Eine von John Fairburn verfasste zeitgenössische Flugschrift beschreibt die Szene:

An diesem Tag war die Gegend um den Ratcliffe Highway ein Schauplatz von Kummer und Leid und lautem Klagen. Die Anteilnahme der Öffentlichkeit war wohl noch nie von solcher Niedergeschlagenheit begleitet wie anlässlich der schrecklichen Szene, in der diese Familie dem traurigen Reich der Sterblichkeit übergeben wurde. Es ist fast unmöglich, eine adäquate Vorstellung von der feierlichen Stimmung zu vermitteln, die bei diesem Ereignis bei allen Schichten zu beobachten war. Die Leute bildeten eine durchgehende Phalanx vom Haus der Ermordeten bis zur Kirchentür von St. George's und warteten geduldig mehrere Stunden lang.

Die dicht gedrängte Menge, die in der Kirche am Gottesdienst teilgenommen hatte, blieb, um dem bedrückenden Schauspiel beizuwohnen. Um halb zwei Uhr kam die Prozession unter einigen Schwierigkeiten herein. Der Geistliche, Dr. Farrington, wurde während der Feier fast von seiner traurigen Pflicht überwältigt. Die Prozession kam in der folgenden Reihenfolge durch den Mittelgang der Kirche:

die Leiche von Mr. Marr, die Leichen von Mrs. Marr und dem Kind, der Vater und die Mutter von Mr. Marr, die Mutter von Mrs. Marr, die vier Schwestern von Mrs. Marr, der einzige Bruder von Mr. Marr, die nächsten Verwandten der Verstorbenen, die Freunde von Mr. und Mrs. Marr. Insgesamt waren achtzehn Trauernde anwesend, darunter auch das Dienstmädchen.

Der Kummer der betagten Eltern und der Geschwister der Verstorbenen war ein herzzerreißender Anblick. Viele Menschen in der dicht gedrängten Menge weinten aus Mitgefühl. Nach der Zeremonie wurden die Leichen auf den Friedhof gebracht und in ein gemeinsames Grab gelegt. Ungeachtet des ungeheuren Gedränges verhielten sich die Zuschauer außerordentlich würdevoll, obwohl sich beim gemeinsamen Gebet kaum einer heftiger Worte enthalten konnte, als die Rache des Himmels auf die Häupter der unbekannten Mörder beschworen wurde.

Ein kleiner, trauriger Nachtrag wäre noch zu machen. Nach dem Spruch bei der Verhandlung zur Feststellung der Todesursache brachten die Verwandten des Lehrjungen dessen Leiche aus Marrs Haus fort und ließen ihn an einem anderen Ort begraben. Die Marrs wurden auf der Südseite des Friedhofs beigesetzt, und auf ihrem Grab wurde ein hoher Grabstein aufgestellt:

Geweiht der Erinnerung an Mr. Timothy Marr, vierundzwanzig Jahre alt, Mrs. Celia Marr, seine Frau, und ihren Sohn Timothy Marr, drei Monate alt, die am 8. Dezember 1811 in ihrem Wohnhaus am Ratcliffe Highway Nr. 29 auf unmenschliche Weise ermordet wurden.

Der du vorbeigehst, Sterblicher, bleib stehen,
Die letzte Ruhestätte anzusehen
Von einem Elternpaar und ihrem Kind
Die viel zu früh dahingeschieden sind!
Denn eine einz'ge grauenvolle Nacht
Hat allen dreien blut'gen Tod gebracht.
Sie wurden Opfer einer Gräueltat
Wie noch kein Mund sie je beschrieben hat!
Nicht einer blieb verschont, der Welt zu sagen,
Was hier geschah, und zu beklagen
Der andern Schicksal, die mit ihm zusammen
In Lieb' gelebt, mit ihm ums Leben kamen.

Bedenk, o Mensch, ihr Los, sieh an ihr Grab!
Kehr dich beizeiten von der Sünde ab.
Voll von Gefahren ist dein Weg auf Erden.
Im Handumdrehn kannst du gerissen werden
In ew'gen Frieden oder ew'ge Pein.
Drum halte dein Gemüt von Sünden rein!

Damit war eine Woche nach den Morden an den Marrs nichts als deren Begräbnis erreicht. Wapping blieb unverändert. Die Mörder befanden sich noch immer auf freiem Fuß. Die großen Schiffe segelten noch immer majestätisch mit der Flut aus dem grandiosen Londoner Dock dem unendlichen Horizont entgegen, und ihre Mannschaften scherten sich nicht um den lokalen Tratsch, weil ihre Sorgen die ganze Welt umspannten. Londons poetisch veranlagte Friedensrichter hatten in dieser Woche ebenfalls Gelegenheit gehabt, über ihre gewohnten Ufer hinauszusegeln. Mochten sie auch von den Vernehmungen von Portugiesen und Iren verwirrt und von Dummköpfen und Trunkenbolden bedrängt gewesen sein oder sich vielleicht auch mit dem Verfassen von Marrs Epitaph beschäftigt haben, sie könnten sich alle während dieser Woche dennoch die Zeit genommen haben, einer Reihe von Vorlesungen beizuwohnen, die von einem wahren Poeten in der Fleet Street abgehalten wurden. Gemartert von der überwältigenden Macht des Opiums hatte Coleridge in der auf die Morde folgenden Woche eine Reihe von Vorlesungen über Shakespeares Stücke gehalten, worauf der »London Chronicle« die ganze Woche lang die beiden unvereinbaren Themen auf ein und derselben Seite in benachbarten Spalten abhandelte. Während eine Schlagzeile tönte »Mord an Mrs. Marr und ihrer Familie«, verkündete die andere »Mr. Coleridges Vorlesungen«. Der von den düsteren Schilderungen zerschmetterter Schädel und verspritzten Bluts erschütterte Leser konnte sich jederzeit zivilisierteren, zeitloseren Dingen zuwenden. Die »Reden über Shakespeare«, ist in dem Journal nachzulesen, »erlangen zunehmend die allgemeine Gunst, und der dozierende

Poet verwendet erhebliche Mühe darauf, sie gerade für jene unterhaltsam zu gestalten, von denen wir annehmen, dass ihm an ihrer Gunst besonders gelegen ist – für die Schönen«.

Am Montagnachmittag erwachte die allgemeine Neugier aufs Neue, als Thomas Knight in einer Postkutsche von Godalming zum Friedensgericht in Shadwell gebracht wurde. Die gegen ihn vorgebrachten Indizien wurden erneut aufgezählt. »Am Samstag vor vierzehn Tagen zog er sich, offensichtlich sehr niedergeschlagen, in sein Quartier zurück. Er legte seinen Gehrock ab, wusch ihn und trocknete ihn vor dem Feuer. Es befanden sich Flecken darauf, die stark nach Blut aussahen. Früh am nächsten Morgen verließ er sein Quartier, ohne seiner Vermieterin mitzuteilen, wohin er ging.«

Der Gefangene stritt bis auf die letzte Behauptung alles ab und erzählte eine logische Geschichte, von der er nie wesentlich abwich. Er sagte, dass er in Portsmouth geboren und aufgewachsen und vor etwa sechs Wochen nach London gekommen sei, wo er bis zum Samstag vor vierzehn Tagen bei den Seilern Messrs. Sims & Co als Hechler gearbeitet habe. Seine Frau sei seit einiger Zeit krank, und er habe beschlossen, nach Portsmouth zu reisen, wo sie bei ihrem Vater lebe, und sie in die Stadt zu bringen. Am Samstagabend vor zwei Wochen sei er zu dem von Mr. Edwards geführten »King's Arms« gegangen, um sich seinen Wochenlohn auszahlen zu lassen, der zwölf Shilling betrage. Er sei bis etwa elf Uhr bei Mr. Edwards geblieben und habe mit seinen Arbeitskollegen etwas getrunken. Dann sei er nach Hause in sein Quartier gegangen und habe sich bald zu Bett begeben. Er bestritt, seinen Rock gewaschen, und ebenso, ihn abgelegt zu haben, bevor er zu Bett ging. Er sei nicht niedergeschlagen gewesen, im Gegenteil, er sei aufgrund des genossenen Alkohols ziemlich heiter gewesen und habe mit seiner Vermieterin gescherzt, die ihn geneckt habe, weil er in Abwesenheit seiner Frau so lange ausblieb. Am nächsten Morgen sei er gegen halb acht Uhr aufgestanden und habe sich zu Mr. Dodds begeben, dem Vorarbeiter in Mr. Sims Werkstatt, um ihm mitzuteilen, dass er nach Portsmouth fahren würde, um seine Frau zu holen, und ihn zu bitten, bis zu seiner Rückkehr auf sein Werkzeug Acht zu geben. Danach sei er in der Hoffnung zum »King's Arms« gegangen, siebeneinhalb Pence zurückzubekommen, die Mr. Edwards ihm geschuldet habe, und sei mit seinen Arbeitskollegen eine Weile dort geblieben. Danach sei er etwa eine Stunde lang durch Shadwell gewandert und habe zwei Männer namens Quinn getroffen, Vater und Sohn, mit denen er in einen Weinkeller gegangen sei, um Gin zu trinken. Er sei bis Sonntag gegen zehn Uhr früh bei ihnen geblieben. Dann sei er nach Portsmouth aufgebrochen. Er habe zunächst nur zwölf Meilen der Reise zurückgelegt und sei erst am Montagabend in Portsmouth eingetroffen, wo er bis Donnerstagmorgen bei seiner Frau und seinem Kind in Gosport geblieben sei. Dann seien sie alle miteinander nach London aufgebrochen. Am Donnerstagabend hätten sie Peats Field erreicht und dort übernachtet. Als er am nächsten Tag durch Godalming gegangen sei, sei er von zwei Polizisten »wegen eines Vorwurfs« festgenommen worden, »von dem er bei Gott beschwor, dass er unschuldig sei wie ein ungeborenes Kind«. Der Grund dafür, dass er seiner Vermieterin nichts von seiner Absicht erzählt habe, nach Portsmouth zu gehen, sei gewesen, dass er ihr drei Shilling schuldete, und da er auf dieser Welt nur zwölf Shilling besaß, habe er befürchtet, dass sie auf der Bezahlung bestehen würde, wenn er ihr sagte, dass er sein Quartier verlassen würde.

Die Friedensrichter von Shadwell nahmen Knight rigoros ins Kreuzverhör, doch er blieb bei seiner ersten Aussage, und sie kamen bald zu dem Schluss, dass er mit dem Mord an den Marrs nichts zu tun hatte. Sie entschieden jedoch, ihn für weitere Vernehmungen ins Gefängnis zu überstellen, offenbar in dem Glauben, dass es doch übertrieben großzügig wäre, ihn einfach so laufen zu lassen, nachdem man ihn mit solchem Aufwand auf Staatskosten von Godalming hergebracht hatte.

Die Friedensrichter der verschiedenen Gerichte hielten den Innenminister über alle Entwicklungen auf dem Laufenden, wenn es ihnen nötig erschien, obwohl kein organisiertes System für einen Informationsaustausch existierte und es keinen Hinweis darauf gibt, dass John Beckett oder irgendjemand anderes im Innenministerium die Berichte verglich oder versuchte, die Ermittlungen zu leiten oder die verschiedenen Aktivitäten zu koordinieren. Am Montag, während das Gericht von Shadwell Thomas Knight vernahm, lieferten die Friedensrichter vom Queen's Square (heute Queen Anne's Gate) Beckett eine weitere, vielversprechende Spur: »Zur Information von Mr. Ryder übersende ich Ihnen hiermit vertraulich die von einem Wachsoldaten unter Eid geleistete Aussage, die zwei Unbekannte unter starken Verdacht stellt. Ich habe mit gleicher Post Abschriften der Erklärung an die vorsitzenden Friedensrichter in Southampton, Newport, der Isle of Wight und Plymouth gesendet und ihnen die Beschreibung der beiden Männer zukommen lassen, damit sie ausfindig gemacht und festgenommen werden können.« Die Anlage hatte den folgenden Wortlaut:

Zeugenaussage von George Judd, einem Korporal in Oberstleutnant Cooks Kompanie des zweiten Bataillons der Coldstream Guards. Am Samstag, dem vierzehnten dieses Monats, kam ich gegen halb sieben Uhr abends am Old White Horse Cellar, Piccadilly, vorbei und wurde von zwei Männern in Wintermänteln angesprochen. Beide hatten ein Bündel und einen Stock. Einer von ihnen war etwa ein Meter achtzig groß und stand ein paar Meter entfernt in der Dunkelheit. Der andere war mittleren Alters, etwa ein Meter fünfundsechzig groß und hatte eine Narbe auf der rechten Wange. Er kam zu mir und fragte, ob ich wisse, wann eine Kutsche nach Plymouth gehe. Ich verneinte. Er bat mich, in das Büro des Fuhrunternehmens zu gehen und nachzufragen, dann würde er mir etwas zu trinken spendieren. Ich tat es und teilte ihm anschließend mit, dass es bis zum nächsten Morgen um vier Uhr keine Kutsche nach Plymouth gebe. Er ging dann zu seinem Begleiter, der noch immer in einiger Entfernung dastand, als habe er Angst, ins

Licht zu treten, und sprach mit ihm, danach kehrte er zu mir zurück, gab mir den Gegenwert eines Krugs Bier und sagte, das würde nicht genügen, sie müssten die Post nehmen. Als er sich umwandte, sah ich ein Stück Papier hinunterfallen, das ich aufhob und in meine Tasche steckte. Sie gingen dann zusammen in Richtung Hyde Park Corner. Aufgenommen von James Bligh, Polizeibeamter, Queen's Square, Westminster, 15. Dezember 1811.

Eine Kopie des mysteriösen Zettels liegt dem Protokoll der Aussage bei. Die Notiz ist ohne Interpunktion abgefasst und wurde offensichtlich von jemandem geschrieben, der fast ein Analphabet war. Das erste Wort ist unleserlich.

... zu den Isles of Wight Wen ich hir alles erledigd hab, meine liben Froinde, kom ich Montag Morgen heim weils file Gerüchte gibt fon unsrer Tat isd England gleich verlasen am besten. Die Tat isd gros gewesen Kommd umbedingt wen ir mich beim alten Ron De Wu treffen wolld oier droier Froind M M Mahoney[3]

Die beiden Männer wurden nie identifiziert und man hörte auch nichts mehr von ihnen. Vermutlich waren sie in irgendwelche kriminellen Machenschaften verwickelt, aber wenn sie die Marrs ermordet haben, ist es unwahrscheinlich, dass sie eine Woche lang in London herumgelungert sein sollen, bevor sie zur Isle of Wight flohen. Die nachfolgenden Ereignisse lassen darauf schließen, dass sie, wenn sie London tatsächlich am 15. Dezember verließen, höchstwahrscheinlich nicht in die Morde am Ratcliffe Highway verwickelt waren. Zur damaligen Zeit jedoch legten diese Aussage eines Unteroffiziers der Garde, seine unerwartete Begegnung und

---

[3] Die »Morning Post« übersetzte dies freundlicherweise für ihre Leser: »Meine lieben Freunde, es gehen zahlreiche Gerüchte um, und unsere Tat war groß. Ich halte es für unerlässlich, England so bald wie möglich zu verlassen. Selbstverständlich werdet Ihr mich am alten Treffpunkt finden. Ich verbleibe als Euer treuer Freund, Patrick Mahony.«

der mysteriöse Zettel den Gedanken nahe, dass das Schicksal endlich eingriff, um die Mörder ihrer gerechten Strafe zuzuführen, und die Friedensrichter warteten voller Hoffnung auf Neuigkeiten von ihren Kollegen aus Southampton, Newport und Plymouth, die jedoch nie eintrafen.

Die Friedensrichter in Whitechapel hatten nicht sehr viel mehr Glück. Zwei portugiesische Seeleute namens Le Silvoe und Bernard Govoe wurden zum Friedensgericht gebracht und unter erheblichen Schwierigkeiten auf beiden Seiten zwei Stunden lang verhört. Sie waren am Abend vor Marrs Tod gegen halb zwölf beim Zechen im »Artichoke Pub« in der Nähe von Marrs Haus und gegen ein Uhr in der angrenzenden Straße gesehen worden. Le Silvoe gab an, dass er um ein Uhr nach Hause kam und anklopfte, um eingelassen zu werden, und dass ihm seine Frau die Tür öffnete, als der Nachtwächter halb zwei Uhr ausrief. Sein Vermieter bestätigte seine Geschichte. Mrs. Le Silvoe bot an, zu bezeugen, dass ihr Mann um elf Uhr zu Hause gewesen sei, doch ihre Zeugenaussage wurde nicht zugelassen. Eine Frau, die mit Govoe zusammenlebte, wollte ihm ein Alibi geben, doch ihre Aussage wurde als sehr zweifelhaft eingestuft. Die Friedensrichter hielten die beiden Portugiesen ziemlich enttäuscht und ratlos zum Zweck einer weiteren Vernehmung fest.

Inzwischen war John Harriott nicht untätig gewesen. Seine Beamten durchsuchten die Schiffe auf dem Fluss und bei Gravesend, um festzustellen, ob kürzlich verdächtige Gestalten an Bord gekommen waren, und stellten bei dem Versuch, die Spur des Hammers zurückzuverfolgen, Fragen an »alle Alteisenhändler entlang der Küste sowie in den Werften der Schiffsbauer und an anderen Orten«. Alles ohne Erfolg.

Die Jagd ging weiter. Am Mittwoch, dem 18. Dezember, wurde ein Mann namens Thomas Tyler vor dem Gericht von Shadwell bezichtigt, in einem Pub in Deptford etwas erzählt zu haben, das den Verdacht nahe legte, dass er etwas Wichtiges wusste. Der Verhaftete hatte in betrunkenem Zustand geschworen, er könne beweisen, dass Marrs Bruder sechs oder sieben Männer gedungen habe, um die barbarischen Morde zu begehen, dass er einen dieser bezahlten Kerle kenne und dieser ihm erzählt habe, dass er es nicht über sich gebracht hätte, dem Kind die Kehle durchzuschneiden, dass er seitdem bereue, überhaupt dabei gewesen zu sein, und nun bereit sei, vor einen Friedensrichter zu treten und alles zu gestehen, was er über den Vorfall wisse. Dies war endlich wirklich eine viel versprechende Zeugenaussage; doch erneut brach sie in sich zusammen. Der Verhaftete behauptete nun, er könne sich nicht erinnern, gesagt zu haben, was man ihm da unterstelle, er habe im Dienste Seiner Majestät eine Kopfwunde davongetragen und sei gelegentlich, vor allem in betrunkenem Zustand, verwirrt und wisse nicht, was er sage. Er wisse überhaupt nichts über die Morde, und wenn er die Äußerungen gemacht habe, die ihm zur Last gelegt würden, müsse er das alles bei einem zufälligen Gespräch in irgendeiner Kneipe gehört haben. Er brachte seine Vermieterin und einige Bekannte mit, um zu beweisen, dass er am Samstag vor vierzehn Tagen zu Hause in seinem Quartier gewesen war und dass ihm sein ungewöhnliches und widersprüchliches Verhalten bei vielen anderen Gelegenheiten den Ruf eingetragen habe, irrsinnig zu sein. Nachdem sie den Mann ausgiebig verhört hatten, gelangten die Friedensrichter zu dem Schluss, dass sein Ruf wohlverdient war, und ließen ihn gehen.

Er war weder der einzige Geistesgestörte noch der einzige Trunkenbold, der verhaftet und den Friedensrichtern vorgeführt wurde. Wapping war voll von Landstreichern, Exzentrikern, Psychopathen und Kleinkriminellen, und sie alle waren jetzt in Gefahr. Es bedurfte nur eines Worts von einem verärgerten Nachbarn, eines misstrauischen Blicks von einem Polizisten, der auf eine Belohnung spekulierte, eines Blutflecks auf einem Hemd oder eines irischen Akzents, und ein weiterer Verdächtiger wurde zum Wachhaus gezerrt. Einer davon war beispielsweise ein bedauernswerter Graveur. Er wurde aus keinem anderen Grund festgenommen, als dass er »eine starke Neigung zum Alkohol zeigt, häufig betrunken heimkommt, gewohnheitsmäßig Unfug treibt und bei diesen Gelegenheiten viele ungehörige Dinge tut. Wenn er nüchtern ist, ist er sehr fleißig, aber wenn er betrunken ist, ist kein Verlass auf ihn.« Zu seinem Glück hatte der Graveur in der Nacht der Morde an den Marrs gerade eine seiner fleißigen Phasen durchlebt und war die ganze Nacht bei der Arbeit gehört worden. Sein Vermieter sagte aus, dass er das Haus nicht hätte verlassen können, ohne dass es entweder ihm selbst oder seiner Frau aufgefallen wäre. Die Friedensrichter akzeptierten das als überzeugendes Alibi, zögerten jedoch, einen so wenig vertrauenerweckenden Zeitgenossen freizulassen, ohne zumindest zu versuchen, ihn so zu erschrecken, dass er in Zukunft nüchtern blieb, weshalb auch er ins Gefängnis überstellt wurde.

Und dann, am Donnerstag, dem 19. Dezember, nach all diesen Fehlstarts und Enttäuschungen, wurde bezüglich des Hammers eine entscheidende Entdeckung gemacht. Es scheint unglaublich, dass sie nicht früher gemacht wurde. Das Werkzeug war seit dem Tag der Morde in Harriotts Verwahrung im River Thames Police Office, und es war bereits ein Handzettel im Umlauf, der es beschrieb. Seine Identifizierung war, wie der Handzettel und die Befragungen in den Werkstätten am Fluss und in den Lagerhäusern deutlich zeigen, offenkundig entscheidend für den Erfolg der Ermittlungen. Die Bedeutung der abgebrochenen Spitze war zur Kenntnis genommen worden, dennoch war der Hammer offensichtlich nicht sorgfältig untersucht worden. Wer die Entdeckung gemacht hat, ist unbekannt. Es könnte einer von Harriotts Polizisten gewesen sein oder sogar der alte Mann selbst. Es könnte auch ein Friedensrichter gewesen sein, der ihn besuchte, oder der Kapitän eines Frachtschiffs der Ostindischen Gesellschaft, der gekommen war, um dem berühmten John Harriott die Ehre zu erweisen. Aber vielleicht war es auch ein Gentleman aus der Stadt, der weniger zimperlich als seinesgleichen sonst war und seine Neugier hinter dem Ausdruck vornehmen Widerwillens verbarg, während er sein Monokel an das Werkzeug hielt und auf etwas stieß, das ihn einen erregten Schrei ausstoßen ließ. Ein Taschentuch wurde hervorgeholt, um das verkrustete Blut und die Haare sorgfältig vom Kopf des Hammers zu entfernen. Dort befanden sich, schwach, aber jetzt deutlich erkennbar, die Initialen I. P. (einige Zeitungen berichteten, dass die Initialen J. P. waren, andere dass sie I. P. lauteten), die punktiert in die Oberfläche gestanzt waren. Die Bedeutung dieser Entdeckung wurde augenblicklich erkannt, und am nächsten Tag gab Harriott einen weiteren Handzettel heraus:

THAMES POLICE OFFICE
WAPPING

Es ist zwingend erforderlich, dass jeder, der über wie auch immer geartete Kenntnisse über den

Zimmermannshammer

verfügt, mit dem kürzlich die bestialischen Morde am Ratcliffe Highway verübt wurden, sich meldet und diese bekannt gibt.

Die Friedensrichter haben eine erneute Beschreibung desselben verfasst und bitten dringend jeden, der in der Lage ist, auch nur den geringsten ihn betreffenden Hinweis zu liefern, die Friedensrichter unverzüglich davon in Kenntnis zu setzen.

Der Hammer kann auf Antrag bei Gericht von jedem Zeugen in Augenschein genommen werden.

Beschreibung

Der Stiel des Hammers ist sechzig Zentimeter lang, der Kopf misst von der Vorderseite bis zum Ende der Spitze zweiundzwanzig Zentimeter. Er hat eine Kerbe auf der Stirnseite, und von der Spitze ist ein Stück abgebrochen. Er ist auf der Oberseite nahe der Stirnseite schwach sichtbar in Punkten mit den Buchstaben J. P. markiert, die anscheinend mit einem Prinzhammer für Kupfer eingestanzt worden sind.

Auf Anordnung der Friedensrichter
E. W. Symons, Leiter der Geschäftsstelle
20. Dezember 1811.

THE MAUL

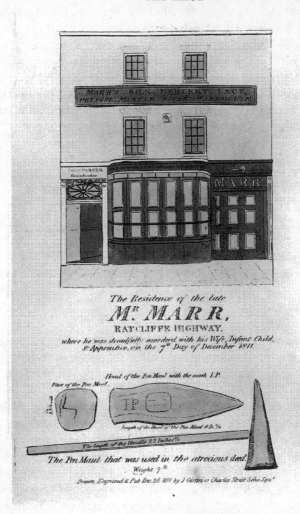

Marrs Geschäft und der Hammer, von J. Girtin (Bibliothek der Guildhall)

Am gleichen Tag, an dem die Initialen entdeckt wurden, am 19. Dezember, begann Aaron Graham, einer der Friedensrichter in der Bow Street, ein aktives Interesse an den Ermittlungen zu entwickeln – vermutlich auf Anweisung des Innenministers. Er war die Antithese zu dem temperamentvollen Harriott, ein stiller und intelligenter Bürokrat mit einem logischen und forschenden Verstand, der Tatsachen sorgfältig prüfte und mit hartnäckiger Geduld aufspürte. Er war in der Tradition Henry Fieldings erzogen, der fünfzig Jahre zuvor das herausragende Bow Street Office gegründet hatte. Er hatte das erste Verzeichnis gesuchter Krimineller veröffentlicht und die ersten Kriminalbeamten des Bow Street Office eingesetzt. Zum Zeitpunkt der Morde an den Marrs war Aaron Graham achtundfünfzig Jahre alt, und ihm blieb nur noch ein Jahr, bis ihn eine Krankheit, an der er im Dezember 1818 sterben sollte, zwang, seinen Posten in der Bow Street aufzugeben. Er teilte die Leidenschaft der berühmteren Friedensrichter der Bow Street für das Theater und organisierte mehrere Spielzeiten lang die Konzerte in der Drury Lane. Sein einziger Sohn war Marineoffizier, und durch ihn hatte Graham Einblick in das Leben und die Welt der Seeleute; der Ratcliffe Highway war ihm weit weniger fremd als Capper und seinen Kollegen.

Neben seiner offiziellen Stellung als Friedensrichter in der Bow Street, die schon an sich Garant genug für Redlichkeit und Fleiß war, hatte sich Graham bereits sechs Jahre zuvor durch seine Leistungen bei den Ermittlungen in einem Mordfall, die 1806 zur Verurteilung und Hinrichtung eines gewissen Patch wegen Mordes mittels Schusswaffe an seinem Partner, Mr. Blight, geführt hatten, hohes persönliches Ansehen erworben. Der Fall Patch hatte zu seiner Zeit außergewöhnliches Interesse erregt und ist als Beispiel für Grahams logische und deduktive Arbeitsweise, sein Beharren auf der Verifizierung von Fakten und seine damals seltene Bereitschaft erwähnenswert, sich als aktiven Ermittlungsbeamten und nicht als passiven Empfänger von Informationen zu betrachten. Es stellte sich auch heraus, dass der Fall geringe, aber interessante Parallelen zu den ansonsten völlig anders gearteten Morden am Ratcliffe Highway aufwies.

Richard Patch, der Sohn eines geachteten Freisassen aus Devon, war 1770 geboren worden und zum Zeitpunkt des Mordes fünfunddreißig Jahre alt. Er war 1803 nach einer Reihe von Differenzen über die Zahlung des Zehnten nach London gekommen und bei einem Mr. Blight, einem früheren Händler bei der Westindischen Gesellschaft, in Dienste getreten, der zu dieser Zeit sehr erfolgreich alte Schiffe ausschlachtete. Patch und Blight kamen überein, eine Partnerschaft einzugehen, und Patch verkaufte seinen Besitz in Devon, um das erforderliche Kapital zu beschaffen. Die Einzelheiten ihres Vertrags sind unklar, doch er wurde am 23. September 1805 durch den Mord an Blight, der durch einen Pistolenschuss tödlich verletzt wurde, während er in seinem eigenen Haus saß, sehr plötzlich beendet. Patch versuchte, sich ein Alibi zu verschaffen, indem er eine »Verdauungsstörung« vortäuschte und sich eilig und lautstark auf den außerhalb des Gebäudes befindlichen Abort zurückzog, bevor der tödliche Schuss abgefeuert wurde. Einige Tage zuvor hatte er durch einen vorgetäuschten Anschlag auf sich selbst, ebenfalls durch einen Schuss, den Boden bereitet.

Er wurde augenblicklich verdächtigt und inhaftiert. Die Indizien gegen ihn häuften sich. Eine Reihe angesehener Leute wurde vernommen, die an Mr. Blights Wohnhaus vorbeigekommen waren, entweder, als am 18. September der erste Schuss fiel, oder an dem Tag, an dem Mr. Blight getötet wurde. Sie sagten aus, dass sie den Mörder hätten sehen müssen, wenn er durch die Vordertür aus dem Haus geflohen wäre. Graham ordnete eine Untersuchung des Aborts an. Es war offensichtlich, dass er in jüngster Zeit von niemandem mit Durchfall benutzt worden war, doch die Durchsuchung förderte den Ladestock einer Pistole zutage. In Patchs Schlafzimmer fand die Polizei ein Paar nicht getragener Socken, deren Sohlen, wie man feststellte, als man sie aufrollte, schmutzig waren, als sei der Träger auf Strümpfen draußen herumgeschlichen. Patch deutete gegenüber dem ersten Außenstehenden, der die Szene betrat, an, dass die Mörder auf ein Schiff entkommen wären, das vor dem Kai lag. Es war Ebbe, und es wurde festgestellt, dass das Schiff etwa fünf Meter von dem Kai entfernt in dickem, weichem Schlamm feststeckte, auf dem keine Spuren einer Flucht von irgendjemandem zu erkennen war. Der letzte und entscheidende Beweis war, dass Patch seinen Partner systematisch betrogen hatte.

Die Verhandlung am 5. April 1806 war eine Sensation. Drei königliche Herzöge wohnten ihr in einer speziell für sie vorbereiteten Loge bei, der Adel war zahlreich vertreten, und selbst der russische Botschafter und sein Sekretär hielten es für angemessen zu erscheinen. Die Beweise waren nur Indizienbeweise, doch die Geschworenen befanden sie für ausreichend, und Patch wurde zum Tode verurteilt. Die Hinrichtung wurde bis zum folgenden Dienstag ausgesetzt, da man es für günstiger hielt, ihn zusammen mit einem Mann und seiner Frau (Benjamin und Sarah Herring, die wegen Falschmünzerei verurteilt worden waren) zu hängen, um, wie der »Newgate Calendar« ausführt, »die Unannehmlichkeit zu umgehen, zwei so dicht aufeinander folgende öffentliche Hinrichtungen zu haben«.

Wie es gelegentlich zwischen Ermittlungsbeamten und Angeklagten der Fall ist, scheint Patch Graham respektiert und sogar gemocht zu haben, und der Friedensrichter war der Letzte, der ihn am Abend vor seiner Hinrichtung in seiner Zelle aufsuchte. Bevor sie sich voneinander verabschiedeten, nahm Patch Graham bei der Hand und sagte feierlich: »Ich bin sicher, wir werden uns im Himmel wiedersehen.«

1811 war dieser fromme Wunsch noch nicht in Erfüllung gegangen, Aaron Graham war nach wie vor sehr lebendig und konnte seine Talente und seinen Enthusiasmus dem Fall der Marrs widmen. Offenbar zerbrach er sich den Kopf über das scheinbare Fehlen eines Motivs. Das brutale Abschlachten einer ganzen Familie einschließlich eines Säuglings, der für niemanden eine Gefahr darstellen konnte, deutete eher auf einen persönlichen Rachefeldzug als auf Mord aus Habgier hin, vor allem, weil nichts gestohlen worden war. Er zermarterte sich das Hirn, worauf eine solche Bösartigkeit zurückzuführen sein könnte. Es gab Gerüchte, nach denen Marrs einziger Bruder mit diesem verfeindet gewesen war, vages Gerede über einen Prozess zwischen den beiden, in dem Timothy Marr obsiegt hatte, und es wurde gemunkelt, dass die Brüder über Jahre hinweg nicht miteinander geredet hätten. Graham hatte den Eindruck, dass der andere Mr. Marr vielleicht eine wichtige Aussage machen könnte. Aufgrund des Mangels an einem regelmäßigen Informationsaustausch zwischen den Friedensgerichten ist es unwahrscheinlich, dass er von Wilkies Aussage wusste, und es ist ebenso wenig anzunehmen, dass er sie für wichtig gehalten hätte, wenn er von ihr gehört hätte.

Er wunderte sich aber auch über das Verhalten von Timothy Marr in der Nacht seiner Ermordung. Es war seltsam, dass er Margaret Jewell so spät weggeschickt hatte, um Austern zu kaufen und die Rechnung bei der Bäckerei zu begleichen. Er hätte davon ausgehen müssen, dass die Läden um Mitternacht geschlossen sein würden, und tatsächlich waren sie das ja auch. Graham fragte sich, ob Marr das Mädchen vielleicht aus dem Haus haben wollte, weil er eine Verabredung hatte oder einen Besucher erwartete, jemanden, den sein Dienstmädchen nicht sehen sollte. Der Auftrag, Austern zu kaufen, musste sie für mindestens eine halbe Stunde beschäftigen, vielleicht sogar länger, wenn er Glück hatte. Sie war ein pflichtbewusstes Mädchen, er konnte sich darauf verlassen, dass sie von Geschäft zu Geschäft laufen würde, bevor sie mit leeren Händen zurückkehrte.

Marr war Seemann gewesen, er hatte erst acht Monate lang am Ratcliffe Highway gewohnt. Vielleicht erwartete er eine unwillkommene Erinnerung an die alten Zeiten auf See, einen Erpresser vielleicht, der von einem rufschädigenden Vorfall in Marrs Vergangenheit wusste, der seine gegenwärtigen Hoffnungen und seien bescheidenen Wohlstand vernichten konnte. Aber würde ein

Erpresser sein Opfer ermordet haben? War es nicht sehr viel wahrscheinlicher, dass eine Verschwörung vorlag und dass die Besucher ihren Komplizen aus Wut oder wegen des Verdacht auf einen Verrat getötet hatten?

Doch warum sollte Marr nur sein Dienstmädchen weggeschickt haben? Sicher wäre er ähnlich darauf bedacht gewesen, den jungen Gowen aus dem Weg zu schaffen. Die scharfen Augen und Ohren und die lebhafte Neugier eines vierzehnjährigen Jungen wären einem geheimen Treffen ebenso abträglich gewesen. Es wäre nicht schwierig gewesen, ihn loszuwerden. Es gab jeden Grund, Margaret Jewell zu dieser späten Stunde mit einem männlichen Begleiter loszuschicken, wie jung dieser auch sein mochte. An einem Samstagabend konnte der Ratcliffe Highway noch immer ein notorisch unsicheres Pflaster sein.

Es ist anzunehmen, dass sich die Gedankengänge des Friedensrichters ganz logisch auf eine mögliche Erklärung für die gesamte, geheimnisvolle Angelegenheit der mitternächtlichen Besorgung zubewegten. Es war nur noch eine Person am Leben, die die Wahrheit bestätigen konnte: Margaret Jewell. Niemand sonst konnte ihre Geschichte von Marrs Anweisungen bestätigen. Was, wenn die ganze Geschichte eine Lüge war? Das hätte die widersprüchlichen Aussagen darüber erklärt, wer das Mädchen tatsächlich zum Einkaufen geschickt hatte, Marr oder seine Frau. Bei der Vernehmung hatte Margaret Jewell ausgesagt, dass es ihr Herr gewesen sei. Doch Graham stellte fest, dass die Friedensrichter dem Innenminister bei der Übermittlung des Tatbestands geschrieben hatten, dass es Mrs. Marr gewesen sei. Dies schien die allgemeine Annahme zu sein, und es war sicher natürlicher, wenn sich die Frau um die Mahlzeiten der Familie kümmerte. Doch Margaret Jewell könnte auch gut zwei verschiedene Aussagen gemacht haben, eine bei ihrer ersten Vernehmung vor den Friedensrichtern und eine gegenüber dem Coroner. Solche kleinen und anscheinend unwesentlichen Lügen waren es, die einen Mörder überführen konnten.

Angenommen, Margaret Jewell hatte selbst einen Vorwand gesucht, um das Haus in dieser Nacht zu verlassen, angenommen, jemand hatte ihr gesagt, ihr Leben hänge davon ab, dass sie um Mitternacht ausging? Angenommen, jemand hatte sie angewiesen, die gut durchdachte Pantomime einer vorgetäuschten Suche nach Austern aufzuführen, indem sie von Laden zu Laden lief? Wer könnte ein Motiv gehabt haben, die gesamte Familie Marr auszulöschen und gleichzeitig das Mädchen zu verschonen? War es möglich, dass der andere Marr ebenso von Liebe zu Margaret Jewell wie von Hass auf seinen Bruder getrieben war? Gab es irgendwelche Beweise für eine sündige Verbindung zwischen ihnen?

Graham rief sich die Schilderung des Verhaltens des Mädchens bei der Auffindung der Leichen ins Gedächtnis, und wie sie während ihrer Aussage vor dem Coroner in eine so tiefe Ohnmacht gefallen war, dass jeder Versuch, sie wiederzubeleben, erfolglos geblieben war. War das das Verhalten eines Komplizen, eines schuldbewussten Mädchens? Er hielt es für möglich. Es war eine Sache, ein schändliches Vorhaben zu planen oder zuzulassen, aber eine ganz andere, mit seinen Ergebnissen in Form von strömendem Blut und freigelegtem Gehirn konfrontiert zu werden. Doch es gab keinen Anlass, das Mädchen für verderbt zu halten. Sie konnte ja auch nur der Beraubung ihres Herren zugestimmt haben. Sicher, sie nahm damit die Todesstrafe in Kauf. Die Strafe war die gleiche wie die für Mord, wenn mehr als fünf Pfund gestohlen wurden. Aber sie konnte auch rein technisch unschuldig sein. Sie konnte die Anweisung erhalten haben, das Haus bis Mitternacht zu verlassen, aber ohne eine Erklärung, warum das erforderlich war, oder mit einer falschen Begründung. Das Ausmaß ihrer Komplizenschaft musste einstweilen im Dunkel bleiben.

Aaron Graham dürfte als echter Detektiv seine Aufmerksamkeit auf den Augenblick des Verbrechens gerichtet haben. John Murray hatte ausgesagt, er habe ungefähr zehn Minuten nach zwölf Uhr gehört, wie ein Stuhl zurückgeschoben wurde und wie jemand vor Angst aufschrie. Margaret Jewell hatte das Haus ihres Herrn »ein paar Minuten vor der vollen Stunde« verlassen und ausgesagt, dass sie etwa zwanzig Minuten lang fort gewesen sei. Wenn sie sich um fünf vor zwölf auf den Weg gemacht hatte und um Viertel nach zwölf zurückgekehrt war, war es wahrscheinlich, dass die Mörder noch im Haus waren, als sie vor der Tür stand; tatsächlich können die geheimnisvollen Schritte auf der Treppe nur die der Mörder gewesen sein, wogegen das leise Wimmern des Kindes, das sie gehört hatte, sein letztes Weinen gewesen sein musste. Also war alles in der kurzen Zeit geschehen, in der sie abwesend gewesen war. Die Mörder könnten sogar aus sicherer Entfernung beobachtet haben, wie sie das Haus verließ. Alles passte zu gut zusammen, als dass er hätte glauben können, das Mädchen sei zufällig genau zu der Zeit zu einer Besorgung ausgeschickt worden, zu der der Mord an ihrem Herrn und seiner Familie geplant war. Dass dieses eine, vergleichsweise unbedeutende Leben verschont geblieben war, war mit Sicherheit der Plan eines sündigen Menschen und nicht auf die unergründliche Weisheit des allmächtigen Gottes zurückzuführen. Befriedigt von der Kraft und Logik seiner beeindruckenden Theorie beschloss Graham, keine Zeit zu verlieren und sie augenblicklich zu überprüfen. Er ließ Marrs Bruder festnehmen und ihn achtundvierzig Stunden lang einem intensiven Verhör unterziehen.

Und Stein für Stein brach das Gebäude in sich zusammen. Marr konnte eine ganze Reihe höchst geachteter Bekannter aufbieten, die aussagten, dass er zur entsprechenden Zeit in Hackney gewesen war. Er war auch in der Lage, Graham zu überzeugen, dass er nicht nur keine sündigen Absichten gegen Margaret Jewell gehegt, sondern das Mädchen gar nicht gekannt hatte. Nach besagten achtundvierzig Stunden wurde er freigelassen. Weder zu diesem Zeitpunkt noch später wurden weitere Anschuldigungen gegen ihn oder das Dienstmädchen erhoben, und die nachfolgenden Ereignisse bewiesen nur zu dramatisch, dass ihre Beteiligung höchst unwahrscheinlich war. Später wurde der Ehemann einer von Mrs. Marrs Schwestern überprüft. Er war Kutscher von Beruf und hatte in der Nacht der Morde durch einen außerordentlichen Zufall eine Ladung zum Ratcliffe Highway gefahren, obwohl er seine Schwägerin seit Jahren nicht mehr gesehen hatte. Auch er wurde entlastet. Graham ließ sich überzeugen, dass es keine mörderische Familienfehde und keine Verschwörung gegeben hatte. Margaret Jewell war tatsächlich eine der wenigen Glücklichen, die für ihre Zeitgenossen nur deshalb interessant sind, weil sie wie durch ein Wunder überleben, während andere sterben.

Das, was Marr durchmachen musste, war Pech, und das Verhalten der Polizei, obwohl Graham nicht namentlich genannt wurde, wurde im Anschluss am 18. Januar 1812 im Unterhaus von Sir Samuel Romilly auf eine Weise kritisiert, wie man sie auch heute noch gelegentlich von Leuten hört, die sich als Opfer einer übereifrigen Polizeitruppe betrachten:

Er wolle nicht schlecht von der Polizei sprechen, doch er halte es für eine Ungeheuerlichkeit, dass so viele Leute bei dieser Gelegenheit aufgrund so geringer Verdachtsmomente festgenommen wurden, darunter der nächste Verwandte eines der Ermordeten, der ohne jeden Grund verhaftet und unter der schrecklichen Anschuldigung, seinen Bruder ermordet zu haben, achtundvierzig Stunden lang festgehalten wurde. Auf die eine oder andere Weise seien nicht weniger als vierzig oder fünfzig Leute wegen eines bloßen Verdachts verhaftet worden.

Die Theorie, dass die Morde ein privater Racheakt gegen Marr gewesen seien, war tröstlich. Die Alternative ließ das Blut in den Adern jeder bescheidenen und wehrlosen Familie im Osten Londons gefrieren. De Quincey schrieb:

Während die große Welle des Mitleids und der Empörung sich noch auf den vergangenen Schrecken richtete, mischte sich in die Überlegungen der Leute bald die erste Spur ängstlicher Erwartung für die unmittelbare Zukunft. Gerade die schlimmsten Schrecknisse haben die

Tendenz, sich zu wiederholen. Ein Mörder, der aus Leidenschaft und wegen seines raubtierhaften Verlangens nach Blut mit einer Art pervertiertem Genuss mordet, wird nicht in Untätigkeit zurückfallen ... Doch neben den höllischen Instinkten, die allein schon erneute Gräueltaten garantierten, war klar, dass der Mörder der Marrs, wo immer er lauerte, ein armer Mann sein musste, und zwar ein armer Mann von der Sorte, die ihr Auskommen mit größter Wahrscheinlichkeit nicht in ehrlicher Arbeit suchen und finden. Ginge es daher nur um seinen Lebensunterhalt, war zu erwarten, dass der Mörder, den alle Welt zu entlarven hoffte, nach einiger Zeit im Zusammenhang mit einer neuen Bluttat wieder in Erscheinung treten würde ... Als Beute hatte er vermutlich allenfalls zwei Guineen erhalten. Das Geld würde vielleicht für eine Woche reichen. Daher war jeder überzeugt, dass in ein oder zwei Monaten, wenn sich die größte Aufregung gelegt hatte oder andere Themen von aktuellerem Interesse in den Vordergrund getreten waren und die neu erwachte Wachsamkeit der Haushalte sich wieder gelegt hatte, mit einem abermaligen Mord gerechnet werden musste, der nicht weniger abscheulich sein würde.

Doch wenn sich jemand mit der Hoffnung tröstete, dass zumindest einige Monate der Sicherheit gewonnen seien, in denen man die Häuser gegen eine weitere Bluttat absichern konnte, oder wenn sich jemand sogar einredete, dass die Mörder ausländische Seeleute gewesen seien, die nun weit weg auf hoher See waren, oder aus Gefängnissen entlassene Sträflinge, die sich ihren zerstörerischen Weg durch London gebahnt hatten und sich nun weit entfernt im Landesinneren oder in Irland befanden, so sollte er bald desillusioniert werden.

So sahen die allgemeinen Erwartungen aus. Der Leser möge sich nun selbst die Welle schieren Entsetzens vorstellen, als in dieser Atmosphäre atemloser Erwartung des nächsten Schlags seitens dieser unbekannten Hand ... in der zwölften Nacht nach dem Mord an den Marrs in genau derselben Gegend ein zweites Verbrechen der gleichen mysteriösen Art verübt wurde, ein weiterer Mord nach dem bekannten vernichtenden Schema.

IV
Die zwölfte Nacht[4]

Die an St.-George's-in-the-East angrenzende Gemeinde war St. Paul's, Shadwell. Von den neuntausend Einwohnern waren die meisten Seeleute, Schiffsbauer und Hafenarbeiter. Sie lebten eingepfercht in ein Gewirr von Gassen und Hinterhöfen zwischen dem Ratcliffe Highway und den verschmutzten Ausläufern des Flusses in Wapping. In seiner Zusammensetzung und in Bezug auf die Lebensbedingungen, die es bot, war St. Paul's von St. George's kaum zu unterscheiden, doch auf dem Papier gab es eine Grenze zwischen den beiden Gemeinden entlang der New Gravel Lane, etwa dreihundert Meter östlich der Old Gravel Lane und in etwa parallel zu dieser. Die New Gravel Lane war von dem üblichen Konglomerat von Krämerläden für Schiffsbedarf, Herbergen, Pfandhäusern und Kneipen gesäumt, die abends mit raufenden Seeleuten gefüllt waren. In dieser Straße war jedes achte Haus eine Kneipe.

Doch eines dieser Lokale unterschied sich von den übrigen durch seinen erstaunlich ehrbaren Ruf. Mr. und Mrs. Williamson waren ein vornehmes Paar. Sie besaßen seit fünfzehn Jahren die Lizenz für das »King's Arms« in der New Gravel Lane Nr. 81 und waren daher in der Gegend wohl bekannt und hoch angesehen. Williamson war sechsundfünfzig Jahre alt, seine Frau Elisabeth sechzig. Zu ihrem Haushalt gehörten ihre vierzehnjährige Enkelin Kitty Stillwell und eine Bedienstete in den Fünfzigern. Sie hieß Bridget Harrington und arbeitete in der Schankstube. Seit acht Monaten beherbergten die Williamsons einen jungen Mieter namens John Turner.

---

[4] Die englische Kapitelüberschrift lautet »Twelfth Night«. Das ist der Titel des Shakespeare-Dramas »Was ihr wollt«. Anm. d. Übers.

Das Paar pflegte zeitig zu Bett zu gehen und zwang dem ganzen Haushalt seine strengen Gewohnheiten auf. Im »King's Arms« wurde nicht bis spät in die Nacht gespielt, und es gab auch keine Auseinandersetzungen der Zecher um Frauen. Jeden Abend pünktlich um elf Uhr begann Williamson, die Fensterläden zu schließen, und wenn es Probleme mit späten Zechern gab, war er durchaus in der Lage, dies zu regeln. Er war ein schwerer, stämmiger Mann, groß und stark. Genau gegenüber lag ein Wachhäuschen, und einer der Gemeindeschutzleute, ein Mann namens Anderson, der ein guter Freund von Williamson war, lebte nur zwei Häuser weiter.

Das »King's Arms« hatte zwei Obergeschosse und überragte somit die Häuser zu beiden Seiten im wortwörtlichen und im moralischen Sinn. Im Erdgeschoss befanden sich die Schankstube, dahinter eine private Küche und ein Salon. Darunter lag ein Keller mit einer Falltür, die sich zur Anlieferung von Bierfässern zur Straße öffnen ließ. Die Schlafzimmer der Williamsons und ihrer Enkelin nahmen den größten Teil des ersten Stocks ein. Vom Treppenabsatz führte eine weitere Treppe zu zwei Mansardenzimmern, wo Bridget Harrington und der Mieter wohnten. Hinter dem Haus befand sich ein umzäuntes Gebiet, auf dem die Bewohner des »Kings's Arms« und der benachbarten Häuser Bumble-Puppy spielten, eine Art Kegelspiel, und dahinter lagen mehrere Morgen Brachland, die der London Dock Company gehörten.

Am Donnerstag, dem 19. Dezember, war der Abend schön und mild, doch abgesehen von ein par herumziehenden Gruppen von Seeleuten waren die Straßen nahezu leer. Seit den Morden an den Marrs waren zwölf Tage vergangen, und jedem, der in Shadwell lebte, war mit Schrecken bewusst, dass die Friedensrichter vollkommen ratlos waren. Jede Nacht stolperten die dreizehn einsamen, von den Kirchenvorstehern, Aufsehern und Gemeindevertretern der Gemeinde St. Paul's angestellten Nachtwächter verängstigt und betrunken aus ihren Wachhäuschen, um die halben Stunden auszurufen, und krochen schleunigst wieder hinein, um ihre Ängste mit einem weiteren Glas hinunterzuspülen. Ganz selten patrouillierte einer – häufiger zwei, denn jetzt fühlten sie sich zu mehreren wohler – der fünf Polizisten aus Wapping oder der acht aus Shadwell durch die Gemeinde, doch angesichts einer Bevölkerung von etwa sechzigtausend Menschen, die sie in den sechs Gemeinden, für die sie zuständig waren, schützen sollten, war ihr ermutigendes Auftreten selten. Wirklich sicher war man einzig hinter Riegeln und Schlössern, besonders nach Einbruch der Dunkelheit, und in dieser Woche waren das die längsten Nächte des Jahres. Sechzehn Stunden Dunkelheit boten einer mörderischen Bande sechzehn Stunden lang Schutz. In den Straßen, draußen vor den fest verschlossenen Türen, blubberten die Öllampen unnatürlich laut. Wenn der Wind vom Fluss heraufwehte, flackerten die gedrehten Baumwolldochte hell auf und erloschen ebenso plötzlich, sodass die Schatten noch tiefer wurden und noch mehr Raum einnahmen. Ein Wachmann, der die angespannte Stille durch das Ausrufen der halben Stunde durchbrechen wollte, musste sich schon mit etwas Stärkerem als dem Gin einer Prostituierten wappnen.

Doch das gesellige Leben war nicht vollständig zum Erliegen gekommen. Ab kurz vor elf Uhr ging Mr. Lee, der Besitzer des »Black Horse«, der Kneipe gegenüber dem »King's Arms«, immer wieder vor die Tür, um nach Frau und Tochter Ausschau zu halten. Sie waren im Royalty Theatre am Wellclose Square gewesen, und Lee, der an die Morde denken musste, war um ihre Sicherheit besorgt. Um zehn vor elf Uhr trotzte der Gemeindeschutzmann Anderson den Schatten, schlüpfte in die New Gravel Lane hinaus und machte sich auf den Weg zum »King's Arms«, zwei Türen weiter, um sich noch einen Krug Bier zu holen.

Williamson hieß seinen alten Freund willkommen. Er war in gesprächiger Stimmung. »Du brauchst es nicht heimzutragen«, meinte er. »Ich lasse es dir bringen.«

Während Mrs. Williamson das Bier zapfte, lehnte sich ihr Mann in seinem geliebten Lehnstuhl in der Küche zurück und wärmte sich an dem fast niedergebrannten Feuer. Er kann nur einen Gedanken im Kopf gehabt haben. Plötzlich setzte er sich auf. »Du bist Schutzmann«, sagte er. »Da war ein Kerl, der an meiner Tür gelauscht hat – in einem braunen Mantel. Wenn du ihn siehst, nimm ihn sofort fest! Oder gib mir Bescheid!«

»Das mache ich«, antwortete Anderson, und fügte grimmig hinzu, »zu meiner eigenen Sicherheit genauso wie zu deiner.«

Bridget Harrington trug den Bierkrug die wenigen Meter zu Andersons Haus und kehrte dann zum »King's Arms« zurück. Anderson war sicher, dass die einzigen Menschen, die sich noch in der Kneipe aufhielten, nachdem er sich verabschiedet hatte, Mr. und Mrs. Williamson, Bridget Harrington, Kitty Stillwell und der Mieter Turner waren.

Anderson brauchte kaum mehr als zwanzig Minuten, um sein Bier auszutrinken. Obwohl sein Nachbar stets darauf bestand, die Schankstube pünktlich um elf Uhr für die übliche Kundschaft zu schließen, schickte er nie einen Freund weg, bevor er sein Haus endgültig für die Nacht abschloss und zu Bett ging. Da Anderson noch durstig war, beschloss er, sich einen weiteren Krug zu holen. Er öffnete die Tür zur Straße und fand sich augenblicklich mitten in einem Menschenauflauf wieder. Leute schrieen und rannten herum, und in dem Lärm hörte man wieder und wieder den furchtbaren Schrei: »Mord! Mord!« Eine Gruppe von Menschen starrte zu Williamsons Haus hinauf, und Anderson folgte ihren Blicken. Ein halb nackter Mann hing mitten in der Luft, an zwei zusammengeknotete Bettlaken geklammert. Langsam, Stück für Stück, ließ er sich unter unzusammenhängendem Schreien und Weinen aus einem offenen Mansardenfenster herunter. Ein Nachtwächter, Shadrick Newhall, stand hilflos auf dem Pflaster, die Laterne in der einen, die Rassel in der anderen Hand. Sein Mund stand offen, als sähe er ein Gespenst. Anderson rannte ins Haus, um seinen Dienstsäbel und seinen Schlagstock zu holen, und lief wieder hinaus, gerade rechtzeitig, um den Mann die letzten drei Meter in die Arme des Nachtwächters fallen zu sehen. Es war John Turner, der Mieter.

John Turners Flucht aus dem »King's Arms« (Fairburns Bericht)

Die Menge handelte instinktiv. Einige Leute begannen, die Eingangstür des Lokals einzuschlagen. Anderson fand sich mit drei oder vier anderen bei dem Versuch wieder, die Falltür zwischen den Pflastersteinen aufzubrechen, die in den Keller hinunterführte. Einer war mit einem Schürhaken bewaffnet, ein anderer, der Fleischer, schwang eine Axt. Lee, der Besitzer des »Black Horse«, kam ihnen zu Hilfe. Gemeinsam brachen sie die Falltür auf. Die Stufen führten hinunter in die Dunkelheit, aber es fiel genug Licht in den Keller, um Williamsons Leiche erkennen zu können. Er lag ausgestreckt auf dem Rücken, den Kopf nach unten, die Beine in grotesker Verrenkung auf den Stufen, die zur Schankstube hinaufführten. Neben der Leiche lag eine blutverschmierte Eisenstange. Der Kopf des alten Mannes war brutal eingeschlagen worden, sein Hals bis zur Wirbelsäule durchtrennt, und das rechte Bein war gebrochen. Er musste einen tapferen Kampf geliefert haben. Die eine Hand war völlig zerschnitten, als habe er im Todeskampf das Messer umklammert, das seinem Leben ein Ende gemacht hatte. Ein Daumen hing lose in einer sich langsam ausbreitenden Blutlache.

Während die Umstehenden noch wie gelähmt vor Entsetzen auf den Toten starrten, kam von oben ein Schrei. Dann rief jemand herunter: »Wo ist der alte Mann?«

Sie mussten über Williamsons blutenden, zerschmetterten Körper steigen, um in die Küche hinaufzugelangen, wo sich der alte Mann noch vor einer halben Stunde am fast heruntergebrannten Feuer gewärmt hatte. Die nächste Leiche, die sie sahen, war die von Mrs. Williamson. Sie lag auf der Seite, ihr Schädel war zertrümmert, ihre Gurgel durchtrennt. Blut strömte aus einer großen, klaffenden Wunde. Bridget Harrington war nicht weit von ihr entfernt gestorben. Sie lag auf dem Rücken, die Füße unter dem Kamingitter, neben dem Holzstapel, den sie für den Morgen bereitgelegt haben musste, bevor die Mörder zuschlugen. Bridgets Kopf warf sogar noch schlimmer zugerichtet als der von Mrs. Williamson. Aber Andersons entsetzter Blick blieb an ihrer Kehle hängen. Sie war bis zur Wirbelsäule durchtrennt.

Kleinere Gruppen mit Äxten und Schürhaken bewaffneter Männer durchsuchten das Haus, doch die Mörder waren geflohen. Seltsamerweise lag Kitty Stillwell, die Enkelin, fest schlafend und unversehrt in ihrem Bett. Sie wurde auf die Straße hinausgetragen. Jemand schickte eine Nachricht an das Gericht von Shadwell, und zwei Polizisten erschienen eilig am Schauplatz des Verbrechens. Sie waren in dieser Nacht in der Gemeinde Shadwell auf Streife gewesen, trugen Seitenwaffen und Pistolen, hatten jedoch zu der Zeit, zu der die Mörder in Williamsons Haus eingebrochen waren, in einer Taverne gegenüber dem Amtsgebäude zu Abend gegessen.

Nun befand sich, nach einem Bericht des »Courier«, »ganz Wapping in Minutenschnelle im Aufruhr. Die Trommeln der Freiwilligen riefen zu den Waffen, die Feuerglocken wurden geläutet, und alle rannten entsetzt zum Tatort. Die Polizei durchsuchte jedes Haus in der Umgebung und jedes Boot auf dem Fluss. Jeder Karren, jeder Wagen und jede Kutsche wurden angehalten.« Diese Schilderung scheint angesichts der Armseligkeit der verfügbaren Polizeikräfte übertrieben. Nichtsdestoweniger wurden die London Bridge gesperrt und ein Verdächtiger aufgegriffen. Und gegen Morgen kam zur Beruhigung der entsetzten Bevölkerung eine Abteilung Bow Street Runners den Ratcliffe Highway entlanggaloppiert, die mit ihren leuchtend blauen Mänteln, roten Westen und blauen Hosen, ihren Wellington-Stiefeln und schwarzen Hüten ein wenig Farbe in die düsteren Straßen von Wapping brachten. »Dann«, so schließt der Artikel des »Courier«, »wurden die Leichen aus der verrenkten Stellung befreit, in der sie dalagen, entkleidet, gewaschen und im Hinterhof, in dem das alte Ehepaar gelegentlich geschlafen hatte, auf Brettern aufgebahrt. Und das kleine Mädchen, das schlafend im oberen Stockwerk aufgefunden worden war, wurde an einen sicheren Ort gebracht.«

Rasch wurden mehrere Hinweise gefunden. Anderson gab zu Protokoll, dass ein großer Mann in einem langen Wollmantel an diesem Abend vor dem »King's Arms« gesehen worden sei. Als man aus dem Mieter endlich wieder etwas Sinnvolles herausholen konnte, berichtete er stammelnd, dass er tatsächlich gesehen habe, wie sich ein so gekleideter Mann über die Leiche von Mrs. Williamson gebeugt habe – obwohl alles, was Turner sagte, zu diesem Zeitpunkt für hochgradig verdächtig gehalten wurde, nachdem er der erste gewesen war, den der Nachtwächter in Haft genommen hatte. Ein Fenster auf der Rückseite des »King's Arms« wurde offen vorgefunden, und auf dem Fensterbrett befanden sich Blutspuren. Davor lag ein hoher Lehmwall, auf dem eine Fußspur gefunden wurde. Der Lehm war feucht, und wer immer auf diesem Weg entkommen war, musste sich drei Meter tief fallen lassen und sich dann den rutschigen Wall hinaufgekämpft haben. Auf seinen Hosen musste Schmutz gewesen sein, vielleicht auch auf der Vorderseite seiner Jacke, und Lehm war nicht so leicht auszuwaschen. Es schien, als sei der Mörder über das Brachland gekommen, das der London Dock Company gehörte. Genauso war es, wie sich jemand erinnerte, auch bei der Bande gewesen, die die Marrs ermordet hatte. Ein Mann, der behauptete, gerichtsmedizinische Kenntnisse zu haben – vielleicht der Metzger –, äußerte nach Begutachtung der Wunden die Ansicht, dass der Mörder Linkshänder sei.

Noch vor Mitternacht wimmelte der Gemeindesaal von St. Paul's, Shadwell von verstörten Menschen. Die Kirchenvorsteher, Aufseher und Gemeindevertreter waren, ungeachtet ihrer eindrucksvollen Titel, einfache Leute. Sie waren ortsansässige Händler und Handwerker, Ladenbesitzer, Metzger, Zuckerbäcker und Gemüsehändler, die die Williamsons seit Jahren kannten. Vermutlich hatten sie in der Schankstube des »King's Arms« mit ihnen ihre Ansichten über die Katastrophe ausgetauscht, die die Familie Marr betroffen hatte, zunächst in fassungslosem Entsetzen, später vielleicht in dem Bemühen, beim Erzählen schauriger Witze nicht ganz trübsinnig zu werden. Jetzt aber, unter dem Eindruck des Anblicks von drei weiteren, entsetzlich zugerichteten Leichen, mussten sie sich plötzlich mit einer grauenhaften, neuen Realität abfinden. Sie waren gefangen inmitten unvorstellbar makaberer Ereignisse, auf die jeder normale Mensch mit ungläubigem Schaudern reagieren musste. Aber diese Männer, die jeder ein Amt innehatten, durften nicht wie normale Leute reagieren. Sie stellten eine Autorität dar, und, wie untergraben und erschüttert diese Autorität durch die fürchterlichen Ereignisse auch sein mochte, sie hatten eine klar umrissene Verantwortung, der sie gerecht werden mussten. Also kamen sie gegen Mitternacht mit ihrem Schreiber Thomas Barnes im vertrauten Gemeindesaal zusammen, in dem normalerweise Belange wie Hochzeiten, Steuern, Taufen und die Armensteuer geregelt wurden, und berieten sozusagen auf Kabinettsebene. Sie fassten übereilte Beschlüsse, zogen das Protokollbuch zu Rate, entließen sämtliche Nachtwächter und schickten Barnes zu Skirven, dem Drucker am Ratcliffe Highway. Weniger als eine Stunde nach den Morden tauchte ein neues Flugblatt in den Straßen auf.

100 GUINEEN
BELOHNUNG
MORD!

Am Donnerstag, dem 19. Dezember 1811, wurden zwischen elf und zwölf Uhr nachts Mr. Williamson und seine Frau sowie sein Dienstmädchen in seinem Haus, dem

»KING'S ARMS«
NEW GRAVEL LANE, SAINT PAUL, SHADWELL,

brutal *ermordet*.
Die Kirchenvorsteher, Aufseher und Gemeindevertreter der Gemeinde St. Paul's Shadwell bieten hiermit jedem eine Belohnung von *einhundert Guineen* an, der den oder die *brutalen Mörder* identifizieren und festhalten kann, zahlbar bei der Verurteilung.
Im Auftrag der Kirchenvorsteher, Aufseher und Gemeindevertreter

Thomas Barnes
Gemeindeschreiber
Shadwell, 19. Dezember 1811

Aber das Motiv? Welch schreckliche Gewinn- oder Rachsucht konnte Bösartigkeit in einem derartigen Ausmaß hervorbringen, konnte sieben Opfer mit eingeschlagenen Schädeln und durchschnittenen Kehlen in weniger als zwei Wochen erklären? Das war jenseits aller Erfahrung, irrational. Die Gemeindeverwaltung war wie gelähmt. Wer ein einfaches Motiv wie Raub vermutete, machte geltend, dass sowohl Marr als auch Williamson verhältnismäßig reich gewesen waren. Während bei Marr nichts gestohlen worden war, wurde festgestellt, dass Williamsons Uhr fehlte. Vielleicht war die Bande im ersten Fall von Margaret Jewells Läuten und im zweiten von den Schreien des Mieters überrascht worden, war also bei beiden Überfällen beim Plündern gestört und verjagt worden. Diese Theorie war wenig überzeugend. Warum war das Geld in Marrs Tasche und in der Ladenkasse unangetastet geblieben? Warum sollten sich die Mörder mit Williamsons Uhr aufhalten? Warum hatten sie nicht zumindest das offen zugängliche Geld aus der Kneipenkasse mitgenommen? Wie war es zu erklären, dass eine so brutale Bande nur die sinnlosen Morde verübte und danach so schnell mit leeren Händen wieder verschwand?

Aber wenn das Hauptmotiv nicht Raub war, konnte es Rache sein? Einige versuchten, eine Verbindung zwischen Marr und Williamson herzustellen, die einen Hinweis hätte liefern können, aber es war keine zu finden. Marr war jung gewesen und hatte nur ein paar Monate in der Gegend gelebt, Williamson war sechsundfünfzig Jahre alt und viele Jahre in Shadwell ansässig gewesen. Dennoch müssen die Gemeindemitglieder verzweifelt versucht haben, eine Gemeinsamkeit der beiden Familien zu finden, denn wenn kein rationales Motiv wie eine private Rache gefunden werden konnte, war die Alternative zu schrecklich, um sie in Betracht zu ziehen. Ein Psychopath oder eine Bande von Psychopathen ging um, listig, erbarmungslos und unmenschlich. Sie konnten in den langen Dezembernächten jederzeit wieder zuschlagen.

Welchen Sinn hatte es, einhundert Guineen Belohnung anzubieten, wenn die von der Regierung nach dem Mord an den Marrs ausgesetzten fünfhundert Guineen offensichtlich kein Ergebnis gebracht hatten? Es war nur eine Geste, doch das war die Gemeinde Williamson schuldig. Außerdem mussten sie alles Menschenmögliche tun, um die verschreckten Familien und Nachbarn zu beruhigen. Das taten auch die Kirchenvorsteher, Aufseher und Gemeindevertreter der Nachbargemeinde im Osten von Shadwell. Die Gemeindevertreter des Weilers Ratcliffe traten am nächsten Morgen zusammen, und ihre Versammlung scheint verständlicherweise sachlicher als die mitternächtliche Zusammenkunft der angsterfüllten Männer in Shadwell abgelaufen zu sein. Sie nahmen sich die Zeit nachzudenken, und ein Mann, der im »King's Arms« gewesen war, beschrieb die Eisenstange, die neben Williamsons Leiche gefunden worden war. Sie war etwa fünfunddreißig Zoll lang und dem auf Marrs Ladentheke gefundenen Stemmeisen sehr ähnlich. Vielleicht war es doch keine Brechstange, wie ursprünglich angenommen, sondern ein Stemmeisen. Das gleiche vielleicht, das in Marrs Geschäft gefunden worden war. Doch das war unmöglich, weil sich das erste nun bei den Friedensrichtern befand und dieses hier neu wirkte. Obwohl auch sie vor einem Rätsel standen, verfassten die Gemeindevertreter ihren eigenen Handzettel sorgfältig, und das Prinzip, nach dem sie vorgingen, war ein erprobtes und logisches. Obwohl sie nicht direkt betroffen waren, sahen sie sich in Anbetracht der Tatsache, dass eine Bande von Ungeheuern ungestraft in der Gegend herumstreifte, verpflichtet, sich um die Sicherheit ihrer Gemeinde zu kümmern. Ihre Pflicht war, zunächst die Gefahr einzuschätzen und dann die Höhe der Belohnung entsprechend festzusetzen. Sie folgten dem Beispiel von Shadwell und boten einhundert Guineen. Doch zusätzlich boten sie jedem zwanzig Guineen, der sagen konnte, an wen das neue Brecheisen verkauft worden war. Für die Gemeinde Ratcliffe war diese Brechstange eindeutig der wichtigste Fingerzeig in diesem Fall.

Niemand konnte vernünftigerweise mehr von den Verantwortlichen der Gemeinde erwarten; aber was war mit den Friedensrichtern? Kritik wurde laut. Trotz all ihrer offensichtlichen Geschäftigkeit während der zwölf Tage seit der Ermordung der Marrs hatten sie nichts erreicht – schlimmer, es war ihnen nicht einmal gelungen, die Unholde daran zu hindern, erneut zuzuschlagen. Es reichte nicht aus, ein paar Nachtwächter zu entlassen, fanden die Leute, die Friedensrichter selbst sollten gehen.

Für Harriott war diese Situation unerträglich. Jegliche Unterstützung von Seiten des Innenministeriums war ausgeblieben, und in Shadwell war ein Trio inkompetenter Amateure am Werk. Also beschloss er, die Sache selbst in die Hand zu nehmen. Ein Mann, der um die Welt gesegelt war, neue Gebiete für das Empire erobert und einen indischen Maharadscha unterworfen hatte, würde nicht vor einer Verbrecherbande kapitulieren. Nach dem Frühstück besuchte er Capper und Markland im Amtshaus von Shadwell, dann eilte er zurück nach Wapping und verfasste einen Brief in ziemlich gebieterischem Ton:

Die Friedensrichter der Thames Police entbieten den Friedensrichtern von Shadwell ihre Grüße und bitten sie, am heutigen Tag um zwei Uhr im Thames Police Office zu einem Treffen zu erscheinen, um gemeinsam die wirksamsten Maßnahmen zur Auffindung der brutalen Mitternachtsmörder zu besprechen, die die Nachbarschaft ihrer jeweiligen Gerichte heimsuchen. Nach der Ermordung dreier Menschen in einem Haus in der New Gravel Lane in der vergangenen Nacht scheint es, als würde die Bande systematisch vorgehen.

Eine ähnliche Nachricht ging an die Friedensrichter des Gerichts von Whitechapel. Hätte man sie danach gefragt, hätten die Friedensrichter sicher energisch versichert, dass sie bereits in vollem Umfang zusammenarbeiteten. Hielt nicht jeder Polizist und Wächter im Osten Londons Ausschau nach Verdächtigen, unabhängig davon, zu welcher Gemeinde er gehörte? Informierten sie nicht einander und den Innenminister von ihren Fortschritten? Hatten die Friedensrichter von Shadwell nicht Harriott eingeladen, der ersten Vernehmung von Murray, Olney und Margaret Jewell beizuwohnen? Doch die einzige Art von Kooperation, die wirkungsvoll hätte sein können, die zentrale Leitung der gesamten Ermittlungen durch eine Stelle einschließlich des Einsatzes der vereinigen Polizeikräfte, der Verhöre sämtlicher Verdächtiger und der Aufbewahrung sämtlicher Beweisstücke in Kombination mit einem System der sofortigen Weitergabe aller Informationen an den untersuchenden Friedensrichter, war ebenso weit jenseits ihrer Vorstellungskraft, wie sie über ihre Organisationsfähigkeiten hinausging.

Das Treffen an diesem Freitagnachmittag, dem Tag nach den neuerlichen Morden, fand in einer Atmosphäre wachsender Anspannung und Aufregung statt. Draußen tobte ein wütender Mob, getrieben von rohen, überkochenden Emotionen, die jeden Augenblick in eine plötzliche Panik, Hysterie oder blinde Rachsucht umschlagen konnten. Die Verantwortung sprang den Friedensrichtern förmlich ins Gesicht. Wenn die Mörder nicht bald gefasst wurden, würden die Leute sich bewaffnen – viele hatten das bereits getan –, und niemand würde die Sicherheit der Portugiesen, Deutschen oder Iren oder aller anderen ausländischen Gemeinschaften garantieren können, gegen die sich der Mob in seinem Zorn wandte. Dennoch waren die den Friedensrichtern zur Verfügung stehenden Mittel im Verhältnis zu ihrer Verantwortung erbärmlich unzureichend: acht Polizisten in Shadwell, weitere acht in Whitechapel, fünf in Wapping und die vorübergehende Verstärkung durch eine Abteilung Bow Street Runners.

Harriott war das alles – die wütende Menge, die Herausforderung, die Gefahr – seltsam vertraut. Er hatte so etwas bereits erlebt, in der gleichen Gegend, im Wapping Police Office, und er genoss es, wieder einmal in eine leitende Stellung berufen zu werden. An einem Oktoberabend, kurz nach der Gründung der River Thames Police, hatte sich eine Armee wild gewordener irischer Kohlenträger, die erbittert darüber waren, dass die neue Polizeitruppe ihre Raubzüge auf dem Fluss störte, vor dem Revier zusammengerottet. Einige ihrer Kumpane waren festgenommen und verhört worden, die Übrigen waren entschlossen, sie zu befreien. Sie versuchten die Tür aufzubrechen, dann rissen sie Pflastersteine heraus und warfen die Fenster ein. »Ich glaube«, jubiliert Harriott in seinem Memoiren, »ich war der Einzige im Büro, der schon einmal Pulverdampf gerochen hatte.« Der Tumult breitete sich aus, und es schien, als würde die Wache gestürmt. Ein Kaufmann aus der Stadt floh aus seinem Geschäft auf den Speicher, andere sahen sich, wie Harriott voller Abscheu bemerkt, »zu einem feigen Rückzug veranlasst, indem sie in Boote stiegen und wegruderten«. Harriott hatte inzwischen den Befehl gegeben, die Schusswaffen zu laden, und »allein das Laden und das Erteilen der notwendigen Anweisungen elektrisierte mich. Ich fühlte mich wieder jung!« Die Verordnung für Landfriedensbruch wurde verlesen, und Harriott brauchte nur einen der Aufrührer zu erschießen, damit der Mob sich zerstreute. Wären die Mörder der Marrs und Williamsons mit Entermessern, Hämmern und Stemmeisen bewaffnet die Old Gravel Lane heraufgestürzt, Harriott hätte gewusst, wie er mit ihnen zu verfahren hatte, und sich auch noch gefreut, eine solche Gelegenheit zu bekommen. Unglücklicherweise erforderte die Situation jedoch eine subtilere Vorgehensweise, und trotz all seiner Erfahrung, seines Enthusiasmus und Muts war Harriott nicht erfolgreicher als die weniger draufgängerischen Friedensrichter der Gerichte von Shadwell und Whitechapel.

Es gibt keinen Bericht über die Verhandlungen hinter den verschlossenen Fensterläden des Polizeireviers, und vermutlich wurde kein Protokoll geführt. Harriott war kein Bürokrat. Jedenfalls war das Treffen nicht nur das erste, sondern auch das letzte seiner Art. Danach war es mit der Kooperation endgültig vorbei. Die Mitglieder sämtlicher Stellen gingen nach Hause und schrieben ihre eigenen Berichte über die Morde an den Williamsons an den Innenminister.

Harriott fasste sich kurz, wie es einem Mann der Tat anstand. Er nahm das Verdienst für sich in Anspruch, nach den jüngsten

»grauenhaften Morden« eine Konferenz einberufen zu haben, auf der sich die Friedensrichter auf »die wirksamsten Maßnahmen, auf eine Kooperation und die Vereinigung ihrer Bemühungen« einigten. Doch er gibt uns keinen Hinweis darauf, worin diese Maßnahmen bestehen sollten. Das Selbstvertrauen, dass er nach den Morden an den Marrs noch gezeigt hatte, als sein Eifer die Oberhand über seine Vorsicht gewonnen hatte, schwand zusehends. Von nun an machte er den Eindruck eines verärgerten, frustrierten alten Manns, der sich aus keinem anderen Grund mit den Problemen anderer herumschlug, als dass sie eine Herausforderung darstellten, und der zu der unangenehmen Einsicht kam, dass er an dieser Herausforderung scheitern würde.

Das Gericht von Whitechapel war bisher kaum involviert gewesen, obwohl auch hier, wie in jedem anderen Friedensgericht der Stadt, Verdächtige vernommen wurden, die man nach den Morden an den Marrs aufgegriffen hatte. Harriotts Konferenz scheint sie aus ihrer Apathie gerissen zu haben. Die Friedensrichter befürchteten, vielleicht nicht ganz grundlos, ihre Entlassung, wenn sie dem Innenminister nicht ebenfalls den Nachweis lieferten, dass sie aus ihrer üblichen Lethargie erwacht waren und etwas taten. »Mit großem Bedauern«, schrieben sie, »halten wir es für unsere Pflicht, bekannt zu geben, dass in der letzen Nacht im ›King's Arms‹ in der New Gravel Lane ein grausiger Mord verübt wurde ... Es wird jede Anstrengung unternommen, die äußerst brutalen Täter in diesem beunruhigenden Fall zu überführen.« Es gibt keine Hinweise darauf, dass sich die guten Männer von Whitechapel zu diesem oder irgendeinem anderen Zeitpunkt überanstrengten oder sich auch nur für den Fall interessierten, nachdem sie Harriotts Konferenz überstanden hatten.

Doch es war nach wie vor das Gericht von Shadwell, das primär getroffen war, denn in seinem Verantwortlichkeitsbereich hatten sämtliche Opfer gelebt. Zumindest hier konnte der Innenminister einen gewissen Einsatz erwarten. Die Briefe des River Thames Police Office und des Gerichts in Whitechapel trafen beide im

Laufe des Freitags im Innenministerium ein, doch als der Tag zu Ende ging, war noch immer keine Nachricht aus Shadwell eingegangen. Ryder sandte eine handschriftliche Anfrage und erfuhr den Grund für die Verzögerung: Sofort nach ihrer Rückkehr von Harriotts Konferenz hatten Capper und seine Kollegen einen Verdächtigen vernommen, einen fröhlichen Iren namens Sylvester Driscoll, der das Pech hatte, in der Nähe des »King's Arms« in der New Gravel Lane zu wohnen. Bei seiner Festnahme befanden sich in seinem Besitz: eine Gallone Branntwein, für die er dreizehn Shilling und Sixpence bezahlt hatte, ein Liter Whisky und eine Probe britischen Cognacs – wie er beteuerte, »nur ein Tröpfchen, das er sich, wie gewöhnlich, vor den Feiertagen als Vorrat zugelegt habe«. Bei der Durchsuchung seines Zimmers entdeckte ein Polizist eine weiße Leinenhose, noch feucht von der letzten Wäsche und mit erkennbaren Blutflecken. Driscoll beharrte darauf, dass die Flecken Farbflecken seien, doch ein »medizinischer Gentleman« bestätigte, dass es Blutflecken seien. Daraufhin »behauptete der Gefangene, dass ein Milchmädchen im gleichen Raum mit ihm schlafe und dass die Hose unter ihrem Bett gefunden worden sei«. Mrs. Driscoll bot hoffnungsvoll an, ein Alibi zu liefern, doch die Friedensrichter scheinen weder von ihrer noch von der Erklärung ihres Mannes sonderlich beeindruckt gewesen zu sein, und Driscoll wurde in Gewahrsam genommen. Nach der Erledigung dieser wichtigen Angelegenheit richtete Capper seine Aufmerksamkeit auf die Anfrage des Innenministers, und spät am gleichen Tag überbrachte ein Bote seine Antwort. Die Handschrift verrät die Müdigkeit und Erregung des Friedensrichters. Am Ende des Briefes sieht sie aus wie die eines alten, kranken Manns.

Shadwell, 20. Dezember 1811

Sir,

In Beantwortung ihres Briefes bitte ich, Sie hinsichtlich der folgenden Sachverhalte im Falle des letzte Nacht in der New Gravel Lane, Shadwell, in einem »The King's Arms« genannten und von einem Mann namens John Williamson geführten Gasthaus verübten Mordes in Kenntnis setzen zu dürfen. Um elf Uhr verließ der Nachtwächter sein unmittelbar gegenüberliegendes Wachhäuschen, um seine Runde zu machen. Nachdem alles sicher war, kehrte er nach zehn Minuten zurück und bemerkte einen jungen Mann, der Mieter in besagtem Haus war. Dieser ließ sich an zwei Bettlaken aus einem Mansardenfenster herunter. Als er ihn auffing, teilte dieser ihm mit, dass die Familie ermordet worden sei. Die Tür wurde augenblicklich aufgebrochen und Catherine [sic] Williamson und ihre Bedienstete Bridget Harrington wurden mit durchschnittenen Kehlen etc. ermordet in der Schankstube aufgefunden. Der Mann lag im gleichen Zustand im Keller.

Es besteht Grund zu der Annahme, dass die Mörder der Familie von Mr. Marr auch in diesem tragischen Fall die Täter sind. Die Ermittlungen stützen diese Theorie in vielerlei Hinsicht. Auf der Rückseite des Hauses, über die die Täter auch in diesem Fall entkamen, wurde ebenfalls der Abdruck eines Nagelschuhs gefunden. Wir hoffen sehr, damit einen Hinweis zu haben, obwohl ich nicht sicher bin. Doch Sie sollen als Erster informiert werden. Bitte verzeihen Sie die Ungenauigkeiten, da ich Ihnen in großer Verwirrung schrieb.

Ich verbleibe hochachtungsvoll, Ihr ergebener Diener,

B. C. Capper

»Wir hoffen sehr, damit einen Hinweis zu haben.« Capper war sehr vorsichtig. Es gab bereits mindestens fünf Hinweise: eine neue, eiserne Brechstange – oder war es ebenfalls ein Stemmeisen? –, die mit Blut verschmiert war, Williamsons fehlende Uhr, in die der Name James Catchpole eingraviert und deren Beschreibung bereits veröffentlicht worden war, Turners Beschreibung des Mannes, der sich seiner Aussage nach über Mrs. Williamsons Leiche gebeugt hatte, ein auf dem Lehmwall vor dem hinteren Fenster, dessen Fensterbrett Blutspuren aufwies, entdeckter Fußabdruck und Andersons Beschreibung eines Mannes, der gesehen worden war, als er an diesem Abend vor dem »King's Arms« herumgeschlichen war.

Und das war noch nicht alles. Am Freitag berichtete die »Times«:

Mr. Henry Johnson, ein geachteter Mann aus der Gemeinde St. Paul's Shadwell, und zwei Frauen aus der Stadt gaben an, dass sie genau zu der Zeit, als wegen der Morde Alarm geschlagen wurde, zwei Männer die Straße zum Ratcliffe Highway hinaufrennen sahen. Einer von ihnen schien lahm zu sein und konnte nicht mit seinem Kumpan Schritt halten. Er schien erschöpft, entweder vom Rennen oder aufgrund einer gewaltigen Anstrengung. Dieser Mann war der kleinere von den beiden. Sie hörten, wie der größere Mann sagte: »Mach schon, Mahoney (oder Hughey), beeil dich«, oder etwas in diesem Sinne. Sie bewegten sich auf Bluegate Fields zu.

Capper muss tatsächlich in großer Verwirrung geschrieben haben, wenn er all diese Fingerzeige ignorierte.

Was der Innenminister von all diesen Berichten hielt, ist unmöglich festzustellen. Es besteht jedoch kein Grund zu der Annahme, dass er etwas damit anzufangen wusste, obwohl es wahrscheinlich ist, dass Beckett Aaron Graham in der Bow Street von ihrem Inhalt in Kenntnis setzte. Die Reaktion des Innenministers war jedoch auch in diesem Fall außergewöhnlich. Er bot eine eigene Belohnung der Regierung für jede Information, die zur Verurteilung des Mörders oder der Mörder führte, und wie im Falle der Marrs wurde erneut die ungewöhnlich hohe Summe von fünfhundert Pfund ausgesetzt. Verbunden mit dem Angebot war das übliche Versprechen einer Amnestie für jeden, außer den Verbrechern selbst, der sich bereit fand auszusagen.

Der Aufruf der Regierung kam am Samstag, dem 21. Dezember, heraus, am gleichen Tag, an dem die Zeitungen landesweit von den zweiten »entsetzlichen Morden« berichteten. Der von der »Times« angeschlagene Ton war bezeichnend: »Am Donnerstagabend zwischen elf und zwölf Uhr wurde in der New Gravel Lane, Ratcliffe Highway eine weitere blutrünstige Gewalttat verübt, die den Morden an Mr. Marr und seiner Familie an Brutalität in nichts nachsteht.« Im »London Cronicle« hieß es: »Ebenso bestürzt wie besorgt müssen wir berichten, dass zwei Minuten von dem Ort entfernt, an dem die Familie des bedauernswerten, verblichenen Mr. Marr vor wenigen Tagen auf die gleiche Weise ihr Leben ließ, drei weitere Personen durch die Hand der Mitternachtsmörder sterben mussten.«

Innerhalb weniger Stunden schlug eine neue Welle des Grauens über der Hauptstadt zusammen. »Es ist fast unmöglich«, teilte ein Mr. Johnson aus der Fenchurch Street dem Innenminister mit, »sich die Angst und Bestürzung vorzustellen, die diese schrecklichen Ereignisse unter der Bevölkerung ausgelöst haben, vor allem im östlichen Teil der Stadt.« Grauenhafte Berichte waren im Umlauf, die neue Panik zur Folge hatten. Es ging das Gerücht, dass am Freitagabend in der City Road ein weiterer Schankwirt ermordet worden sei und dass Mr. Corse, der Besitzer der »White Rose« am Ratcliffe Highway, der Nächste auf der Todesliste sei. Ein bewaffneter Wächter wurde die ganze Nacht vor der Kneipe postiert. Dann ging die Geschichte um, dass zwei Polizisten in Limehouse massakriert worden seien, als sie versuchten, einen Verdächtigen festzunehmen. Tatsächlich hatten die Polizisten den Verdächtigen verfolgt, verhaftet und weggebracht. Doch bevor sie allzu weit gekommen waren, wurden sie von zweihundert zornigen Iren angegriffen, die den Gefangenen befreiten. Die Polizisten erhielten Unterstützung und fassten den Mann wieder, doch er wurde ein zweites Mal befreit. Schließlich verschwand er. Es stellte sich heraus, dass die Aufrührer geglaubt hatten, die Polizisten seien Mitglieder einer Gruppe von Werbern. Der Mann stellte sich schließlich freiwillig und, wie die »Times« es formuliert, »mit einem vollständig mit dem Blut seiner Widersacher verschmierten Hemd und begründete überzeugend seinen Widerstand bei diesem unglücklichen Zwischenfall«. Ähnliche Szenen trugen sich in ganz London zu. Keiner wusste, wo die Mörder als Nächstes zuschlagen würden. »Viele unserer Leser«, schrieb Macaulay Jahre später, »können sich noch an die Stimmung in London nach den

Morden an den Marrs und den Williamsons erinnern – das Entsetzen auf allen Gesichtern – die sorgfältig verriegelten Türen – die Verteilung von Musketen und Nachtwächterrasseln. Wir wissen von einem Ladenbesitzer, der damals innerhalb von zehn Stunden dreihundert Rasseln verkaufte.«

Dreihundert Meilen entfernt, in Keswick, verfolgte (laut De Quincey) der Dichter Southey mit großem Interesse jede neue Wendung der Geschichte. Es handle sich, so erklärte er, um einen seltenen Fall von »privater Angelegenheit, die zum Rang eines nationalen Ereignisses aufgestiegen sei«. De Quincey selbst war noch faszinierter. Er hatte London als Junge gekannt, und seine vom Opium stimulierte Phantasie hatte jedes Detail aufgenommen, um es nun, Jahre später, wieder und wieder zu durchleben. 1811 wohnte De Quincey im Dove Cottage, das er drei Jahre zuvor von Wordsworth übernommen hatte, und selbst in Grasmere

war die Panik unbeschreiblich. Eine Dame, eine Nachbarin, die ich persönlich kannte und die zu dieser Zeit während der Abwesenheit ihres Ehemanns mit wenigen Bediensteten in einem sehr einsamen Hause lebte, ruhte nicht, bis sie (so erzählte sie mir, und tatsächlich überzeugte ich mich durch eigenen Augenschein davon) achtzehn Türen, von denen jede durch beachtliche Bolzen, Riegel und Ketten gesichert war, zwischen ihrem Schlafzimmer und jedem menschlichen Eindringling hatte installieren lassen. Sie auch nur in ihrem Gesellschaftszimmer zu erreichen war wahrhaftig, als wolle man sich Zutritt zu einer belagerten Festung verschaffen. Jeden sechsten Schritt wurde man von einer Art Fallgatter aufgehalten.

Der Bericht mag übertrieben gewesen sein, doch es besteht kein Zweifel, dass die von De Quincey beschriebene Hysterie sehr verbreitet war. Die Akten des Innenministeriums enthalten Briefe aus allen Teilen des Landes, die Zeugnis von der durch die Morde verursachten »allgemeinen Bestürzung« ablegen und die dringend eine Reform der Polizei und der Friedensgerichte fordern.

Wenn die Bevölkerung gewusst hätte, wie dürftig, chaotisch und unzusammenhängend die Bemühungen vor Ort an diesem Wochenende nur vierzehn Tage nach den Morden an der Familie Marr und achtundvierzig Stunden nach der Ermordung der Williamsons waren, wäre die allgemeine Bestürzung noch größer gewesen.

Drei benachbarte Gemeinden hatten je einen Handzettel herausgegeben, auf denen unterschiedliche Belohnungen für unterschiedliche Zwecke in Aussicht gestellt wurden. Die Gemeinde St. George's bot noch immer fünfzig Pfund für Informationen, die zur Verurteilung der Mörder der Marrs führten. Ihr Handzettel beschrieb den beschädigten Zimmermannshammer und ein etwa zwanzig Zoll langes Stemmeisen und appellierte an alle Alteisenhändler oder jeden, der derartige Gegenstände vermisste, sich zu melden. Die Gemeinde St. Paul's, die für die Williamsons zuständig war, versprach einhundert Guineen für Aussagen, die zur Verurteilung »ihrer« Mörder führen würden, ihr Handzettel enthielt aber keine Hinweise und keine Spur, der man hätte folgen können. Die Gemeinde Ratcliffe, die mit keinem der Verbrechen direkt zu tun hatte, bot einhundert Guineen für die Aufklärung der Morde an den Williamsons und weitere zwanzig Guineen für die Auskunft, wer kürzlich eine etwa fünfunddreißig Zoll lange Brechstange gekauft hatte.

Die Friedensrichter waren ähnlich uneinig. Das Thames Police Office hatte eine Belohnung von zwanzig Pfund für Informationen über die drei Verdächtigen geboten, die vor Marrs Geschäft gesehen worden waren, war dafür jedoch gerügt worden. Anschließend war ein Appell herausgegeben worden, in dem um Auskünfte über den Hammer gebeten wurde, der nun anhand der neuen Beschreibung durch die Initialen J.P. eindeutig identifizierbar war. Doch diesmal wurde keine Belohnung angeboten. Die Friedensrichter von Shadwell hatten ohne Angabe eines Betrags eine Belohnung für Informationen über den Verbleib eines blutigen Hemds und eines Taschentuschs ausgesetzt und waren dann wieder in ratlose Untätigkeit zurückgefallen. Alles, was sie nach der Rüge durch das Innenministerium zuwege gebracht hatten, war, die nicht eben überraschende Meinung zum Ausdruck zu bringen, dass beide Verbrechen durch die gleichen Täter verübt worden sein mussten, und dies aus keinem besseren Grund, als dass beide Banden über die Hinterseite des Hauses entkommen waren und dass ein Mann, »auf den die gleiche Beschreibung zutraf«, in der Nähe beider Häuser gesehen worden war. Dies war vermutlich einer der Männer, deren Beschreibung Harriott zwei Wochen vorher im Zusammenhang mit seinem vorschriftswidrigen Angebot einer Belohnung herausgegeben hatte. Das Innenministerium nahm in der Zwischenzeit eine Menge Papier in Empfang und sagte nichts dazu. Man vertraute auf die beiden großzügigen Belohnungen von jeweils fünfhundert Guineen, von denen man hoffte, dass sie Informationen erbringen würden, die beide Verbrechen betrafen. Es scheint unglaublich, dass keiner der Verantwortlichen auch nur versuchte, alle Fäden aufzugreifen, eine Theorie aufzustellen oder eine zusammenhängende Untersuchungsmethode auszuarbeiten, die alle wichtigen Hinweise berücksichtigte, die inzwischen verfügbar waren. Doch zur damaligen Zeit war niemand dazu verpflichtet, und die Dinge nahmen weiter ihren planlosen Lauf. Inzwischen wartete das gesamte Land ungeduldig auf den Bericht des Coroners über die Untersuchung der Leichen der Williamsons und ihrer Bediensteten.

Es war üblich, die Untersuchung so nahe wie möglich am Tatort durchzuführen, also beschlagnahmte Unwin, der Coroner, am Samstag das »Black Horse« genau gegenüber dem »King's Arms«. Draußen wogte eine unübersehbare Menge. Manche der Zuschauer waren einfach neugierig, andere voller Ehrfurcht, und alle hofften auf eine Sensation. Sie schoben und drängten sich die New Gravel Lane zum Ratcliffe Highway hinauf und um die Ecke zu Marrs Geschäft, das weniger als eine Meile entfernt lag. Im »Black Horse« versuchten Zeugen, Geschworene, Reporter und einige wenige glückliche Zuschauer einen Platz zu erobern. Pünktlich um zwei Uhr gebot der Untersuchungsrichter Ruhe und wandte sich an die Geschworenen:

Die im östlichen Teil der Hauptstadt in einer Gegend, in der die Bevölkerung der unteren Klassen überwiegt und noch verstärkt wird durch zahlreiche Fremde und Seeleute, die für die Ost- oder Westindische Gesellschaft und die London Docks arbeiten, sowie durch den Zustrom ausländischer Seeleute aus allen Teilen der Welt, die also in dieser Gegend gehäuft auftretenden Mordfälle, die trotz aller Anstrengungen nicht aufgeklärt werden konnten, verlangen dringend die ernste Aufmerksamkeit der unmittelbar mit der Regierung Betrauten, denn die vergangenen und die gegenwärtigen Morde sind eine Schande für das Land und eine Bedrohung der Zivilisation ... Solange keine geeigneteren Maßnahmen vorgeschlagen werden, erscheint es angesichts der gegenwärtigen Unruhe in der Öffentlichkeit ratsam, dass Militäreinheiten unter dem Befehl ziviler Behörden, die aus der Miliz oder den Garden ausgewählt werden könnten, nachts die Straßen dieser Gegend bewachen. Ihr Spruch wird sich, wie ich Ihnen mit Bedauern mitzuteilen habe, nur auf die Zeugenaussagen stützen können und allgemein gefasst werden müssen, da die Verbrecher unbekannt sind; doch es ist zu hoffen, dass mit Hilfe der göttlichen Vorsehung, die selten zulässt, dass ein Mord in diesem Leben ungesühnt bleibt, und durch die Anstrengungen, die unternommen werden, diese unmenschlichen Ungeheuer entdeckt und der Gerechtigkeit überantwortet werden. Ihr Spruch kann nur lauten: Vorsätzlicher Mord durch Unbekannte.

Der erste Zeuge, der vereidigt wurde, war John Turner. Er gab an, bei den Messrs. Scarlett & Cook angestellt zu sein und etwa acht Monate lang als Mieter bei den Williamsons gewohnt zu haben. Sein Zimmer habe in der vorderen Mansarde gelegen, zwei Stockwerke über der Erde. Sein Essen habe er im nahe gelegenen Haus seines Bruders erhalten. Turner fuhr fort:

Ich kam am letzten Donnerstag, soweit ich das mit Sicherheit sagen kann, etwa zwanzig Minuten vor elf Uhr abends vom Haus meines Bruders zu dem von Mr. Williamson zurück. Als ich hineinging, stand Mrs. Williamson an der Vordertür. Sie folgte mir. Mr. Williamson saß im mittleren Zimmer in seinem großen Sessel, die Bedienstete war im hinteren Raum. Ich sah niemand anderen im Haus als diese drei. Mr. Williamson forderte mich auf, mich zu setzten. Ich stand am Feuer. Ein kleiner Mann kam herein, dessen Name, soweit ich verstand, Samuel Phillips war – er kam nach seiner Gewohnheit, um sich einen Krug Bier zu holen, und erzählte Mr. Williamson, dass ein mit einem sehr großen Mantel bekleideter, kräftiger Mann durch die innere Glastür im Gang hereinschaue. Mr. Williamson ergriff einen Kerzenständer und sagte: »Ich sehe nach, was er will.« Er ging mit der Kerze in der Hand hinaus, dann kam er zurück und sagte: »Ich habe ihn nicht gesehen, aber wenn ich ihn sehe, schicke ich ihn hin, wo der Pfeffer wächst.« Phillips ging mit seinem Bier hinaus, und unmittelbar danach kam Mr. Anderson. Er blieb nicht länger als zwei oder drei Minuten. Kurz darauf löschte die Hausangestellte das Feuer, und ich ging zu Bett. Mrs. Williamson folgte mir mit einer Uhr und einer silbernen Punschkelle bis zu ihrem eigenen Zimmer. Dies war das letzte Mal, dass ich einen von ihnen lebend sah. Ich hörte, wie Mrs. Williamson die Schlafzimmertür abschloss und wieder nach unten ging. Mein Zimmer hatte keinen Riegel. Ich ging zu Bett und hatte noch keine fünf Minuten darin gelegen, als ich hörte, wie heftig gegen die Vordertür gehämmert wurde. Unmittelbar danach hörte ich die Hausangestellte zwei- oder dreimal schreien: »Sie bringen uns alle um!« oder »Sie werden uns alle umbringen«. Ich kann mich nicht erinnern, was genau sie schrie. Ich hatte noch nicht geschlafen. Ich hörte das Geräusch von zwei oder drei Schlägen, aber ich kann nicht sagen, mit was für einen Gegenstand. Kurz danach hörte ich Mr. Williamson aufschreien: »Ich bin ein toter Mann!« Ich war noch immer im Bett. Etwa zwei Minuten später stieg ich heraus und lauschte an der Tür, aber ich konnte nichts hören. Ich ging hinunter in den ersten Stock, und von unten hörte ich das Geräusch von drei schweren Seufzern. Ich hörte, dass jemand sehr leise durch die Mitte des Raums im Erdgeschoss ging. Zu dem Zeitpunkt war ich fast auf dem letzten Treppenabsatz, und ich war nackt. Ich schlich die Stufen hinunter. Die Tür stand einen Spalt offen. Ich schlüpfte hindurch, und im Licht einer Kerze, die in dem Raum brannte, sah ich einen Mann, vielleicht an die ein Meter neunzig groß, in einem großen, dunklen, rauen Wollmantel, der ihm bis an die Fersen reichte. Er stand mit dem Rücken zu mir, anscheinend über jemanden gebeugt, als ob er dessen Taschen durchwühlte. Ich hörte Silber klimpern, und ich sah, wie er sich aufrichtete, seinen Mantel mit der linken Hand öffnete und die rechte zu seiner Brust hob, als wolle er etwas in seine Innentasche stecken. Ich konnte sein Gesicht nicht erkennen, und ich sah nur diesen einen Mann. Ich hatte Angst und lief wieder hinauf, so schnell und so leise ich konnte. Ich wollte mich zuerst unter dem Bett verstecken, aber ich befürchtete, dass man mich finden würde. Also nahm ich die beiden Bettlaken, band sie zusammen und befestigte sie am Bettpfosten, öffnete das Fenster und ließ mich an den Laken hinunter. Der Nachtwächter kam vorbei. Ich sagte, dass im Haus gemordet worden sei, und er half mir, den Boden zu erreichen. Ich hatte nichts als meine Nachtmütze, mein Hemd und eine Jerseyjacke an. Der Nachtwächter betätigte seine Rassel. Dann kam Mr. Fox dazu und sagte: »Brecht die Tür auf!« Mr. Fox ging über die Straße und kam mit einem Säbel zurück. Ich habe Mr. Williamsons Uhr oft gesehen. Es ist eine kleine, dicke Silberuhr mit einem Glas. Sie hatte eine goldfarbene Kette und einen großen Stempel mit einem Stein darin auf der Rückseite. Ich hatte Mr. Williamson am Donnerstagabend mit der Kette spielen sehen, als ich am Feuer stand. Soweit ich weiß, war im Haus nie eine eiserne Brechstange.

Nachdem Turner seine Aussage beendet hatte, bleich und angespannt bei der Erinnerung an das Schreckliche, das er gesehen hatte, wurde die Stille im Schankraum nur durch das Kratzen der Federn der Journalisten und der des Schreibers des Coroners, durch das Prasseln des Feuers und das gedämpfte Murmeln der Menge auf der Straße unterbrochen. Es bestand kein Zweifel daran, dass Turner die Wahrheit gesagt hatte. Obwohl ihn irgendjemand in der Mordnacht augenblicklich dem Gewahrsam des Nachtwächters übergeben hatte, war er schnell wieder entlassen worden. Doch was war das für ein Mann, der Williamsons Enkelin Kitty Stillwell einfach ihrem Schicksal überlassen hatte? In seinem verzweifelten Versuch, lebend aus dem »King's Arms« zu entkommen, hatte er offenbar keinen Gedanken an sie verschwendet. Doch De Quincey, der gern schwarz-weiß zeichnete, wobei er einen als Schurken und alle anderen verklärt darstellte, um einen effektiven Kontrast zu dessen Verworfenheit zu schaffen, entwickelte eine geniale Verteidigung für den unglücklichen Untermieter:

Doch Mut! Gemäß dem alten Sprichwort aller christlichen Länder hilft Gott denen, die sich selbst helfen ... Wäre es nur um ihn selbst gegangen, er könnte nicht verdienstvoller gehandelt haben. Aber dem ist nicht so. Er ist ernstlich um das arme Kind besorgt, das er kennt und gern hat. Er ist überzeugt, dass jede Minute das Mädchen dem Untergang näher bringt, und als er an seiner Tür vorbeikommt, ist sein erster Gedanke, es aus dem Bett zu holen und es in seinen Armen an einen Ort zu tragen, wo es sein Schicksal teilen würde. Doch bei näherer Überlegung befürchtet er, dass das plötzliche Erwachen des Kindes und die Unmöglichkeit, ihm auch nur eine Erklärung zuzuflüstern, es veranlassen könnte, hörbar aufzuschreien, und der unvermeidliche Schrei des einen würde den Tod beider bedeuten. – Nein, es gibt nur einen Weg, das Mädchen zu retten. Der erste Schritt zu ihrer Rettung ist die eigene Rettung. Und bis jetzt ist alles gut gegangen, der Bettpfosten, von dem er befürchtet, er würde bei der geringsten Belastung abbrechen, er hält, als er ihm sein Gewicht anvertraut. Schnell hat er drei Längen eines neuen Seils, etwa vier Meter lang, daran befestigt. Er flicht sie hastig, wodurch nur ein Meter beim Zusammenschlingen verloren geht, und schon hat er eine zweite Länge, die der ersten entspricht, darangespleißt, so dass schon fünfeinhalb Meter bereitliegen, die er aus dem Fenster werfen kann. Zu den fünfeinhalb Metern, von denen bereits zweieinhalb durch den Abstand zum Bett verloren gehen, fügt er zuletzt zwei weitere hinzu. Das sind vielleicht drei Meter zu wenig, um den Boden zu erreichen – eine Höhe, die ein Mann oder Junge springen kann, ohne sich zu verletzen. Und genau in diesem Moment, während die verzweifelte Erregung seine Finger beinahe lähmt, hört er den bedrohlichen, leisen ersten Schritt des Mörders, der durch die Dunkelheit heraufkommt. Vermutlich hat noch nie auf dieser Welt ein Mann seine Verantwortung so drückend auf sich lasten gefühlt wie dieser arme Handwerksgeselle beim Gedanken an das schlafende Kind. Wenn er durch Ungeschicklichkeit oder durch seine eigene Panik auch nur zwei Sekunden verliert, kann das für die Kleine den Tod bedeuten. Doch noch besteht Hoffnung; und nichts kann die teuflische Natur der Bestie, deren unheilvoller Schatten in diesem Moment das Haus verdunkelt, so grauenvoll verdeutlichen wie die einfache Angabe des Grundes, auf dem diese Hoffnung beruht. Der Handwerksgeselle war sich sicher, dass sich der Mörder nicht damit zufrieden geben würde, das arme Kind umzubringen, ohne dass es bei Bewusstsein war. Das würde den Mord an ihm jeden Sinns berauben. Für einen Genießer unter den Mördern ... wäre das, als würde man der Bitterkeit des Todes den entscheidenden Stachel nehmen, wenn das Opfer die Hoffnungslosigkeit seiner Situation nicht begreift. – Doch all seine Überlegungen werden in diesem Augenblick unvermittelt unterbrochen. Ein zweiter Schritt ist auf der Treppe zu hören, noch immer leise und vorsichtig, ein dritter – und das Schicksal des Kindes scheint besiegelt. Doch genau in diesem Moment ist alles bereit. Das Fenster ist weit offen, das Seil schwingt frei, der Geselle hat sich abgestoßen und befindet sich bereits im ersten Stadium seines Abstiegs.

In De Quinceys Darstellung werden, wie in seinem gesamten Essay, sehr gekonnt Angst und Spannung heraufbeschworen, doch mit der Wirklichkeit hat sie wenig zu tun.
Als Nächster wurde George Fox vereidigt:

Ich wohne in der New Gravel Lane gegenüber dem Haus der Ermordeten. Am Donnerstagabend gegen elf kam ich auf dem Heimweg ans

Ende der New Gravel Lane und sah zwei Wachleute bei Mr. Williamsons Tür stehen. Ich ging zu ihnen und fragte sie, was los sei. Mr. Lee, der Besitzer des »Black Horse«, stand bei den Nachtwächtern. Man sagte mir, das Haus werde gerade ausgeraubt, wenn die Leute darin nicht gar schon ermordet worden seien. Bald darauf kamen mehrere andere Personen dazu, und ich bat sie, kräftig an die Tür zu klopfen. Ich schlug vor, die Tür einzuschlagen, falls niemand darauf reagieren sollte, und sagte, ich würde die Verantwortung dafür übernehmen. Sie klopften, aber niemand antwortete. Während die anderen die Tür aufbrachen, rannte ich hinüber zu meinem eigenen Haus, um einen kurzen Säbel zu holen. Der Bedienstete gab ihn mir sofort, als ich zur Tür hereinkam. Die Haustür und die Falltür zum Keller wurden aufgebrochen. Drei oder vier Personen stiegen durch die Falltür nach unten, während ich selbst und drei oder vier weitere zur Tür hineingingen. Wir sahen ins vordere Zimmer, das im Dunkeln lag. Wir gingen in den mittleren Raum, in dem sich die Küche befindet. Dort brannte auf einem Tisch eine Lampe. Ich fand Mrs. Williamson, die mit dem Gesicht zum Herd lag, den Kopf zur Tür gedreht. Ihre Kehle war durchschnitten, und Blut strömte aus der Wunde. Sie war allem Anschein nach tot. Sie war bekleidet. Ein paar Schlüssel und eine Schachtel lagen neben ihr, und es kam mir vor, als wären ihre Taschen durchwühlt worden. Die Hausangestellte, Bridget Harrington, lag zwischen Mrs. Williamson und der Feuerstelle, in der gleichen Richtung. Ihre Kehle war durchschnitten, und Blut quoll daraus hervor. Das Feuer war gelöscht, und Brennholz lag bereit, um es am Morgen neu anzuzünden. Sie war ebenfalls vollständig angezogen und schien einen gewaltigen Schlag auf den Kopf bekommen zu haben. Ich rief sofort: »Wo ist der alte Mann, Williamson?« Die Leute im Keller antworteten mir: »Er ist hier, mit durchgeschnittener Kehle!« Ich ging ein Stück weiter hinunter und sah ihn im Keller auf dem Rücken liegen. Sofort begann ich mit den anderen, das Haus zu durchsuchen. Ich ging ins Hinterzimmer, neben dem, in dem ich die Leichen von Mrs. Williamson und der Hausangestellten gefunden hatte. Ich sah, dass der innere Fensterladen des hinteren Fensters abgenommen und das Schiebefenster hochgezogen war. Etwa eine halbe Stunde später untersuchte ich das Fenster genauer und bemerkte, dass der heruntergenommene Fensterladen mit Blut verschmiert war, offenbar durch einen Handabdruck. Es war auch Blut auf der Eisenstange innen. Als ich zuerst gesehen hatte, dass das Fenster offen stand, bat ich jemanden darum, nach oben zu gehen und das Haus zu durchsuchen, während ich beim Fenster blieb. Ich blieb beim Fenster stehen, um den Fluchtweg zu versperren. Als wir hörten, dass zwei Verdächtige die Shadwell High Street entlanggelaufen waren, gingen Mr. Mallet, der Chef der Polizei von Shadwell, und zwei Polizeibeamte mit mir, um in den umliegenden Häusern nach den Tätern zu suchen, doch ohne Erfolg. Bald nachdem ich in das Haus gelangt war, sah ich John Turner, der, wie mir mitgeteilt wurde, durch das Fenster entkommen war, und gab ihn in die Obhut des Schutzmanns.

Dann war der Chirurg Walter Slater an der Reihe, vereidigt zu werden. Er sagte aus, dass er auf Anweisung des Coroners die Leichen der Verstorbenen untersucht und die folgenden Zeichen von Gewalteinwirkung an ihren Körpern festgestellt habe.

John Williamson: Er hat eine Wunde, die sich vom linken Ohr bis fünf Zentimeter vor dem rechten erstreckt, durch die Trachea oder Luftröhre bis hinunter zu den Halswirbeln, und die Tibia, also das Schienbein, des linken Beins ist gebrochen, anscheinend durch einen Sturz von der Treppe, da, wenn es auf andere Weise geschehen wäre, meiner Ansicht nach die äußere Hautschicht hätte verletzt sein müssen. An anderen Stellen befanden sich keine Anzeichen von Gewalteinwirkung.
Elisabeth Williamson: Das rechte Schläfenbein und Scheitelbein wurden brutal zertrümmert, allem Anschein nach mit einem großen Schürhaken oder einem ähnlichen Instrument, wobei fast die gesamte rechte Seite des Kopfes betroffen ist. Die Kehle ist von Ohr zu Ohr aufgeschnitten, durch die Luftröhre, etc.; ansonsten keine Anzeichen von Gewalteinwirkung.
Anna Bridget Harrington, die Hausangestellte: Das rechte Scheitelbein liegt auf einer Länge von etwa zehn Zentimeter und einer Breite von

etwa fünf Zentimeter offen, wobei die Knochen frei liegen. Die Kehle ist auf eine Länge von etwa zehn Zentimetern aufgeschlitzt, wobei die Luftröhre durchtrennt wurde. Es sind keine weiteren Zeichen von Gewalteinwirkung zu erkennen.

Ich nehme an, dass ihre Kehlen mit einem Rasiermesser durchtrennt wurden, da nur ein sehr scharfes Instrument so tiefe Schnitte verursacht haben kann, ohne das Gewebe zu zerreißen, was hier nicht der Fall ist. Alle Kehlen wurden mit einem Schnitt durchtrennt. An jeder der Leichen sind hinreichend Gründe für den Eintritt des Todes festzustellen.

Die Geschworenen zogen sich zurück und verkündeten um sieben Uhr am gleichen Abend das erwartete Urteil: vorsätzlicher Mord durch einen oder mehrere Unbekannte.

V
Der »Pear Tree«

Die Williamsons und ihre Hausangestellten wurden am Sonntag, dem 22. Dezember, bei der St.-Paul's-Kirche in Shadwell beerdigt.

Der Gottesdienst [berichtet Fairburn] wurde von Reverend Denis abgehalten und war sehr beeindruckend. Die Gesichter der Menge drückten tiefste Bestürzung aus. Die Gefühle überwältigten den Reverend so sehr, dass die Feier sowohl in der Kirche als auch am Grab für einige Minuten unterbrochen werden musste, bis er sich wieder gefasst hatte. Sämtliche Geschäfte in der Umgebung der Kirche blieben geschlossen, und dank der Umsicht der Friedensrichter, die eine beachtliche Zahl von Polizisten im Kirchhof postiert hatten, wurde die Zeremonie mit der größten Feierlichkeit und ohne die geringste Störung abgehalten.

Doch den ganzen Sonntag über verdichtete sich die Atmosphäre der Angst, der Verdächtigungen und der Panik. Eines ihrer Opfer war ein junger Anwaltsgehilfe namens Mellish, der in Old Jewry arbeitete. Er saß im Hinterzimmer der »Three Foxes« in der Fox's Lane und unterhielt sich mit dem Neffen des Besitzers über die Morde, als sie die Rassel und den Schrei eines Wachmanns hörten: »Haltet die Mörder!« Mellish schrie auf: »Mein Gott, schon wieder Mord!« Beide Männer bewaffneten sich mit Schürhaken, rannten auf die Straße hinaus und beteiligten sich an der Verfolgung der Verdächtigen. Mellish konnte nicht mit seinem Gefährten Schritt halten, doch er rannte hinterher, so schnell er konnte. An der Straßenecke traf er auf drei rennende Männer, »von denen zwei bemerkenswert zwielichtig aussahen und der dritte sehr klein war«. In der Annahme, dass sie die Personen waren, wegen deren der Lärm und das Geschrei ausgebrochen waren, sagte er: »Sie sind Verbrecher, und ich werde sie festnehmen!« – ein bemerkenswert wagemutiges Vorgehen, wenn man bedenkt, dass er glaubte, Mördern gegenüberzustehen, und die Chancen drei zu eins gegen ihn standen. Er holte sofort mit dem Schürhaken zu einem Schlag auf den Kopf des kleinen Mannes aus, doch dieser blieb nur für einen Augenblick betäubt. Er kam rasch wieder auf die Füße und feuerte eine kleinkalibrige Pistole in Mellishs Gesicht ab. Die drei Männer flohen, und Mellish wurde in die »Three Foxes« getragen. Sein Gesicht war grauenvoll entstellt, beide Augen vollständig erblindet. Die »Times« berichtete, dass er sich längere Zeit in sehr bedenklichem Zustand befand. Es existieren keine weiteren Berichte darüber, ob er starb oder, vielleicht weniger gnädig, die rauen Methoden der Chirurgie des frühen neunzehnten Jahrhunderts überlebte, um blind und behindert ein Leben in Abhängigkeit zu fristen. Was immer aus ihm wurde, er war ein Opfer der Hysterie, die sich wie eine Seuche in den dunklen Gassen und Durchfahrten von Wapping und den umliegenden Gemeinden ausbreitete.

Am Montagmorgen begann das Gericht von Shadwell seine Arbeit wieder einmal früh, um Verdächtige zu vernehmen. Bei einem von ihnen handelte es sich um einen jungen Seemann namens John Williams, der bei Mr. und Mrs. Vermilloe im »Pear Tree« in Old Wapping am Fluss wohnte. Er war dort am Sonntag von zwei Polizisten aus Shadwell, Hewitt und Hope, aufgrund privater Hinweise verhaftet worden. Aus welcher Quelle diese Hinweise stammten, ist jedoch nirgendwo angegeben. In seinem Besitz hatten sich zwei Pfandscheine über je acht und zwölf Shilling für Schuhe, vierzehn Shillinge in Silber und eine Pfundnote befunden. Das Datum auf den Pfandscheinen hatte anscheinend niemand für wichtig genug gehalten, um es aufzunehmen.

Die beiden Polizisten hatten diesen neuen Verdächtigen vermutlich ohne besondere Hoffnung verhaftet, dass dies endlich der Mann sein könnte, den sie suchten. Es hatte so viele Verdächtige gegeben, so viel falschen Alarm, so viele große Hoffnungen hatten sich in nichts aufgelöst. Sie werden ihre Pflichten inzwischen mit sturer Beharrlichkeit, aber schwindender Hoffnung auf Erfolg erfüllt haben. Als sie ihre Hände auf Williams' Schultern legten, konnten sie nicht vorausgesehen haben, dass der alltägliche Name dieses in seiner schäbigen Eleganz irgendwie zerbrechlich wirkenden jungen Seemanns innerhalb weniger Tage in ganz London in aller Munde sein würde.

John Williams war bei seiner Festnahme siebenundzwanzig Jahre alt. Die »Times« beschreibt ihn ein paar Tage später als »ungefähr ein Meter fünfundsiebzig groß mit zurückhaltenden Manieren und von gefälligem Äußeren. Er hinkt nicht«, hieß es ausdrücklich. Er war ein gewöhnlicher Matrose, der früher einmal mit Timothy Marr auf der »Dover Castle« gesegelt und Anfang Oktober 1811 auf einem Schiff der Ostindischen Gesellschaft, der »Rosburgh Castle«, von seiner letzten Reise zurückgekehrt war. Er hatte sich unverzüglich auf den Weg gemacht, um sich wieder in seinem alten Quartier im »Pear Tree« einzumieten und seine Seekiste abzustellen. Das war sein Heim in England, und es könnte durchaus das einzige Zuhause gewesen sein, das er hatte. Hierher kehrte er nach jeder Fahrt zurück, übergab Mr. Vermilloe als seinem Bankier die Heuer und wurde von Mrs. Vermilloe als angenehmer und ehrlicher Mieter willkommen geheißen, der das Haus sauber hielt, sich ihr gegenüber rücksichtsvoll und ihren Bekannten gegenüber freundlich verhielt, besonders den Damen gegenüber. Einem gewöhnlichen Seemann war er in Bildung und Auftreten überlegen, er hatte eine saubere Handschrift und achtete sehr auf seine Kleidung und seine äußere Erscheinung. Es überrascht mich nicht, dass er gelegentlich für einen Gentleman gehalten wurde, ein Eindruck, den zu zerstreuen er sich nicht eben bemühte. Er war ein stutzerhafter junger Mann mit einer schlanken Figur und einer Fülle hellen Haars von einer auffälligen und ungewöhnlichen rotblonden Farbe, das sich um ein hübsches, wenn auch ein wenig weiches Gesicht lockte. Er wirkte offen und wurde von allen, die für seinen Typ empfänglich waren – normalerweise also von Frauen –, als angenehm beschrieben, von denen, die nach anderen

Kriterien urteilten – also überwiegend von Männern –, als Schmeichler. Williams war extrem jähzornig, ließ sich leicht zu Kämpfen und Raufereien provozieren und zog dabei stets den Kürzeren. Die Männer hatten Spaß daran, ihn zu ärgern und aufzuziehen. Seine Reaktion war, besonders wenn er angetrunken war, vorhersehbar, und sie hatten ihren Spaß daran. Es ist nicht weiter erstaunlich, dass er zwar viele weibliche Bekannte hatte, aber wenig männliche Freunde. Über seine Familie und Herkunft war nichts bekannt, doch es wurde allgemein angenommen, dass ein junger Mann mit einem so einnehmenden Wesen und einer Bildung, die die eines gewöhnlichen Seemanns weit übertraf, ein Geheimnis in seiner Vergangenheit hüten musste, das sein jetziges Leben erklären konnte.

Zweifellos hielt Williams das Leben im »Pear Tree« in gewisser Weise für unter seinem Niveau, doch ein Bett in einem Zimmer, das er sich mit zwei weiteren Seeleuten teilen musste, war alles, was er sich leisten konnte. Der »Pear Tree« war eines der typischen Häuser am Fluss, in denen die Seeleute Unterkunft fanden. Die Schankstube war der Mittelpunkt des rauen Lebens seiner Gäste, im Hof gingen die Bewohner der Ufergegend von Wapping ein und aus. Es gab ein Hinterzimmer, in dem die Mieter aßen, und der Großteil ihrer Wäsche wurde unter der Pumpe im Hinterhof gewaschen, obwohl Mrs. Vermilloes Schwägerin, Mrs. Rice, regelmäßig vorbeikam, um die Weißwäsche für jeden zu übernehmen, der es sich leisten konnte.

Wie die meisten Seeleute gab Williams, wenn er wieder an Land war, sein Geld regelmäßig aus, um sich für die Monate der Gefahr, der Not und des Mangels an weiblicher Gesellschaft schadlos zu halten. Er hatte keinen anderen Ansporn und keine Pläne für die Zukunft. Die Unterwürfigkeit und der Fleiß eines Marr, die Monate der Sklaverei, die vielleicht irgendwann durch ein kleines Geldgeschenk und die Hoffnung auf einen geordneten Haushalt belohnt wurden, waren nichts für ihn. Wenn das Geld verbraucht war, gab es immer noch den Pfandleiher oder die Möglichkeit, Karten zu spielen oder zu würfeln. Und wenn gar nichts mehr übrig war, gab es ein neues Schiff, eine neue Reise. In der Zwischenzeit bot London jede Menge Unterhaltung, einen Bärenkampf, eine öffentliche Hinrichtung, einen Abend, an dem er eine weibliche Bekanntschaft ins Royalty Theatre am Wellclose Square ausführen konnte, durchzechte Nächte mit kurzweiligen Raufereien in den berüchtigten Cock and Hen Clubs, die so typisch waren für die unbekümmerte Fröhlichkeit jenes Zeitalters und in denen sich junge Männer und Prostituierte trafen, um bis in die frühen Morgenstunden miteinander zu trinken und zu singen. Und wenn diese Amüsements an Reiz verloren, die Gegenwart traurig und die Zukunft düster aussahen, fand man immer Trost im Alkohol. Trinken, Spiel und Schulden, das war der ewige Kreislauf, der viele der Armen an ihr Unglück fesselte. Er war extrem schwer zu durchbrechen, und es gibt keine Anzeichen dafür, dass Williams es je versuchte.

Aus dem Protokoll der ersten Vernehmung von Williams, das in der »Times« vom 24. Dezember abgedruckt ist, geht eindeutig hervor, dass die Anklage gegen ihn auf ebenso tönernen Füßen stand wie die gegen ein Dutzend anderer in Gewahrsam genommener Verdächtiger. Tatsächlich lässt es die Schlussfolgerung zu, dass er ganz einfach Pech hatte, nicht sofort wieder freigelassen zu werden.

Der Seemann John Williams wurde einem sehr langen und ausgiebigen Verhör unterzogen. Die Verdachtsmomente gegen ihn waren, dass er häufig im Haus des Gastwirts Williamson gesehen worden war, insbesondere, dass man ihn am letzten Donnerstag gegen sieben Uhr abends dort beobachtet hatte, dass er an diesem Abend nicht vor zwölf Uhr in sein Quartier zurückgekehrt war und dass er dort von einem Mitbewohner, einem ausländischen Seemann, verlangt hatte, seine Kerze zu löschen, dass er klein war und ein steifes Bein hatte, dass er Ire war, dass er vor dieser tragischen Angelegenheit kein oder kaum Geld hatte und dass er bei seiner Verhaftung eine größere Menge Silber besaß. Nachdem diese verdächtigen Fakten gegen ihn vorgebracht worden waren, forderten ihn die Friedensrichter auf, ein Alibi vorzuweisen. Er gab zu, am Donnerstagabend und bei verschiedenen anderen Gelegenheiten im »King's Arms« gewesen zu sein. Er kannte Mr. und Mrs. Williamson seit geraumer Zeit und hatte ein sehr freundschaftliches Verhältnis zu ihnen. Als er sich am Donnerstag mit Mrs. Williamson unterhielt, sei sie sehr fröhlich gewesen und habe ihm die Wange getätschelt, als sie ihm seinen Schnaps brachte. Er sei eher als Freund des Hauses denn lediglich als Gast betrachtet worden. Als er das Lokal verlassen hatte, sei er zu einem Arzt in Shadwell gegangen, um sich einen Rat für die Behandlung seines Beins zu holen, das aufgrund einer alten Verletzung seit mehreren Jahren steif sei. Von dort aus habe er in der Hoffnung, die Behandlung günstiger als bei einem Arzt zu bekommen, eine Heilerin in der gleichen Gegend aufgesucht. Dann sei er weiter nach Westen gegangen und habe eine Bekannte getroffen, und nachdem er mehrere Kneipen besucht habe, sei er zu seinem Quartier zurückgekehrt und zu Bett gegangen. Den Umstand, dass er seinen Mitbewohner aufgefordert hatte, die Kerze auszublasen, erklärte er damit, dass er den Mann, einen Deutschen, mit einer Kerze in einer Hand, einem Buch in der anderen und einer Pfeife im Mund im Bett liegend vorgefunden habe. Als er ihn so sah, habe er befürchtet, dass durch seine Sorglosigkeit ein Feuer im Haus ausbrechen könnte, und er habe ihn gebeten, sein Licht zu löschen und das Haus nicht der Gefahr auszusetzen, bis auf die Grundmauern niederzubrennen. Das in seinem Besitz gefundene Geld bezeichnete er als den Erlös für einige Kleidungsstücke, die er als Sicherheit bei einem Pfandleiher hinterlegt habe. Er hatte zu keinem Zeitpunkt ein Geheimnis daraus gemacht, am Donnerstagabend bei Mr. Williamson gewesen zu sein. Im Gegenteil, er hatte seiner Vermieterin und mehreren anderen Leuten erzählt, dass er bei der bedauernswerten Mrs. Williamson und ihrem Mann gewesen sei, kurz bevor sie ermordet wurden, und hinzugefügt, wie fröhlich Mrs. Williamson gewesen sei.

Die »Times« berichtet, dass der Gefangene zur weiteren Befragung festgehalten worden sei. Er wurde in das Gefängnis von Coldbath

Fields überstellt, in dem Sylvester Driscoll, der Ire, der am Tag nach den Morden an den Williamsons festgenommen worden war, noch immer in Haft saß. Ein Steuerbeamter hatte Driscolls Geschichte darüber bestätigt, wie er in den Besitz einer Gallone Branntwein und eines Liters Whisky gelangt war, trotzdem waren die Friedensrichter nicht geneigt, irgendjemanden zu entlassen, wie dürftig die Verdachtsmomente auch immer sein mochten, und Driscoll blieb hinter schwedischen Gardinen.

Inzwischen dehnten die Friedensrichter am Gericht von Whitechapel ihre Untersuchungen auf die Aktivitäten der Portugiesen aus. Die beiden Seeleute Le Silvoe und Bernard Govoe, die eine Woche zuvor aufgegriffen worden waren, saßen noch immer voneinander getrennt im Gefängnis von Coldbath Fields. Nun wurde ein Freund der beiden namens Anthony zur Vernehmung vorgeführt. Jemand hatte ihn angezeigt, und es wurde festgestellt, dass Anthony die Gegend verlassen und an Bord eines Handelsschiffs der Westindischen Gesellschaft gegangen war, das vor der Ortschaft Deal lag. Ein Schutzmann wurde zu dem Schiff geschickt, und Anthony wurde identifiziert und nach London gebracht, um den Friedensrichtern von Whitechapel vorgeführt zu werden. Die einzigen Verdachtsmomente, die gegen ihn vorgebracht werden konnten, dass er ein Freund von Le Silvoe und Bernrad Govoe war und etwa um die Zeit, zu der Marr und seine Familie ermordet wurden, mit ihnen gesehen worden war, dass er am nächsten oder übernächsten Tag auf dem Schiff der Westindischen Gesellschaft angeheuert hatte und dass die Frau, mit der er zusammenlebte, gelogen hatte, als sie von ihren Bekannten befragt wurde, und noch mehr, als die Behörden sie vernahmen. Also musste der unglückliche Anthony seinen Landsleuten im Gefängnis von Coldbath Fields Gesellschaft leisten.

Es gab keine wirklichen Beweise gegen die drei. Sie waren Portugiesen, und sie waren kurz nach den Morden an den Marrs auf dem Ratcliffe Highway gesehen worden. Diese beiden Tatsachen reichten aus, um sie zu gefährden. Die Friedensrichter hatten sich von den Vorurteilen des Pöbels anstecken lassen. Sie waren verzweifelt und besorgt, besessen von der Vorstellung, geschäftig wirken zu müssen, und in ihrer Ratlosigkeit und Angst, einen Mörder laufen zu lassen, nicht geneigt, einen Verdächtigen zu entlassen, der ihnen einmal vorgeführt worden war. Es scheint, sie glaubten, jede Tätigkeit, wie ineffektiv und unüberlegt sie auch sein mochte, sei besser als gar keine.

Den Iren erging es nicht besser als den Portugiesen. Michael Harrington, William Austin und William Emery wurden in Poplar aus keinem besseren Grund aufgegriffen, als dass der zuerst Genannte dem von Turner bei der Durchsuchung von Mrs. Williamsons Taschen beobachteten Mann ähnelte und ähnlich gekleidet war und dass der zweite klein war und hinkte. Emery wurde vermutlich mit den beiden verhaftet, weil er sich in vermeintlich schlechter Gesellschaft befand. Er und Harrington gaben an, dass sie sich während der gesamten vergangenen Woche an Bord der »Astel«, eines Schiffs der Ostindischen Gesellschaft, in Gravesend aufgehalten hatten, wo sie als Matrosen angeheuert hatten, und dass sie bei einem Mr. Smith, Angel Court Nr. 25 in St. Martin's le Grand Quartier genommen hatten. Austin sagte aus, dass er ein Schiffskamerad der beiden anderen sei und erst letzten Samstag aus dem King's-Bench-Gefängnis entlassen worden sei, wo er etwa zehn Tage lang eingesessen habe.

Es war offensichtlich notwendig, die Identität der Gefangenen zu überprüfen. Bei dieser Gelegenheit standen den Friedensrichtern jedoch offenbar zu wenig Polizisten zur Verfügung, vermutlich weil alle unterwegs waren und auf der Suche nach kleinen oder hinkenden Iren den Osten der Stadt durchstreiften. Ein Gentleman von der Gemäldegalerie erbot sich freundlicherweise, nach St. Martin's le Grand zu fahren, um einen Teil des Alibis zu überprüfen. Er machte sich sofort auf den Weg, wobei er ohne Zweifel von Ruhm und Ehre, wenn nicht gar von einer erheblichen Belohnung träumte, doch er sollte sein Ungestüm bedauern. Die Adresse war die eines gewöhnlichen Mietshauses, wie sie im London des achtzehnten Jahrhunderts zu Tausenden wie Pilze aus dem Boden geschossen waren. Er zählte so viele Familien wie Räume, während die allein stehenden Mieter für das Privileg, mit manchmal fünfzehn oder zwanzig Menschen zusammen in einem Bett zu liegen, einen Penny pro Nacht oder etwas mehr bezahlten. Unter diesen Bedingungen konnte sich der Vermieter selten für seine Mieter verbürgen, und die meisten Mieter kannten nicht einmal den Namen ihres Vermieters. Der Besitzer hieß nicht Smith, aber es gab einen Mieter dieses Namens. Dieser leugnete allerdings, einen Harrington oder Emery zu kennen. Nach einer entmutigenden halben Stunde kehrte der ermittelnde Gentleman mit seinem Bericht nach Shadwell zurück. Da kein ausreichendes Alibi beigebracht werden konnte, wurden die drei Iren zur weiteren Befragung ins Gefängnis überstellt.

Inzwischen war eine weitere Gruppe von diesmal sieben Personen festgenommen worden, die alle in einem Haus nahe dem der Williamsons festgenommen worden waren. Einer von ihnen war bei seiner Verhaftung im Besitz von zwei Hemden mit Flecken, die wie Blut aussahen, und einer Weste mit ähnlichen Flecken, wobei Letztere eindeutige Spuren eines Gartenmessers aufwies. All diese Kleidungsstücke wurde in feuchtem Zustand aufgefunden, als wären sie kürzlich gewaschen worden. Der Mann, in dessen Quartier sie gefunden wurden, gab an, dass die Flecken von Hopfenpflanzen stammten und dass er bei der letzten Ernte als Hopfenpflücker in Kent gearbeitet habe. Die sieben Männer wurden dennoch ins Gefängnis überstellt, bis die Hemden und die Weste von einem »chemischen Gentleman« daraufhin untersucht werden konnten, ob die Flecken von einer tierischen oder pflanzlichen Substanz stammten. Dies ist die erste Erwähnung einer wissenschaftlichen Untersuchung eines Beweisstücks während der gesamten Ermittlungen. Der Bericht des »chemischen Gentlemans« muss zufriedenstellend gewesen sein, denn die sieben Unglücklichen wurden am nächsten Tag auf freien Fuß gesetzt, ebenso wie Harrington, Austin und Emery »nach der Bestätigung ihrer Geschichte durch hinlängliche Zeugenaussagen«, und ein weiterer Mann, Patrick Neale, der in Deptfort auf Verdacht festgenommen worden war. Sie alle wurden mit einer Entschuldigung für ihre Haft und einem Glückwunsch zur Zerstreuung des Verdachts entlassen. Die Friedensrichter waren mittlerweile vermutlich zu der beunruhigenden Erkenntnis gekommen, dass sie sich allzu bereitwillig den Vorurteilen des Pöbels angeschlossen hatten. Sie hielten es immerhin für nötig, »ihrer großen Zufriedenheit und ihrer Billigung des Verhaltens der irischen Einwohner des Distrikts Wapping Ausdruck zu verleihen. Sie dankten für die Unterstützung der Polizei bei der Festnahme der blutrünstigen Verbrecher, die sich bisher einer gerechten und exemplarischen Strafe entziehen konnten.«

Am Dienstag, dem Heiligen Abend, zogen sich die Friedensrichter von Whitechapel schließlich mit einer Begründung von dem Fall zurück, die so absurd irrelevant war wie nur irgendetwas, was sie bisher in Erfahrung gebracht hatten. Ein Friedensrichter aus Herfordshire traf ein, um von »einem ganz außerordentlichen Fall« zu berichten, von dem er glaubte, dass er »Licht auf die jüngsten, schockierenden Ereignisse werfen« könne. Ein Mann namens Bailey, ein Bauarbeiter aus Norfolk, war wegen des Verdachts auf ein Kapitalverbrechen festgenommen worden. Bei der Durchsuchung des Zimmers des Gefangenen waren eine beachtliche Menge wertvollen Tafelgeschirrs und einige blutige Leintücher gefunden worden. Dieser Umstand erregte den Verdacht, dass Bailey in die kürzlich begangenen Morde verwickelt sein könnte, und er wurde einem strengen Kreuzverhör unterzogen. Er stritt jegliche Kenntnis von den Morden ab, versicherte, keine der daran beteiligten Personen zu kennen, und erklärte, dass er nicht bereit sei, Unschuldige zu belasten. Am gleichen Abend überstellte man ihn nach Cheshunt, und am nächsten Morgen, als die Gefängnisaufseher ihn zu einem weiteren Verhör bringen wollten, wurde er an einem seidenen Halstuch leblos von einem Balken hängend aufgefunden. Die »Times« bemerkt hierzu, dass »der unglückliche Mann keine Anzeichen von Geistesgestörtheit zeigte, dass jedoch kaum ein Zweifel daran bestand, dass das in seinem Besitz gefundene Eigentum aus dem Hause eines Gentlemans in der Umgebung gestohlen war.« Dies ist sehr wahrscheinlich, doch es ist schwer zu verstehen, warum der Friedensrichter in Herfordshire Bailey mit den Morden an den Marrs und Williamsons in Verbindung brachte, obwohl aus keinem Haus irgendetwas Nennenswertes gestohlen worden war. Inzwischen wurde jedoch jede Information, wie irrelevant und unpassend sie auch immer sein mochte, ernst genommen und weitergeleitet. Nicht nur die Londoner Friedensrichter, sondern das gesamte Land wollte unbedingt Taten sehen. Selbst an so weit entfernten Orten wie Portsea und Portsmouth wurde die auf die Ergreifung der Mörder ausgesetzte Belohnung durch öffentliche Sammlungen erhöht. Damit stieg die Summe insgesamt auf annähernd achtzehnhundert Pfund, ein für diese Zeit beispielloser Betrag.

Und dann, noch immer am Heiligen Abend, schien es, als sei endlich der entscheidende Durchbruch erzielt worden. Siebzehn Tage nach den Morden an den Marrs und vier Tage nach der Veröffentlichung des letzten Handzettels, der den Zimmermannshammer detailliert beschrieb, wurde das Werkzeug identifiziert – auf wessen Veranlassung hin, ist nicht klar. Und es ist unerfindlich warum es so lange dauerte, ein Werkzeug zurückzuverfolgen, das durch die Initialen des Besitzers so eindeutig gekennzeichnet war. Vielleicht war der Besitzer des »Pear Tree«, Mr. Vermilloe, derjenige gewesen, der die Beschreibung erkannt hatte. Zumindest war er derjenige, an den schließlich die Belohnung für die Identifizierung des Hammers ausbezahlt wurde. Er saß zu dieser Zeit gerade wegen seiner Schulden im Gefängnis von Newgate ein, und in ebendieses Gefängnis brachte Capper sein sorgfältig verpacktes Beweisstück. Mr. Vermilloe erkannte es. Er gab zu Protokoll, dass es einem deutschen Matrosen aus Hamburg namens John Peterson gehöre, der kürzlich im »Pear Tree« gewohnt und seinen Werkzeugkasten in Vermilloes Obhut zurückgelassen habe, als er wieder auf See ging. Die meisten Werkzeuge seien mit Petersons Initialen markiert, und obwohl Vermilloe sich nicht zu einer endgültigen Identifizierung bereit erklärte, war er sich fast sicher, dass dieser Hammer dazwischengelegen hatte. Er hatte einen der Hämmer zum Holzhacken verwendet und dabei die Spitze abgebrochen.

Wahrscheinlich brachte Capper den Hammer und die gute Nachricht hoch befriedigt und mit großer Erleichterung zurück zum Gericht von Shadwell. Endlich schienen seine und seiner Kollegen Bemühungen von Erfolg gekrönt. Sie hatten unermüdlich gearbeitet. Sie hatten stundenlang dagesessen und Verdächtige verhört. Kein Hinweis, der an sie herangetragen worden war, war ignoriert worden, kein Fingerzeig unbeachtet geblieben. Alles, was sie für ihre Mühen erhalten hatten, waren offene Kritik und Verleumdungen hinter vorgehaltener Hand gewesen. Man konnte fast glauben, dass der Mob sie persönlich für den Tod der Marrs und der Williamsons verantwortlich machte. Doch nun schien der sichere Erfolg in greifbare Nähe gerückt. Das nach wie vor mit Blut verkrustete und mit Haaren verklebte Tatwerkzeug stammte zweifellos aus dem »Pear Tree«. Sie hatten bereits einen Verdächtigen aus dem »Pear Tree« verhaftet. Markland fühlte sich bemüßigt, den Innenminister unverzüglich von ihrem vorsichtigen Optimismus in Kenntnis zu setzen und gleichzeitig Ryder an den Eifer zu erinnern, mit dem er und seine Kollegen die Untersuchung vorantrieben:

Shadwell, 24. Dezember 1811, 7 Uhr

Sehr geehrter Herr,
wir haben den ganzen Tag mit der Vernehmung von Männern verbracht, die aufgrund verschiedener Verdachtsmomente vor dieses Gericht gebracht wurden. Wir können noch nicht melden, dass wir über hinreichend Beweise verfügen, um den Fall aufzuklären. Heute Abend können wir nur einen Mann vernehmen, gegen den sich der Verdacht zunehmend erhärtet. Sollten wir Wesentliches herausfinden, werden wir Sie als Ersten informieren, verehrter Herr,
Mit der größten Hochachtung
Geo. Markland

An diesem Abend wurde John Williams kurz nach sieben Uhr in den überfüllten Gerichtssaal des Amtshauses gebracht. Das Verhör und die Zeugenvernehmung bei Kerzenlicht waren in ihrer Art typisch. Sie zeigen einige der Mängel und Ungerechtigkeiten des Systems und die annähernd uneingeschränkte Befugnis der Friedensrichter auf, Verhöre so durchzuführen, wie es ihnen gerade passte. Ihre Funktion war primär die einer Untersuchungsbehörde. Ihre einzige richterliche Aufgabe war die Überstellung des Gefangenen für einen Prozess, wenn die Anschuldigungen gegen ihn hinreichend erhärtet werden konnten und sie über die Stichhaltigkeit der Beweise entschieden hatten. Es gab keine Regeln für die Beweisführung. Die Friedensrichter stellten jede Frage, von der sie glaubten, dass sie die Wahrheit ans Licht bringen könne, oder die sie interessierte. Es wurde geduldet, dass die Gefangenen sich selbst belasteten, ja, sie wurden sogar dazu ermutigt. Gerüchte wurden als Beweise zugelassen. Offenkundige Befangenheit der Zeugen, Parteilichkeit, Unterstellungen und Bösartigkeit blieben ungestraft. Irrelevante und unbelegte Aussagen wurden häufig vorgebracht und oft akzeptiert. Der Angeklagte wurde weder durch einen Anwalt noch durch einen Freund vertreten, und es war ihm auch nicht gestattet, bei der Beweisaufnahme anwesend zu sein. Dementsprechend war er sich oft gar nicht im Klaren darüber, wie die Beweislage aussah.

Außerdem waren nicht alle Verhandlungen öffentlich. Ein Friedensrichter konnte anordnen, dass ein Zeuge zu seinem Haus gebracht wurde, und er konnte ihn dort unter vier Augen vernehmen. Er konnte einen Zeugen im Gefängnis besuchen, wie Capper Vermilloe besucht hatte. Vermutlich war nur eine kleine Minderheit der Friedensrichter korrupt. Die meisten waren ehrlich, pflichtbewusst und bemüht, die Wahrheit aufzudecken. Doch die Wahrheit wurde allzu oft und schnell ein Opfer der undisziplinierten und von Vorurteilen beherrschten Gerichtshöfe, denen die Friedensrichter vorstanden.

Die »Morning Post« vom Weihnachtsabend berichtet ausführlich über die Verhandlung. John Turner beschrieb erneut den Mann, den er gesehen hatte. Seine Aussage lautete:

Als er die Treppe hinunterging, war er sicher, einen Mann zu hören, der langsam durch das Wohnzimmer ging und dessen Schuhe knarrten. Er war überzeugt, dass der Mann keine Nagelschuhe getragen haben konnte. Als er zur Tür kam, sah er nur einen Mann dort in der Haltung und Bekleidung, die er bei seiner Befragung durch den Coroner beschrieben hatte.
Daraufhin wurde der Angeklagte hereingeführt, und die Friedensrichter fragten den Zeugen, ob er glaube, dass der Gefangene auf der Anklagebank dieser Mann sei. Der Zeuge konnte nicht angeben, ob er es war, sagte jedoch aus, er habe ihn zwei- oder dreimal in Williamsons Haus gesehen. Er wusste nicht, ob er das Haus am letzten Donnerstagabend besucht hatte.

Es ist interessant, zu verfolgen, wie die Gehirne der Friedensrichter arbeiteten, indem man die Reihenfolge untersucht, in der sie ihre Zeugen aufriefen.
Offensichtlich hofften sie, dass Turner, ihr wichtigster Zeuge, Williams als den Mörder identifizieren würde. Doch unabhängig davon wäre irgendeine Form von Bestätigung wünschenswert gewesen. Der Mörder der Williamsons und der Marrs musste blutverschmiert gewesen sein, und es war möglich, dass er seine blutigen Kleidungsstücke hatte waschen lassen. Also riefen sie hoffnungsvoll Williams' Wäscherin in den Zeugenstand.

Mary Rice wurde vernommen. Sie wäscht seit mehr als drei Jahren für den Angeklagten. Sie kannte seine Ausstattung an Weißwäsche genau, hatte jedoch in den vergangenen zwei Wochen nicht für ihn gearbeitet. Die Friedensrichter nahmen die Zeugin streng ins Verhör:
Frage: Haben Sie Blut auf seinen Hemden bemerkt?
M. R.: Ja, auf einem davon.

Frage: Haben Sie seit letztem Samstag Blut auf einem seiner Hemden bemerkt?

Mr. R.: Ja, das habe ich. Eines seiner Hemden war am Kragen blutig. Es sah aus wie der Abdruck von zwei Fingern.

Frage: Waren sonst nirgendwo Flecken?

M. R.: Ich habe nicht besonders darauf geachtet. Sein Hemd war an der Brust zerrissen.

Frage: Ist Ihnen aufgefallen, dass das Hemd zerrissen war?

M. R.: Ja, aber ich nahm an, dass der Angeklagte gerauft hatte – dabei könnte er sein Hemd zerrissen haben.

Frage: Wann haben Sie das Hemd zuletzt ohne Risse gesehen?

M. R.: Letzten Donnerstag.

Frage: Können Sie beschwören, dass keine weiteren Flecken auf dem Hemd waren?

M. R.: Es war ein bisschen Blut auf den Ärmeln, und noch ein paar Flecken auf anderen Körperteilen, aber nachdem ich ja nicht so sehr darauf geachtet habe, habe ich es gewaschen und es behalten, um es zu flicken.

Frage: Haben Sie alle Flecken herausgewaschen?

M. R.: Ich glaube schon, ich habe es gründlich ausgekocht.

Frage: Welche Weißwäsche haben Sie normalerweise für den Angeklagten gewaschen?

Mr. R.: Vier Leinenhemden und mehrere Paar Socken, aber nie weiße Taschentücher. Der Angeklagte hatte immer schwarze Taschentücher.

(Der Angeklagte trug bei seiner Vernehmung ein großes weißes Taschentuch um den Hals.)

Wenn man klug daraus werden will, muss man diesen Absatz zusammen mit anderen Zeitungsberichten über Mrs. Rices Zeugenaussage lesen. Der »London Chronicle« stellt klar, dass die Waschfrau (die Mrs. Vermilloes Schwägerin war) von zwei Hemden sprach, die sie für Williams gewaschen hatte. Das erste, »das an Kragen und Brust zahlreiche Risse aufwies und auf dem sich an

139

den gleichen Stellen mehrere Blutflecken befanden, weshalb sie annahm, dass er in einen Kampf verwickelt gewesen sei ... habe sie vor dem Mord an den Marrs gewaschen, doch das zweite habe sie vier oder fünf Tage danach erhalten«. Es »war auch stark zerrissen und voller Blutflecken, was sie ebenfalls auf eine Rauferei zurückgeführt habe ... Sie erinnere sich, dass der Angeklagte in ihrem Haus mit einem ihrer Mieter gerauft habe und dass damals eines seiner Hemden in Fetzen gerissen worden sei, doch das liege drei Wochen zurück.«

Die Vernehmung von Mrs. Rice klärt einige Punkte. Sie zeigt die groben Methoden bei der Zeugenvernehmung, den Trick der Friedensrichter, Suggestivfragen zu stellen, und ihre außergewöhnliche Naivität bei der Beurteilung des Werts eines blutigen Hemds als Beweisstück. Das Protokoll macht auch deutlich, dass sie die zwei Verbrechen durcheinander brachten. Mrs. Rice hatte Williams blutiges Hemd vier oder fünf Tage nach den Morden an den Marrs gewaschen, aber vor den Morden an den Williamsons. Die Hemden konnten also unmöglich für das Verbrechen relevant sein, dessentwegen Williams verhaftet worden war. Und worin bestand neben der geringen Wahrscheinlichkeit, dass ein Mörder sein blutiges Hemd seiner Waschfrau übergeben würde, die Beweiskraft der Risse? Williamson hatte mit seinem Mörder gekämpft, und dessen Kleidung musste bei dieser Gelegenheit Blutspritzer abbekommen und konnte sehr wohl Risse davongetragen haben. Doch die Marrs waren ganz unvermittelt niedergemetzelt worden, und es ist unwahrscheinlich, dass irgendjemand in diesem vollständig unvorbereiteten Haushalt überhaupt dazu kam, um sein Leben zu kämpfen. Die Spuren auf Williams' Hemd deuten eindeutig auf eine Kneipenschlägerei vor den Morden im »King's Arms« hin.

Als Nächstes wurde Mrs. Vermilloe, die Wirtin des »Pear Tree«, vernommen. Die »Morning Post« berichtete:

Frage: Sitzt Ihr Ehemann gerade eine Haftstrafe ab?

Mrs. V.: Ja, er sitzt wegen Schulden von zwanzig Pfund seit sieben Wochen im Gefängnis.

Frage: Befindet sich ein Werkzeugkasten in Ihrem Haus?

Mrs. V.: Ja. Er gehört einem Mann, der abgereist ist. Ich habe nie hineingeschaut, aber ich weiß, dass er zwei oder drei Hämmer enthält, von denen mein Mann gelegentlich einen benutzt hat, und er steht im Hof.

Frage: Haben Sie je Markierungen auf den Hämmern bemerkt?

Mrs. V.: Ja, auf einem oder zweien. Es sind die Buchstaben J. P. darauf, denn das Werkzeug gehört einem unserer Mieter, der seit dem letzten Februar nicht mehr bei uns wohnt. Sein Name ist John Peterson.

Frage: Wussten Sie, dass Hämmer fehlten?

Mrs. V.: Nicht vor Montag, vor den Vernehmungen.

Frage: Könnten Sie den Hammer identifizieren, wenn Sie ihn sehen?

Mrs. V.: Ich weiß nicht.

An diesem Punkt ordneten die Friedensrichter an, den Zimmermannshammer vorzuzeigen. Die Zeugin war entsetzt und brach in Tränen aus. Nach einer Pause und nachdem ihr ein Stuhl angeboten worden war, erholte sie sich von ihrem Schrecken.

Frage: Können Sie beschwören, dass dies nicht der Hammer ist?

Mrs. V.: Ich weiß es nicht.

Frage: Schwören Sie, dass es der Hammer ist?

Mrs. V.: Das kann ich nicht sagen.

Frage: Ähnelt der Hammer dem, den Sie in Ihrem Haus gesehen haben?

Mrs. V.: Ja, er sieht ihm irgendwie ähnlich.

Dem Reporter des »London Chronicle« zufolge kamen während des Kreuzverhörs von Mrs. Vermilloe weitere wesentliche Punkte ans Tageslicht. Sie gab an, den Angeklagten »schon einige Jahre« zu kennen. In Petersons Werkzeugkasten hatten sich vor drei Wochen noch zwei oder Hämmer befunden, doch innerhalb dieser Zeit waren sie verschwunden. »Der Kasten, der sie enthielt, war immer unverschlossen, und jeder im Hause hätte sie nehmen können. Er stand in dem gleichen Zimmer, in dem sich der Seesack des Angeklagten befand.« Als der Hammer präsentiert wurde, »schreckte Mrs. Vermilloe entsetzt und bestürzt zurück. Sie konnte nur mit größten Schwierigkeiten dazu bewegt werden, ihn genau anzusehen.« Doch dann sprang die Waschfrau auf:

Mrs. Rice unterbrach das Verhör und sagte, ihre kleinen Söhne könnten den Hammer eindeutig identifizieren, da sie oft gehört habe, wie sie einen Hammer mit abgebrochener Spitze beschrieben, mit dem sie auf dem Hof vor dem Haus ihrer Tante spielten. Es wurde nach den Jungen geschickt. Während der Abwesenheit des Boten bat der Angeklagte, erklären zu dürfen, warum das Hemd, das er der Wäscherin am Freitag vor zwei Wochen gegeben hatte, zerrissen und blutverschmiert gewesen sei. Er gab an, an diesem Abend in dem Haus, in dem er wohnte, gegen elf Uhr ohne seine Jacke und Weste getanzt zu haben. Dieses Vergnügen sei durch den Nachtwächter beendet worden. Er habe sich so unzureichend gekleidet ins »Royal Oak« zurückgezogen, um den Musikern einen auszugeben. Im »Royal Oak« sei er auf eine Gruppe Karten spielender irischer Kohlenträger getroffen, und sie hätten darauf bestanden, dass er mit ihnen spielte. Nach langem Zureden habe er sich einverstanden erklärt, und Schnaps im Wert von einem Shilling verloren. Er habe sich dann endgültig zurückziehen wollen, als zwischen ihm und einem der Iren ein Streit ausgebrochen sei. Der Ire habe ihn am Kragen gepackt, den er zerriss, und habe ihn auf den Mund geschlagen, wodurch seine Lippe geplatzt sei. Von dieser Wunde stamme das Blut auf dem Hemd.
Die Friedensrichter forderten ihn auf, sich auf das Hemd zu beschränken, auf dem am letzten Donnerstag Blutflecken gefunden worden seien. Diese Aufforderung beachtete er nicht.

Die »Morning Post« beschreibt die Vernehmung der beiden nächsten Zeugen wie folgt:

Michael Cuthperson und John Harrison, die Zimmergenossen des Angeklagten im »Pear Tree«, sagten aus, dass der Angeklagte in der Nacht der Morde gegen ein Uhr morgens nach Hause gekommen sei. Cuthperson lag im Bett, schlief aber noch nicht. Der Nachtwächter kam um ein Uhr vorbei. Er war sicher, dass der Angeklagte sagte: »Mach um Gottes willen das Licht aus, oder es passiert was!« Aber er war nicht sicher, ob es der gleiche Morgen gewesen war, an dem die Marrs ermordet wurden.[5] Harrison ging gegen zwölf Uhr ins Bett und wachte auf, als der Angeklagte nach Hause kam, doch nahm er keine Notiz von dem Angeklagten. Sie schliefen alle im gleichen Zimmer.

Dann wurde der Hammer gebracht. Harrison glaubte, dass er aussah, wie der, mit dem die Kinder im Hof gespielt hatten.

Nun erschien der elfjährige William Rice. Er betrat aufgeregt den Gerichtssaal. Seine Aussage war wichtig. Kinder, besonders Jungen, sind normalerweise ausgezeichnete Zeugen. Sie haben scharfe Augen, ein unfehlbares Gedächtnis für alles, was sie interessiert, und da sie die irrationalen Zweifel und geteilten Loyalitäten, die ältere Menschen beeinflussen können, noch nicht kennen, sind ihre Aussagen für gewöhnlich unvoreingenommen und frei von Selbstzweifeln. William war ein solcher Junge. Als er den Zeugenstand betrat, brach Mrs. Vermilloe so heftig in Tränen aus, dass sie des Saals verwiesen werden musste. Mrs. Vermilloes Hysterie muss sehr zur Dramatik der Situation beigetragen haben, aber sie kann den Friedensrichtern die Erfüllung ihrer Pflicht schwerlich erleichtert haben. Doch William zeigte sich wenig beeindruckt von der Not seiner Tante. Die Friedensrichter schauten ihn streng, aber wohlwollend an, und bevor sie ihm den Hammer zeigten, forderten sie ihn listig auf, diesen zu beschreiben. Das tat er, wobei er auch die abgebrochene Spitze erwähnte. Dann wurde ihm das

---

[5] Entweder der Zeuge oder der Reporter hat die beiden Morde durcheinander gebracht. Aus der ersten Vernehmung von Williams geht hervor, dass sich der Vorfall mit der brennenden Kerze auf die Nacht der Morde an den Williamsons bezog.

Werkzeug gezeigt. Das Kind hob es achtlos auf, wog sie in der Hand und betrachtete es mit einem Ausdruck, den die »Morning Post« als »gefasste Unschuld« beschrieb. Die Friedensrichter fragten ihn, ob dies der gleiche Hammer sei, mit dem er und sein Bruder gespielt hätten. Er bejahte die Frage. Er habe ihn etwa einen Monat lang nicht gesehen, aber er sei sicher, dass es der Hammer sei, mit dem er Zimmermann gespielt habe – »und ich bin sicher, dass mein Bruder das Gleiche sagen würde«.

William Rice war der letzte Zeuge, der vernommen wurde. Es war inzwischen sehr spät, in dem voll gestopften Gerichtssaal herrschte drückende Hitze, und die Friedensrichter, die sich leise miteinander berieten, entschieden, dass es an der Zeit sei, die Anhörung zu vertagen. Der Angeklagte versuchte in diesem Moment, etwas zu sagen, aber die »Morning Post« berichtet, dass »die erste Frage, die er stellte, so geartet gewesen sei, dass er aufgefordert wurde, davon abzulassen«.

Was wird John Williams gesagt haben, dass sich die Friedensrichter veranlasst fühlten, ihn zum Schweigen zu bringen? Schrie er eine Anschuldigung gegen jemanden heraus, von dem die Richter der Ansicht waren, dass er über jeden Verdacht erhaben war? Hatte er sich durch Müdigkeit und die fortgeschrittene Stunde zu einer Beleidigung oder zu trotzigem Verhalten verleiten lassen – oder durch seine Frustration angesichts der Tatsache, dass er nicht wusste, was für Beweise gegen ihn vorlagen? Wir werden es nie erfahren. Er wurde ins Coldbath Fields Gefängnis zurückgebracht. Der Gerichtssaal leerte sich, Kutschen wurden herbeigerufen und Pferde von den Stallknechten zum Eingang geführt. Die Armen Wappings schlossen sich für ihren Heimweg in der Dunkelheit zu Gruppen zusammen, sprachen über die Zeugenaussagen und stellten ängstliche Vermutungen über die Zukunft an. Die Friedensrichter begaben sich zu einem späten Abendessen in ihre Häuser, in der tröstlichen Gewissheit, dass sie an diesem Abend gute Arbeit geleistet hatten. Und am nächsten Tag war Weihnachten.

VI
Das Weihnachtsfest

Im Jahr 1811 erschien die »Times« wie üblich auch am Weihnachtstag. Sie kostete sechseinhalb Pence – heute wären das vierzig Pence – und für diesen Preis erhielt der Leser vier bedruckte Seiten mit jeweils fünf Spalten. Von den am 25. Dezember 1811 veröffentlichten zwanzig Spalten nahm der Anzeigenteil elf ein, eineinhalb weitere füllte ein zorniger Brief von einem gewissen Publicos, der eine Weihnachtsaufführung der Terenz-Komödie »Adrian« an der Westminster School mit einem Schwall lateinischer Ausdrücke in der Luft zerriss, weitere anderthalb Spalten nahmen Depeschen von James Monroe aus Washington ein, ferner gab es eine kurze Depesche von Wellington von der Iberischen Halbinsel, und in einer Spalte wurde von einem in Dublin von den Katholiken Irlands für die Freunde der Religionsfreiheit veranstaltetes Abendessen berichtet. Es gab nur zwei Schlagzeilen. Die erste lautete »Nottingham, 22. Dezember«. Der dazugehörige Artikel über den Aufruhr der Ludditen war eine viertel Spalte lang. Der Artikel zur zweiten Schlagzeile »Morde in der New Gravel Lane« nahm zwei volle Spalten ein und enthielt die am Heiligen Abend vor den Friedensrichtern geäußerten Zeugenaussagen. Vielleicht war das gut so, denn anderenfalls hätten die verschiedenen Behörden im ganzen Land, die begierig Hinweise sammelten und Zeugen befragten, keine Möglichkeit gehabt, zu erfahren, was im Zentrum der Ereignisse, in Shadwell, geschehen war.

In den Nachrichtenspalten der »Times« wird das Weihnachtsfest mit keinem Wort erwähnt, nur in den Anzeigen tauchen einige Bezüge auf. T. Bish bot mit dem Slogan »Die Zahl der Lose ist begrenzt, doch Preise gibt es viele« Lotterielose mit der Aussicht auf einen Gewinn von zwanzigtausend Pfund als Weihnachtsgeschenke an. Ein Buchhändler in der Paternoster Row bat, »dem

145

Adel, dem Land und der allgemeinen Öffentlichkeit« bekannt
geben zu dürfen, dass »kürzlich die folgenden kleinen Bücher
zur Zerstreuung und Erziehung der Jugend im Druck erschienen
sind ...« Es wurden auch zahlreiche patentierte Medikamente
angeboten, und diskret stand in der linken unteren Ecke der
letzten Seite zu lesen:

Currie & Co. bemühen sich mit unverminderter Hingabe um die Aus-
merzung jener Erkrankungen, die durch verbotene Genüsse hervor-
gerufen werden. Indem sie sich zur Behandlung dieser Beschwerden
bekennen, verführen sie nicht zum Laster, sondern sind sich, wie alle
vernünftigen Menschen, der Existenz derartiger Kalamitäten bewusst
und bieten als in London und am Royal College of Edinburgh ordnungsgemäß ausgebildete Ärzte ihre Hilfe an. Bei einer Infektion mit Syphilis
und bei Erschöpfungszuständen, seien sie auf zerstörerische Gewohnheiten, lange Aufenthalte in warmem Klima, ein freies Leben oder
andere Ursachen zurückzuführen, kann der Patient auf eine rasche
Wiederherstellung seiner Gesundheit und Vitalität vertrauen.

Bezeichnender war in der Weihnachtswoche jedoch diese auf-
fallend platzierte Anzeige:

Gewehre, Pistolen, Büchsen etc. – Zum Verkauf zu etwa der Hälfte des
ursprünglichen Preises, mehrere schöne Gewehre mit doppeltem oder
einfachem Lauf von Maston und den besten Herstellern, Holsterpisto-
len oder Musketen und alle anderen Kaliber, Büchsen mit oder ohne
Bajonett, Entermesser und Säbel sowie Taschenpistolen aller Art mit
zwei bis vierzehn Schuss. Alle Waffen mit Garantie. Probeschießen
oder Umtausch innerhalb von zwölf Monaten. Große Mengen besten
Pulvers aus Dartfort, ebenso Feuersteine und alle Arten von Schießaus-
rüstung.

1811 war Weihnachten noch eher ein religiöses als ein kommer-
zielles Fest. Es gab keine Weihnachtskarten, und obwohl es von

alters her Sitte war, die Häuser mit Efeu und Lorbeer zu dekorieren, hatte noch niemand in England die deutsche Tradition übernommen, Bäume mit Kerzen zu schmücken. Das von Addison und Smollet (ein Jahrhundert bevor Dickens Weihnachten »erfand«) beschriebene althergebrachte Weihnachtsfest hatte sich in den ländlichen Regionen erhalten, und der Landadel, der in jüngster Zeit Häuser in London bezog, versuchte, etwas von der Tradition der Gastfreundschaft aufrechtzuerhalten. Das Hauptaugenmerk lag auf großen Mengen von Speisen und Getränken, obwohl patriotisch gesinnte Männer in diesem Jahr ihren Beitrag zum Sieg über Napoleon leisteten, indem sie keine französischen Weine tranken. Die Gefängnisinsassen wurden nicht vergessen. Auf Anweisung des Bürgermeisters sollten die Häftlinge in der Stadt »nach alter Väter Sitte je ein Pfund Rindfleisch, einen halben Liter Bier und einen halben Laib Brot« erhalten. Der »London Chronicle« berichtet:

Völlerei – Am Donnerstagmorgen wettete ein wandernder Webergeselle in Bethnal Green um einen lächerlichen Betrag, innerhalb einer Stunde vier Pfund fetten, rohen Speck, vier Pfund gekochte Kartoffeln und einen halben Laib Brot essen und zwei Krüge Bier und einen halben Liter Gin trinken zu können. Er schaffte es in sechs Minuten weniger als der vereinbarten Zeit. Kurz darauf wurde er jedoch von heftiger Übelkeit erfasst. Es ist nicht zu erwarten, dass er überlebt.

Den Armen und Hungernden, die in den Slums von Wapping und Shadwell zusammengepfercht lebten, bescherte dieses Weihnachtsfest nichts als Angst und Elend. Die Statistik der Todesursachen in den Londoner Gemeinden für die letzte Woche des Jahres 1811, in der Schüttelfrost, Kuhpocken, Läusebefall, Grippe, Französische Pocken, Harngrieß, Kummer, Maulsperre und Krätze aufgeführt sind, ist ein drastisches und groteskes Dokument der Gebrechen dieses Zeitalters. Sie wurde veröffentlicht, um den Hof und den Adel vor gefährlichen Epidemien und Infektionskrankheiten zu warnen, und die Angesprochenen konnten sich angesichts der Zahlen schwerlich beruhigt fühlen. In diesem Jahr wurden achtundsechzig Todesfälle wegen Schwindsucht und zehn aufgrund von Pocken verzeichnet. Die meisten Toten waren die üblichen Opfer von Krankheit, Armut, Unwissenheit und Vernachlässigung. Die Fußnote zu der Tabelle jedoch ließ an diesem Weihnachtstag die Herzen gefrieren: »Ermordet – drei Personen in St. Paul's, Shadwell«.

Die Panik brodelt noch immer dicht unter der Oberfläche. Die »Times« berichtet:

In Greenwich brach am Weihnachtstag während des Gottesdienstes eine Massenpanik aus. Am schlimmsten erfasste sie die Menschen in der Kirche. Während der Geistliche die Litanei las, riefen die Alarmtrommeln zu den Waffen. Die Versammelten wurden von Schrecken und Entsetzen überwältigt, jeder zitterte um seine Freunde und sein Zuhause, in der Angst, dass sich die Mörder in der Gegend herumtrieben. Die ersten Augenblicke der Überraschung und ängstlichen Fragen waren kaum vorbei, als der Küster in der Kirche aufstand und durch ein gebieterisches »O ja! O ja!« Ruhe schaffte. »Ich möchte bekannt geben, dass der Kommandant der River Fencibles[6] befiehlt, jeder Mann habe sich auf seinen Posten zu begeben, um dort seine Pflicht zu erfüllen.« Das Entsetzen hatte seinen Höhepunkt erreicht, die einzige Frage war, ob die Franzosen gelandet waren oder Meuchelmörder durch die Stadt tobten und plünderten. Alle rannten aus der Kirche, und in dem Gedränge wurden einige verletzt, aber niemand ernsthaft. Es stellte sich heraus, dass eine größere Gruppe betrunkener Iren einen Streit angefangen hatte, doch es war nur schwer festzustellen, ob untereinander oder mit den Stadtbewohnern, denn es schien diese Leute nicht sonderlich zu interessieren, mit wem sie sich anlegten, solange sie eine Prügelei anzetteln konnten. Sie hatten jeden niedergeschlagen und beleidigt, der ihnen über den Weg lief. Die River Fencibles nahmen, nachdem sie eingerückt waren, etwa fünfzehn der Rädelsführer in

Gewahrsam und sperrten sie auf einem Tenderschiff ein. Die anderen hielten es für klüger, sich zu zerstreuen.

Eine Panik unter so gewöhnlichen Leuten ließ Whitehall unberührt. Das Innenministerium weigerte sich, den Vorfall überhaupt zur Kenntnis zu nehmen. Wegen eines oder zweier Morde mehr oder weniger im turbulenten Ostteil der Stadt hob niemand auch nur eine Augenbraue. Was die aktuellen Zeitungsberichte im Hinblick auf Massenmorde betraf, so waren diese so wild, dass sie mit an Sicherheit grenzender Wahrscheinlichkeit übertrieben, vermutlich sogar vollständig aus der Luft gegriffen waren. Im Ministerium ging das Gerücht um, dass die ganze Sache ein geschickt eingefädelter Betrug war, den sich Journalisten hatten einfallen lassen, um ihre Auflagen zu steigern. Verbrechen in einem derartigen Ausmaß waren von vornherein unwahrscheinlich. Zumindest würde sich das Innenministerium kein X für ein U vormachen lassen. So jedenfalls wurde über Ryders gleichgültige Behörde geredet. »Man hört«, beschwerte sich die »Times« am zweiten Weihnachtstag, »dass die im Büro des Innenministers herrschende Arroganz so groß ist, dass veröffentlichte Berichte diskreditiert und wie Possen zur Unterhaltung oder Verunsicherung der Allgemeinheit behandelt werden.«

Wie es sich auch immer verhalten haben mag, das Ministerium arbeitete am Weihnachtstag wie sonst auch, und Ryder hielt seine achtzehn Büroangestellten auf Trab. Was sein Stab auch sagen mochte, zumindest er begann, seine Verantwortung ernster zu nehmen. Zwei Wochen lang war er von Korrespondenten landauf, landab beschworen worden, effiziente Maßnahmen zur Reform der Polizei zu ergreifen, und die Stimmung in London war aufgeheizt. Ein ehrgeiziger Politiker musste jetzt unbedingt etwas tun. Ryder

[6] Die River Fencibles waren eine Art von Garde zur Bemannung der Martello Towers im Falle einer Invasion. Der Dienst bei den River Fencibles war sehr beliebt, da er die Möglichkeit bot, den regulären Dienst in der Marine zu umgehen.

redete mit Beckett, dem Staatssekretär, und ließ sich schließlich wie viele Minister vor und nach ihm überzeugen, dass jede voreilige Handlung ein Fehler wäre. Zunächst sei es angemessen, sich über die Fakten zu informieren: Wie viele Schutzleute waren in den zahlreichen Gemeinden der Hauptstadt tatsächlich beschäftigt, wie viele zusätzliche Gemeindepatrouillen waren rekrutiert worden und wie viel wurde ihnen tatsächlich bezahlt? Also erging eine dementsprechende Anordnung – der Minister wünschte die unverzügliche Versendung eines Fragebogens an alle sieben Friedensgerichte.

Dann geriet irgendwo in den unteren Chargen der Sinn der Anfrage in Vergessenheit. Vielleicht traf sie während der Weihnachtsfeier des Büros ein, und keiner erkannte den Zweck des Fragebogens oder bemühte sich, ihn herauszufinden. Doch einer der älteren Angestellten konnte sich erinnern, dass diese Angaben schon einmal angefordert worden waren – 1804 war das gewesen, oder? Eine rasche Überprüfung der Karteien bestätigte das Datum. Die Zahlen mussten noch irgendwo in der Behörde registriert sein. Doch am Weihnachtstag hatte niemand Lust, in der Registratur nach sieben Jahren alten Dokumenten zu suchen. Es war sicher vernünftiger, die Arbeit zu delegieren und die Schreiber der Friedensrichter zu bitten, Duplikate zu schicken. Also wurde pflichtschuldig ein auf den 25. Dezember 1811 datiertes Rundschreiben an die sieben Friedensgerichte abgeschickt, worin auf ein Schreiben vom 19. November 1804 verwiesen wurde, gefolgt von der Aufforderung, »zu Mr. Ryders Information ohne Verzögerung ein Duplikat der Antworten der Behörde auf das vorstehend genannte Schreiben« zu übersenden. Die Schreiber der Friedensrichter, die diese Anforderungen erhielten, waren notwendigerweise ahnungslos und uninformiert. Sie durchforsteten, nachdem sie zu der vernünftigen Einsicht gelangt waren, dass es weniger anstrengend sei, der Aufforderung nachzukommen, als zu protestieren, ihre Archive und kopierten in ihrer sauberen Kanzleischrift sorglich die Namen und Adressen lange vergessener und inzwischen teilweise mit Sicherheit verstorbener Nachtwächter. Erst am zweiten Weihnachtstag, als die Antworten nach und nach eintrafen, wurde eilig ein weiteres Rundschreiben abgefasst, das Auskunft über die Zahl der *gegenwärtig* beschäftigten Nachtwächter und Polizisten forderte. Beide Anfragen wurden von Beckett unterzeichnet, doch im zweiten Rundschreiben wurde das erste nicht widerrufen, und so schickten die Friedensrichter gehorsam zwei Antwortschreiben zurück, von denen eines seit sieben Jahren überholt war. Was die Ermittlungen in den Mordfällen betraf, waren die aktuellen Informationen ebenso nutzlos wie die alten.

Der »London Chronicle«, der ein sehr feines Gespür für die allgemeine Stimmung bewies, widmete am Weihnachtstag die gesamte erste Seite dem Thema der hauptstädtischen Polizei. Die jüngsten Mordfälle »schreien förmlich nach einer tief greifenden Reform« des Systems. Die Nachtwächter und Schutzleute würden nicht persönlich verantwortlich gemacht. Sie seien Opfer eines für die Erfordernisse einer Großstadt lächerlich unzureichenden Systems, einer Großstadt, »in der Leute aller Schichten und jedes Grads menschlicher Verkommenheit ebenso wie Gewalttätigkeit in jeder Form und Gestalt zu finden sind …, in der gerade die Fortschritte und Vorteile einer zivilisierten Gesellschaft dem Aufruhr der Gefühle Vorschub leisten, in der Geschöpfe anzutreffen sind, bei denen moralische Empfindungen niemals geweckt wurden und die Gott nicht kennen, die die Ewigkeit nicht fürchten, die nach den Prinzipien Kains, des ersten Mörders, erzogen wurden und ihre Hand gegen jeden erheben.« Der Autor erinnert an die Befürchtungen, die sich regten, als die Friedensgerichte 1792 gegründet wurden, jedes mit seinem eigenen kleinen Kontingent von Polizisten, dass nämlich die Polizei bereits »hinreichend neugierig sei und sich ausreichend einmische und dass ohne eine Beschneidung der Freiheit des Einzelnen keine Ausweitung ihrer Macht möglich sei«. Dieses Risiko musste nun eingegangen werden, und zwar dringend. »Soll ein Mann sich beruhigt mit seiner Familie zur Ruhe begeben können, oder sollen die Menschen nachts in ihren Betten von der Angst vor mitternächtlichen Mördern gequält und ihre Ruhe durch blutige Alpträume gestört werden?«

Viele Londoner stellten sich diese Fragen und beantworteten sie alsbald recht praktisch. Wenn weder die Regierung noch die Gerichte sie beschützten, würden sie sich eben selbst schützen. Seit dem Wochenende, an dem der Schock über die Morde an den Williamsons erst wirklich durchgedrungen war, hatten sich die Männer mit Säbeln, Pistolen, Entermessern und allem bewaffnet, das sie in die Finger bekommen konnten. Es war eine spontane Reaktion, und sie entsprang einer langen Tradition in einem Land ohne Polizei, in dem in unruhigen Zeiten Selbsthilfe oft die einzige Hilfe war, auf die man bauen konnte. Es gab bereits etwa fünfhundert freiwillige Vereinigungen zur gegenseitigen Verteidigung ihrer Mitglieder, und eine dieser Vereinigungen, die 1794 in Barnet gegründet worden war, galt als eine Art Vorbild. Sie beschäftigte mehrere »Polizeibeamte«, die in der Gegend patrouillierten, um Diebe in andere Gemeinden zu jagen. Die folgende Notiz war ein typisches Beispiel für viele solcher Zettel, die an die Türen der Kirchen und Kneipen Londons genagelt wurden:

An die Bewohner der Long-Alley und der umliegenden Straßen
In diesen für jeden friedlichen Einwohner der Stadt so beunruhigenden Zeiten, in denen MÖRDER ganz ungehindert ihr Unwesen treiben wie die Räuber in den Wäldern Deutschlands, in denen die kürzlich vorgefallenen brutalen und grausamen Massaker deutlich zeigen, dass Bestien unter uns sind, die selbst von den unzivilisiertesten Nationen nicht übertroffen werden, in denen die Liste der Raubüberfälle, die täglich von unserer Polizei bekannt gegeben werden, so lang ist, dass sie eine Herausforderung an das Gesetz darstellt, und in denen wir hören müssen, wie ein Coroner erklärt: »Unsere Häuser sind nicht mehr unsere Festung!«, sind wir dringend aufgerufen, selbst für die Sicherheit unserer Familien und unseres Eigentums zu sorgen.
Am nächsten Freitag findet aus diesem Grund pünktlich um sieben Uhr

abends ein Treffen bei Mr. Bull im Castle, Long-Alley statt, um Maßnahmen zu beschließen und dieselben in die Tat umzusetzen. Die
Einwohner werden dringend gebeten teilzunehmen.

24. Dezember 1811

Am Morgen des Weihnachtstages versammelten sich die Einwohner von Shadwell, um ihre eigene Vereinigung zu gründen. Sie
verfassten eine Resolution, in der sie dem Gemeindevorstand für
das prompte Angebot einer Belohnung nach den »jüngsten brutalen Morden in der New Gravel Lane« dankten, die Nachtwächter
für »vollständig unzureichend« erklärten und eine Patrouille von
»sechsunddreißig gesunden Männern von tadellosem Charakter«
aufstellten, die in zwei Kompanien von jeweils achtzehn Mann
aufgeteilt werden sollte. Sie sollten mit Pistolen und Entermessern
bewaffnet werden und pro Woche zwölf Shilling erhalten. Bei
Nichterscheinen sollten sie den Friedensrichtern vorgeführt werden. Beide Kompanien sollten jede Nacht Dienst tun und einander
um Mitternacht ablösen. Einer der Sachwalter, der ernannt wurde,
um die Bewaffnung der Patrouille zu überwachen, war George
Fox, der gegenüber dem »King's Arms« wohnte und Anderson geholfen hatte, die Tür aufzubrechen. Fox war ein lokaler Held und
in der Gemeinde hoch angesehen. Er war Verwalter der Universal
Medical Institution in der New Gravel Lane, einem Wohltätig-
keitsverein, der den Armen in einer Apotheke oder in ihren eigenen Häusern Beratung, Medikamente und »die Segnungen von
kalten sowie warmen Bädern und von Dampfbädern« zukommen
ließ und einen erheblichen Beitrag zur Linderung des Elends der
besitzlosen Kranken leistete. Selbstverständlich musste er nun
eine führende Rolle bei der Verteidigung der Gemeinde spielen.
Die Friedensrichter waren am Weihnachtstag jedoch ebenfalls
nicht untätig. Am Morgen suchte ein Stadtratsmitglied namens
Wood den Richter Capper auf und überbrachte, wie der »London
Chronicle« berichtet, »Nachrichten von größter Wichtigkeit«. Am
gleichen Nachmittag schleppten die beiden ein grausiges Paket ins

Gefängnis von Newgate, das den Hammer und die bei den Williamsons gefundene Brechstange enthielt. Vermilloe sollte zum zweiten Mal zu den beiden Gegenständen vernommen werden. Mrs. Vermilloe war bereits dort, um ihren Mann über das Weihnachtsfest im Gefängnis hinwegzutrösten. Beide wurden, wie die »Times« vom folgenden Tag berichtet,

einer sehr gründlichen Vernehmung unterzogen, deren Ergebnis ein Hinweis war, der die Morde aufklären helfen könnte. Mrs. Vermilloe, die am Donnerstagabend vom Anblick des Zimmermannshammers so mitgenommen war, dass ihre Aussage wenig aussagekräftig war, gab dem würdigen Stadtrat unumwunden die entscheidende Auskunft bezüglich des Inhabers dieses blutverkrusteten Werkzeugs. Es stellte sich heraus, dass der in Haft genommene Verdächtige noch einen anderen Namen als Williams verwendete und dass er kein Schotte ist, wie er den Friedensrichtern des Gerichts von Shadwell gegenüber behauptete, sondern ein Ire. Weitere Dinge kamen ans Licht, die der Öffentlichkeit allerdings aus verständlichen Gründen noch vorenthalten werden müssen, bis eine weitere Vernehmung des Gefangenen durch die Friedensrichter des Gerichts von Shadwell vorgenommen werden kann. Die Stadträte Mr. Wood und Mr. Atkins sprachen gestern im Amtshaus von Shadwell vor und konferierten dort zwei oder drei Stunden lang mit den Friedensrichtern über dieses Thema.

Mrs. Vermilloes Meinungsumschwung bei diesem Gespräch ist interessant. Sie hatte den Morgen mit ihrem Ehemann verbracht, und sie werden über wenig anderes als die Morde gesprochen haben. Er konnte sie offenbar davon überzeugen, wo ihrer beider Vorteil lag. Die in den Hammer gestanzten Initialen bewiesen zusammen mit William Rices Aussage eindeutig, dass die Waffe aus Petersons Werkzeugkasten stammte. Wenn sie auf Unklarheiten beharrte, konnte sie sich damit allenfalls verdächtig machen. Zudem ging es um eine beachtliche Belohnung, und Vermilloe sah keinen Grund, warum nicht wenigstens ein Teil davon ihm zugute kommen sollte. Es bestand kein Anlass, freiwillig Informationen herauszurücken, doch Tatsachen zu leugnen, die ohnehin für jeden offensichtlich waren, konnte die Friedensrichter nur verärgern und die Aussicht auf eine Belohnung gefährden. Unter dem Einfluss ihres Mannes überwand Mr. Vermilloe den Widerwillen, den der Hammer in ihr auslöste, und bestätigte seine Herkunft.

Der Reporter der »Times« interessierte sich für den Hammer, der Mann vom »London Chronicle« dagegen hatte inzwischen etwas über die Eisenstange in Erfahrung gebracht:

Die Unterredung war privat und dauerte bis vier Uhr nachmittags. Mr. Vermilloe sagte zu einem als Brechstange bezeichneten Werkzeug aus, das in dem in seinem Haus abgestellten Werkzeugkasten gefunden worden war. Wir müssen unsere Leser hier daran erinnern, dass diese etwa zwanzig Zoll lange Brechstange neben Mrs. Williamson gefunden wurde [sic] und dass es die gleiche ist, von der Mr. V. sagte, dass er sie sehr genau kenne. Mr. Vermilloe gab außerdem Auskunft über einen weiteren Mann, von dem er annimmt, dass er in die jüngsten, unmenschlichen Morde verwickelt ist. Die Friedensrichter wiesen die Beamten augenblicklich an, sich an die Verfolgung zu machen, der betreffende Mann wurde gestern bis spät in die Nacht intensiv gesucht, und wir können mit Freude bekannt geben, dass er zweifellos bald gefasst wird.

Soweit von offizieller Seite in Erfahrung gebracht werden konnte, waren nur zwei Männer an den beiden bestialischen Mordüberfällen beteiligt. Die Tatsache, dass Williams gesehen wurde, als er die Gasse neben Williamsons Haus hinaufrannte, nachdem Alarm geschlagen worden war, wird bei der nächsten Vernehmung von Williams wahrscheinlich von einem Mann namens Johnson bezeugt werden.

Hier zeichnete sich ein Fortschritt ab. Mr. Vermilloe hatte einen Hinweis auf einen weiteren Mann gegeben. Vermutlich wohnte auch er im »Pear Tree« oder hatte zumindest Zugang zu Petersons

Werkzeug. Vermilloe würde ihn problemlos identifizieren können, und die Aussichten auf seine Ergreifung konnten als ausgezeichnet bezeichnet werden. Die Polizeitrupps durchsuchten London bereits nach ihm. Es wurde davon ausgegangen, dass zwei Männer in die Morde an den Williamsons verwickelt waren. Angenommen, Williams war einer davon, musste der andere der große Mann sein, den Turner über Mrs. Williamsons Leiche gebeugt gesehen hatte – der gleiche Mann, der nach Johnsons Aussage, kurz nachdem Alarm geschlagen worden war, die New Gravel Lane hinauf zum Ratcliffe Highway gerannt war und der seinem kleineren Kumpan (Williams?) zugerufen hatte, »Mach schon, Mahoney (oder Hughey), beeil dich!«.

Aber so einfach war das nicht. Der mysteriöse Mann, von dem Vermilloe gesprochen hatte, musste erst noch gefunden werden. Und wie verlässlich war letztlich das Wort des Inhaftierten? Wenn nun Johnson, wie erwartet, Williams als einen der Männer identifizierte, die man die New Gravel Lane hatte hinaufrennen sehen, musste er der Kleinere von den beiden gewesen sein, und nach Johnsons Worten war dieser kleinere Mann von seinem Begleiter als Mahoney oder Hughey angesprochen worden. Keiner dieser Namen war mit John oder Williams zu verwechseln. Vielleicht gab es dafür eine einfache Erklärung: Es wurde nun behauptet, Williams sei in Irland und nicht in Schottland geboren, also konnte sein wirklicher Name einer der beiden sein, die Johnson gehört hatte. Doch selbst wenn das der Fall war, blieb noch eine weitere Frage ungeklärt: Vorausgesetzt, es waren zwei Männer an dem Mord an den Williamsons beteiligt gewesen und es handelte sich um die gleichen, die man zum Ratcliffe Highway hatte hinaufrennen sehen, was war dann mit der auf dem Lehmwall hinter dem »King's Arms« entdeckten Fußspur? Was war mit dem offenen Fenster und dem Blut auf dem Fensterbrett? Wer immer über die Rückseite des Hauses entkommen war, wäre sicher niemals so dumm gewesen, noch einmal um das Haus herumzulaufen, wo die Menge zusammenströmte, um Turners dramatische Flucht zu verfolgen. Waren es also vielleicht drei Mörder? Oder könnte es sein, dass die beiden Männer, die Johnson gesehen hatte, gar nicht in die Sache verwickelt waren?

Aaron Graham hatte inzwischen einen Teil des Weihnachtstags über dem Fall verbracht und die Aktivitäten eines weiteren Iren überprüft, diesmal eines Mannes mit dem verdächtigen Namen Maloney. Konnte er einer der Männer sein, die Johnson gesehen hatte? Früh am Morgen hatte er einen Brief von Kapitän Taylor von der Fregatte »Sparrow« erhalten, die vor Deptford lag. Taylor berichtete, dass Maloney vor ein paar Tagen auf dem Schiff angeheuert habe und der Beschreibung eines der Mörder entspreche – er sagte nicht, welchem er gleichen solle. Graham schickte den Polizeibeamten Baçon los, um den Mann festzunehmen und nach London zu bringen. Die beiden trafen gegen Abend ein. Da Weihnachten war, blieb das Gericht geschlossen, und Graham verhörte den Gefangenen in seinem Haus, das neben dem Gericht lag. Er war von Maloneys Geschichte nicht sehr überzeugt und ließ ihn über Nacht in ein Wachhäuschen sperren.

Das Wetter war an diesem Weihnachtsfest schön, aber kalt. Die Temperaturen stiegen den ganzen Tag kaum über den Gefrierpunkt und lagen um elf Uhr abends bei vier Grad unter null. Vom Fluss her breitete sich eine durchdringende Kälte über Wapping aus, passend zur Stimmung zahlloser verängstigter Familien, die sich auf der Suche nach etwas Wärme und Sicherheit in dem düsteren Dschungel im Schatten der großen Dockmauer zusammendrängten und die nur ein Gedanke beschäftigte: War Williams der einzige Mörder? Wann würde er hängen? Würde er allein hingerichtet oder mit anderen? Was für ein Schauspiel das sein würde, die großartigste Hinrichtung, seit Patch zur Strecke gebracht worden war, die großartigste aller Zeiten.

Die Friedensrichter in ihren großen, gut bewachten Häusern dagegen konnten anfangen, sich zu entspannen. Da John Williams sicher im Gefängnis von Coldbath Fields hinter Schloss und Riegel saß, Maloney in einem kleinen Wachhäuschen eingesperrt war,

Driscoll sich sicherheitshalber noch immer hinter Gittern befand und Vermilloe bereit war, alles zu sagen, um nur aus Newgate herauszukommen, konnten sie sich an diesem Abend gemütlich zu einem wohlverdienten Weihnachtsessen niederlassen und für ein oder zwei Stunden die Schrecken der vergangenen vierzehn Tage aus ihren Gedanken verbannen. Vielleicht konnten manche von ihnen tatsächlich für eine Weile alles vergessen, doch zumindest einer bekam den Fall nicht aus dem Kopf. Wann immer er sich an diesem Tag auf die Straße gewagt hatte, war er von zornigen, verängstigten Menschen belagert worden, die wissen wollten, warum nichts geschah; und selbst jetzt, um elf Uhr abends, patrouillierten bewaffnete Männer in langen Wintermänteln durch die frostigen Straßen. Der Druck, der auf den Friedensrichtern lastete, wurde unerträglich, vor allem für einen Mann, der zufällig auch noch Maler, Reimeschmied, Romancier und Dramatiker war: Er hieß Joseph Moser und stand dem Gericht in der Worship Street vor. Mit dreiundsechzig hatte er sich längst von der Malerei ab- und dem Verfassen »zahlreicher politischer Pamphlete, Dramen und Prosawerke zugewandt, die«, wie ein gewissenhafter Mitautor des »Dictionary of National Biography« eingestehen musste, »nur eine vorübergehende Popularität genossen«. Seine Pflichten als Friedensrichter erfüllte er dennoch »mit Hingabe und Sachverstand«. Diese Hingabe demonstrierte Moser nun in einem Schreiben an das Innenministerium, das die vielsagende Überschrift trägt:

Spital Square, 25. Dezember 1811, 11 Uhr abends

Verehrter Herr,

ich habe heute Abend Ihr Rundschreiben erhalten und, wie sie sehen werden, keine Zeit verloren und Ihnen zur Information des Herrn Ministers Ryder das »Duplikat des Antwortschreibens des Amts in der Worship Street bezüglich der Anzahl der in diesem Distrikt beschäftigten Nachtwächter und Gemeindeschutzleute auf einen Brief von J. Kong Esq. vom 19. November 1904« zugesandt, das, wie ich hoffe, das

angeforderte Dokument ist und das ich froh bin, Ihnen zugehen lassen zu können, da die Menschen hier äußerst erregt sind, sodass ich nicht vor die Tür treten kann und mit Anfragen förmlich bombardiert werde, ob die Mörder gefasst sind. Mir wurden zahlreiche verdächtige Personen vorgeführt, doch ich habe sie nach gründlichen Vernehmungen gehen lassen. Ich habe wegen eines Mannes namens Bonnet [alias Bailly] an den Bürgermeister von Norwich geschrieben, den ich von meinen Beamten aus Chestnut hierher überstellen ließ, doch als sie dort eintrafen, mussten sie feststellen, dass er sich gerade im Gefängnis erhängt hatte. Ich habe den starken Verdacht, dass dieser Mann etwas mit den jüngsten Morden zu tun hatte. Obwohl nach meinen Beobachtungen jeder in diesem Distrikt sehr verunsichert ist, ist alles völlig ruhig. Unsere Beamten patrouillieren in den Straßen, überprüfen jede Nacht die Gasthäuser und erstatten mir selbstverständlich Bericht, doch gleichzeitig wünschte ich, wir könnten wirksamere Mittel einsetzen, um die Angst einzudämmen. Doch selbst in diesem Fall müssten wir bei der Durchführung sehr sorgfältig vorgehen, anderenfalls könnten wir die Unruhe steigern, die wir unterdrücken wollen.
Mit der größten Hochachtung,
Ihr ergebener Diener,
Joseph Moser

Am nächsten Tag, dem zweiten Weihnachtstag, war es nach wie vor kalt, und Graupelschauer setzten ein. Die Friedensrichter ordneten an, die Feuer im Gerichtsgebäude gut zu schüren, da sie einen weiteren langen Tag mit zahlreichen Verhören erwarteten – ganz gewiss den letzten vor einem Schuldspruch gegen Williams wegen vielfachen Mords. Fünf Zeugen waren vorgeladen worden, und ein sechster, sicher ein Hauptzeuge, wurde ungeduldig aus Marlborough erwartet. Außerdem hatte sich eine Frau namens Orr, die neben dem »Pear Tree« wohnte, freiwillig mit einer außergewöhnlichen Geschichte gemeldet, die Williams mit einem dritten Brecheisen in Verbindung zu bringen schien. Nicht zuletzt dank Vermilloes Hilfe hatte es den Anschein, als ob sich die

Puzzlesteine in diesem Fall nun zügig zusammensetzen lassen wollten. An diesem Morgen berichtete die »Times«:

Das Geheimnis, das die Verbrecher in diesen Mordfällen lange Zeit umgab, scheint nun über kurz oder lang gelüftet werden zu können. In den letzten achtundvierzig Stunden wurde eine Reihe wichtiger Tatbestände aufgedeckt. Im Laufe des gestrigen Morgens gingen im Polizeirevier von Shadwell Informationen aus Marlborough in Wiltshire ein, gemäß denen von den Friedensrichtern ein Mann von auffälliger Erscheinung unter höchst verdächtigen Umständen festgenommen wurde. Er wird als außergewöhnlich groß geschildert und entspricht genau der Beschreibung des Mannes, der gesehen wurde, als er unmittelbar nach dem Mordalarm zusammen mit einem kleineren Mann die Gravel Lane hinaufrannte. Seine Kleidung wurde untersucht, und auf einem der Hemden wurde eine beträchtliche Anzahl Blutflecken gefunden. Das Hemd selbst war an der Brust und am Kragen stark zerrissen. Weitere Umstände sind ans Licht gekommen, die versprechen, jeden weiteren Zweifel an seiner Identität auszuräumen. Es wurde ein Briefwechsel zwischen ihm und dem bereits in Haft befindlichen Mann gefunden, der beide eindeutig mit den schockierenden Verbrechen in Verbindung bringt. Die Friedensrichter haben zwei Polizisten nach Marlborough geschickt, von wo gegen Abend ihre Rückkehr mit dem Gefangenen zu erwarten ist.

Die Geduld der Friedensrichter muss auf eine harte Probe gestellt worden sein, als sie auf diesen nächsten Übeltäter warteten, denn bei ihm dürfte es sich ohne jeden Zweifel um den großen Mann gehandelt haben, der unmittelbar nach den Morden an den Williamsons beobachtet worden war, als er die New Gravel Lane zum Ratcliffe Highway hinaufrannte. Alles deutete darauf hin: seine Größe, die Beschreibung, das blutige, zerrissene Hemd und vor allem der Briefwechsel mit dem Gefangenen. Inzwischen mussten die Routineuntersuchungen fortgesetzt werden. Die Polizisten, die den »Pear Tree« durchsucht hatten, hatten noch einen weiteren Verdächtigen festgenommen, der dort wohnte. War dies auf einen weiteren Tipp von Vermilloe hin geschehen?

John Frederick Richter, ein junger ausländischer Seemann, der im »Pear Tree« wohnte, in dem auch John Williams lebte, wurde von Butler und Holbrook festgenommen.

Die gegen ihn vorgebrachten Verdachtsmomente beruhten auf einer blauen Hose, die in feuchtem Zustand unter seinem Bett gefunden worden war und aussah, als sei von den Knien abwärts mit mäßigem Erfolg Schlamm herausgewaschen worden. Als der Gefangene aufgefordert wurde, diesen Umstand zu erklären, gab er an, die fragliche Hose sei von einem Mann im »Pear Tree« zurückgelassen worden, der auf Fahrt gegangen sei. Da niemand Anspruch auf sie erhoben habe, habe er sie zur eigenen Verwendung an sich genommen. Er wisse nichts von dem Schlamm auf ihr. Niemand habe sie angefasst, seit sie in seinem Besitz sei, und obwohl er zugab, sie ausgebürstet zu haben, leugnete er, sie je gewaschen zu haben. Anschließend wurde er gründlich zu Williams befragt. Er gab an, Williams seit etwa zwölf Wochen zu kennen, jedoch nicht näher. Er habe nie außerhalb des Hauses mit ihm getrunken und sich nur gelegentlich im »Pear Tree« mit ihm unterhalten. Im Haus befinde sich ein Werkzeugkasten, der einem Ausländer namens John Peterson gehöre. Unter den Werkzeugen befänden sich einige Zimmermannshämmer, von denen er in den vergangenen drei Wochen keinen gesehen habe. Darauf wurde ihm der in Mr. Marrs Haus gefundene Hammer gezeigt, und er sagte, dass er genauso aussehe wie der, den er unter Petersons Werkzeug gesehen habe. Peterson habe seine Werkzeuge mit den Initialen J. P. markiert, und er sei überzeugt, dass es derselbe sei, den er im »Pear Tree« gesehen habe. An Williams' Akzent hatte er nicht erkannt, dass dieser Ire war, doch er hatte gehört, dass andere Leute dies behaupteten. Er erinnerte sich, dass Williams drei oder vier Tage vor seiner Festnahme einen Backenbart getragen habe, er habe jedoch keine Veränderung in seinem Gesicht festgestellt, als er ihn das letzte Mal gesehen habe. In der Nacht der Morde an

Mr. Williamson und seiner Familie[7] habe er kurz vor ein Uhr ein Klopfen an der Tür gehört, und später sei ihm gesagt worden, es sei Williams gewesen. Er habe nie gehört, dass Williams seine Vermieterin gebeten habe, ihm sechs Pence zu leihen. Er habe Williams aufgrund seiner Erscheinung nicht für einen Matrosen gehalten, doch er habe gehört, dass er an Bord der »Roxburgh Castle«, eines Handelsschiffs der Ost- oder Westindischen Gesellschaft, gearbeitet habe. Er habe auch gehört, dass der Kapitän dieses Schiffs bemerkt habe, Williams würde, wenn er je wieder an Land ginge, sicher gehängt werden. Dies sei eine Anspielung auf seinen schlechten Charakter gewesen, der sich an Bord des Schiffs gezeigt habe.

Der Zeuge schien die an ihn gerichteten Fragen während der gesamten Vernehmung nur höchst widerwillig zu beantworten, und man hatte den Eindruck, er wolle Informationen, über die er verfügte, zurückhalten. Die Friedensrichter ermahnten ihn, vorsichtig zu sein mit dem, was er sagte, und ermutigten ihn, ohne Furcht vor drohenden Konsequenzen die Wahrheit zu sagen. Er schwieg jedoch weiter zu einigen Fragen, die ihm gestellt wurden.

Der »Morning Chronicle« veröffentlichte weitere Passagen aus Richters Zeugenaussage:

Als er ausführlich zu seinen Kenntnissen über zwei Personen – einen Zimmermann und einen Schreiner (deren Namen, obwohl sie dem Gericht bekannt sind, aus verständlichen Gründen nicht genannt wurden), die Bekannte von Williams sein sollen – vernommen wurde, sagte er aus, er habe sie vor etwa drei oder vier Wochen im »Pear Tree« mit Williams trinken sehen und sie seither gelegentlich ohne Williams dort getroffen. In der Nacht der Morde an der Familie Marr habe es einige Minuten, bevor Williams nach Hause kam, an der Tür geklopft, und er

---

[7] Dies scheint der Irrtum eines Reporters zu sein, der die beiden Fälle durcheinander brachte. Der »Morning Chronicle«, der im nächsten Absatz zitiert wird, lässt keinen Zweifel daran, dass hier auf die Nacht der Morde an den Marrs Bezug genommen wird, was erheblich wahrscheinlicher scheint.

(der Vernommene) sei hinuntergegangen, um sie zu öffnen. Er habe festgestellt, dass der Schlüssel abgezogen worden war. Er habe die Mutter von Mrs. Vermilloe, der Vermieterin, herbeigerufen, sie solle kommen und die Tür öffnen. Als er sie herunterkommen hörte, sei er in sein Zimmer gegangen. Von dort aus habe er sie mit einem Mann reden gehört, den er der Stimme nach für einen der beiden zuvor Genannten gehalten habe. Einige Minuten später sei Williams selbst hereingekommen. Dies sei um fast halb zwei Uhr gewesen.

Am Tag nach den Morden an der Familie Marr sei der Zeuge gegen elf Uhr aus Neugier zu deren Haus gegangen und habe die Leichen gesehen. Von dort aus sei er zum »Pear Tree« zurückgekehrt, wo er Williams im Hinterhof beim Waschen seiner Socken angetroffen habe, doch er habe Williams nicht erzählt, wo er gewesen sei. Als er von den Friedensrichtern gefragt wurde, warum er es Williams nicht erzählt habe, antwortete er, das wisse er nicht und könne es nicht sagen.

Auch John Frederick Richter wurde in Haft behalten, da er nicht in der Lage war, den Schmutz an seinen Hosen und ihren feuchten Zustand zu erklären. Als Nächstes wurden die beiden Iren Cornelius Hart und Jeremiah Fitzpatrick, der Zimmermann und der Schreiner, auf die der letzte Zeuge angespielt hatte (und die in dem Verdacht standen, mit Williams an dem Morden beteiligt gewesen zu sein), in den Zeugenstand gerufen. Hart sagte aus, er habe Williams erst vor etwa vierzehn Tagen kennen gelernt und nie Bier mit ihm getrunken, nur zwei Gläser Gin. Die Friedensrichter fragten den Zeugen, warum er Williams einige Tage vor den Morden an den Marrs im »Pear Tree« aufgesucht habe, und erhielten die Antwort, dass der Zeuge ausgegangen sei, um etwas zu trinken, dass er sein gesamtes Geld ausgegeben habe, dass seine Frau ihm die Tür nicht geöffnet habe und dass er deshalb zu Williams gegangen sei.

Richter wurde zurückbeordert, um die Aussage Harts, er habe nie Bier mit Williams getrunken, zu widerlegen, doch er sagte, es hätte ebenso gut Gin sein können. Richter fügte hinzu, dass er

Hart, Fitzpatrick und Williams am Sonntag nach dem Mord an den Marrs zusammen gesehen habe. Einer von ihnen sei anschließend erneut aufgetaucht, um sich nach Williams zu erkundigen, habe aber nicht gebeten, sein Kommen zu verschweigen. Williams sei häufig erst sehr spät nach Hause gekommen.

Fitzpatrick sagte aus, er habe vor etwa drei Wochen mit Williams Bekanntschaft geschlossen, als sie zusammen Bier getrunken hätten. Dies sei das erste Mal gewesen, dass er etwas mit der Sache zu tun gehabt habe. Auf die Frage, was er »mit der Sache« meinte, antwortete er, er meine Williams. Einige Zeit später seien er, Williams und ein weiterer Mann ins »Union« in der New Gravel Lane (zwei oder drei Häuser neben dem der Williamsons) gegangen und hätten etwas Sampson oder starken Gin getrunken. Der Zeuge gab an, Williams zwischen den Morden an den Marrs und den Williamsons aufgesucht zu haben, bestritt jedoch, je den Wunsch geäußert zu haben, dies geheim zu halten. In der Nacht der Morde an den Marrs sei er (der Zeuge) um halb zwölf Uhr abends zu Bett gegangen.

Die Friedensrichter zogen sich zum Tee zurück und setzten am Abend ihre Vernehmungen fort. Die »Times« berichtet:

John Cuthperson, ein Zimmergenosse von Williams, berührte einen Punkt von entscheidender Wichtigkeit. Er gab an, dass er, als er am Morgen nach dem Mord an Mr. Williamson aufstand, ein Paar seiner eigenen Socken stark mit feuchtem Schlamm verschmutzt hinter seiner Kiste gefunden habe. Er habe sie in den Schankraum hinuntergetragen, wo er Williams angetroffen und ihn gefragt habe, wer die Socken so verdreckt habe. Williams habe gesagt: »Warum, sind das deine?«, und der Zeuge habe geantwortet: »Sie gehören mir.« Dann sei ein kleiner Streit um die Besitzverhältnisse ausgebrochen. Williams habe sie daraufhin in den Hinterhof getragen, den Schmutz herausgewaschen und sie dem Zeugen zurückgegeben.

Eine Frau aus der Stadt kam hinzu und berichtete, dass sie zwei oder drei Abende nach dem Mord an Mr. Williamson in Shadwell gestanden und gehört habe, wie ein Mann im Vorbeigehen zu einem anderen gesagt habe: »Dieser verdammte Turner. Der wird bald erledigt, denn ohne ihn wären die Morde nicht entdeckt worden.«

Wie die »Times« berichtet, nahmen die Friedensrichter die Zeugenaussage dieser Frau »auf die leichte Schulter«, doch im Verlauf der Verhöre dieses Tages wurde ein Umstand aufgedeckt, der Aufschluss über die Aufrichtigkeit eines früheren Zeugen gibt:

Die Aussage von Cornelius Hart, der am Morgen vernommen worden war, dabei jede Bekanntschaft mit Williams geleugnet und ausdrücklich abgestritten hatte, ihn am Tag seiner Verhaftung aufgesucht zu haben, und der gebeten hatte, seinen (Harts) Besuch zu verschweigen, wurde indirekt widerlegt. Es scheint, dass er, obwohl er nicht selbst erschien, seine Frau schickte, um festzustellen, ob Williams wegen Mordverdachts festgenommen worden sei, und ihr auftrug, die Besitzerin der Herberge hinsichtlich seiner (Harts) Anfrage zum Stillschweigen zu verpflichten.

Es war bereits spät, als die letzten Zeugen hereingerufen wurden. Der Mann aus Marlborough war noch nicht eingetroffen, daher hatten die Richter Zeit, Mrs. Orr anzuhören. Diese Frau, berichtet der »London Chronicle«, besaß ein Kerzengeschäft am Sir William Warren's Square, das zwei Häuser vom Pear Tree Court entfernt und direkt neben dem »Pear Tree« lag.

Mrs. Orr gab an, dass sie am Samstag vor den Morden an den Marrs um etwa halb ein Uhr morgens Wäsche aufgehängt habe. Da habe sie ein Geräusch am Haus gehört, als ob ein Mann versuchte, in das Haus einzubrechen. Sie habe Angst bekommen und gefragt: »Wer ist da?« Eine Stimme, die sie als die von Williams erkannte, habe geantwortet: »Ich bin ein Räuber.« Sie habe geantwortet: »Ob Sie ein Räuber sind oder nicht, ich werde Sie hereinlassen, und ich freue mich, Sie zu sehen.« Williams sei eingetreten und habe sich gesetzt, bis der Nachtwächter um zwei Uhr die volle Stunde ausrief. Williams habe sich aus seinem Stuhl erhoben und die Dame gefragt, ob sie ein Glas trinken wolle. Sie sei einverstanden gewesen, doch da er nicht habe ausgehen wollen, sei sie zum »Pear Tree« gegangen, um etwas zu holen, jedoch nicht mehr eingelassen worden. Als sie zurückgekehrt sei, habe Williams sie gefragt, wie viele Zimmer ihr Haus habe und wie es in ihrem Hinterhof aussehe. Sie habe geantwortet, dass es drei Zimmer habe und dass ihr Hof an Mrs. Vermilloes Haus angrenze. Der Nachtwächter sei ins Haus gekommen, was Williams eine Zeit lang zu verhindern versucht habe. Der Nachtwächter habe Mrs. Orr gesagt, dass er ein Stemmeisen neben ihrem Fenster aufgelesen habe. Williams sei bei dieser Mitteilung unbeobachtet hinausgelaufen und gleich darauf zurückgekommen. Der Nachtwächter sei gegangen, und Williams habe ihn aufgehalten und gebeten, zum »Pear Tree« zu gehen und etwas Schnaps zu holen. Die Haustür sei solange offen gewesen. Während der Nachtwächter fort gewesen sei, um den Schnaps zu holen, habe Williams das Stemmeisen aufgehoben und gesagt: »Ich traue meinen Augen nicht, wo haben Sie dieses Stemmeisen her?« Mrs. Orr rückte es nicht raus und behielt es bis letzten Montag. Als sie hörte, dass Williams vernommen wurde, ging sie zu Mrs. Vermilloe und zeigte ihr das Stemmeisen. Mrs. Vermilloe sah es an und verglich es mit dem Werkzeug in Petersons Kasten. Es trug die gleiche Markierung. Sie erklärte, dass es aus ihrem Haus gestohlen worden sei. Mrs. Orr brachte das Stemmeisen als weiteres Beweisstück in dem Mordfall unverzüglich zu den Friedensrichtern des Gerichts von Shadwell.

Mrs. Orr gab an, Williams seit elf Wochen zu kennen. Er habe häufig ihr Kind gehütet und mit ihrer älteren Tochter gescherzt. Er habe einmal gefragt, ob sie sich fürchten würde, wenn er mitten in der Nacht an ihr Bett käme. Die Tochter habe geantwortet: »Nein, bestimmt nicht, wenn Sie es sind, Mr. Williams.« Sowohl die Mutter als auch die Tochter hielten Williams für einen reizenden jungen Mann mit sehr einnehmenden Manieren und hätten nie für möglich gehalten, dass er fähig wäre, zu rauben oder zu morden.

Schließlich wurde Sylvester Driscoll aus dem Gefängnis von Coldbath Fields gebracht. Die Friedensrichter teilten ihm mit, dass seine Aussage bezüglich der in seinem Besitz befindlichen Alkoholika nun hinreichend bestätigt sei, dass er jedoch in Haft bleiben würde, bis er eine überzeugende Erklärung für das Blut auf seiner Hose liefern könne. Dementsprechend wurde Driscoll bis zum folgenden Dienstag erneut ins Gefängnis überstellt.

Damit war die Untersuchung für den zweiten Weihnachtstag beendet. Und was hatte man zu diesem Zeitpunkt gegen Williams in der Hand?

Er wohnte im »Pear Tree« und hatte seit einigen Wochen freien Zugang zu John Petersons Werkzeugkasten. Eines dieser Werkzeuge, der Zimmermannshammer, stammte aus dieser Kiste, und er war als der Gegenstand identifiziert worden, mit dem die Marrs ermordet worden waren. Es gab eine Zeugenaussage, die besagte, dass Williams in der Nacht der Marr-Morde nicht vor Mitternacht nach Hause gekommen war. Richter hatte angegeben, es sei halb zwei Uhr gewesen. Er war des Öfteren im »King's Arms« beim Trinken gesehen worden und hatte zugegeben, in der Nacht, in der die Williamsons ermordet wurden, dort gewesen zu sein. In dieser Nacht war er um Mitternacht oder später nach Hause gekommen und hatte einen seiner Zimmergenossen gebeten, seine Kerze zu löschen. Am nächsten Tag hatte er ein Paar schmutziger Socken ausgewaschen, die er sich offensichtlich von Cuthperson geborgt hatte. Es war ausgesagt worden, dass er vor den Morden an den Williamsons so abgebrannt gewesen sei, dass er sich sechs Pence von Mrs. Vermilloe habe leihen und seine Schuhe verpfänden müssen. Später hatte er eine Pfundnote und ein paar Silbermünzen in der Tasche gehabt. Mrs. Rice hatte seine zerrissenen und blutigen Hemden gewaschen. Mrs. Orr war mit einer seltsamen Geschichte angekommen, die Williams mit einem dritten Stemmeisen in Verbindung brachte.

Nach der Überprüfung der Zeugenaussagen schickten die drei Friedensrichter von Shadwell eine kurze Notiz an den Innenminister:

Sie werden in den Zeitungen von den Vernehmungen eines gewissen Williams gelesen haben, die in diesem Gericht stattgefunden haben. Sie sind ziemlich genau wiedergegeben, daher halten wir es für überflüssig, die Einzelheiten zu wiederholen. Morgen findet eine weitere Vernehmung statt, und obwohl vieles gegen ihn spricht, sind wir noch nicht sicher, ob er sich als der gesuchte Mann erweisen wird. Wir bitten die Kürze dieser Nachricht mit unserer extremen Belastung zu entschuldigen.

Dieser Brief ist interessant. Er bestätigt, dass die Zeitungsberichte über die Verhandlung korrekt waren, ein wesentlicher Punkt, weil die tatsächlichen Protokolle nicht erhalten sind. Und er besagt eindeutig, dass der Fall am Abend des zweiten Weihnachtstages noch lange nicht abgeschlossen war. Bei ihrem Gespräch über die Beweisstücke muss den Friedensrichtern aufgefallen sein, wie dürftig und widersprüchlich die Indizien waren. Sie hatten John Williams verhört und sein Verhalten auf der Anklagebank beobachtet. Wir wissen nicht, welchen Eindruck er auf sie machte, doch es ist ausschlaggebend, dass sie am Ende seiner letzten Vernehmung keineswegs von seiner Schuld überzeugt waren. Aber es wartete ein neuer Tag, weitere Vernehmungen würden folgen. Und die Richter erwarteten zuversichtlich die Ankunft des Mannes aus Marlborough.

An diesem Abend einigten sich die Friedensrichter auf eine neue Taktik. Sie beriefen für den nächsten Morgen um zehn Uhr eine Sitzung im Gerichtsgebäude von Shadwell ein. Mallet, der Schreiber, wurde angewiesen, den Zimmermannshammer und alle drei Stemmeisen bereitzuhalten. John Williams und Richter sollten aus ihren Zellen im Gefängnis in Coldbath Fields gebracht werden, Williams vermutlich zum letzten Mal vor seiner Überstellung ans Gericht. Und inzwischen war praktisch jeder, der mit dem Fall zu tun hatte, für die Sitzung am folgenden Tag vorgeladen worden. Mrs. Vermilloe wurde aus dem »Pear Tree« herbeizitiert, diesmal mit zwei von ihren Mietern: Harrison und Cuthperson. Nachforschungen hatten die Namen der von Williams bevorzugten Kneipen ergeben, und die Besitzer von zweien von ihnen wurden aufgefordert, sich einzufinden. Der eine, Robert Lawrence vom »Ship and Royal Oak«, würde in der Lage sein, über die Auseinandersetzung Auskunft zu geben, von der Williams behauptet hatte, sie habe eines seiner blutigen Hemden zur Folge gehabt. Der andere, Mr. Lee vom »Black Horse« in der New Gravel Lane, lebte gegenüber von Williamson, hatte Turners Flucht gesehen und war bei der Gruppe gewesen, die sich einen Zugang zum »King's Arms« verschafft und die Leichen gefunden hatte. Außerdem hatte Coroner Unwin im »Black Horse« die zweite Verhandlung durchgeführt. Schließlich wurden zwei Männer vorgeladen, von denen man annahm, dass sie Williams Freunde waren: erneut Jeremiah Fitzpatrick zusammen mit einem neuen Zeugen, einem Kohlenträger namens John Cobbett.

Es ist offensichtlich, dass sich die Friedensrichter in diesem Stadium ganz und gar auf John Williams konzentrierten. Sie glaubten vermutlich, dass es vielversprechender sei, sich mit ihrem Hauptverdächtigen zu befassen, statt die öffentliche Anhörung durch die Einbeziehung anderer zu komplizieren, gegen die ein weniger starker Verdacht bestand. Einige von diesen befanden sich in Haft, beispielsweise Sylvester Driscoll. Man würde durch die Verzögerung also nichts riskieren. Im Übrigen warteten die Richter noch immer auf den Mann aus Marlborough. Es war zweckmäßig, die Vernehmung aller möglichen Komplizen aufzuschieben, bis er in der Stadt eingetroffen war. Und wenn die Verhandlung am Morgen wie erwartet verlief, bestand jeder Grund zu hoffen, dass Williams ihnen helfen würde, indem er seine Komplizen verriet, entweder bei seiner Überstellung oder während seiner anschließenden Haft. Bei einem Bandenmord bedeutete die Ergreifung eines Täters unweigerlich die Ergreifung von allen. Die wichtigste Aufgabe war in diesem Moment, sich Williams vorzunehmen.

Zwei Männer müssen ganz besonders froh gewesen sein, dass die Aufmerksamkeit der Friedensrichter so ausschließlich auf einen anderen gerichtet war. Einer von ihnen war der Zimmermann Cornelius Hart, der für Pugh gearbeitet und die Änderungen an Marrs Schaufenster vorgenommen hatte. Er hatte jede Freundschaft mit Williams abgestritten, obwohl sich später herausstellte, dass er seine Frau mit dem zweifelhaften Auftrag in den »Pear Tree« geschickt hatte, sich zu erkundigen, ob Williams verhaftet worden sei. Der andere, über den in der Gegend viel geredet wurde, war ein großer kräftiger Mann, von dem behauptet wurde, er hinke. Bisher war er in den Zeitungen nicht erwähnt worden, doch in Wapping war er unter dem Namen Long Billy bekannt. Mehr als einen Monat später nannten sowohl der Premierminister als auch der Innenminister im Unterhaus seinen Namen: William Ablass.

VII
Der Schuldspruch von Shadwell

Am nächsten Morgen nahmen die drei Friedensrichter zeitig ihre Plätze auf dem erhöhten Podest unter dem königlichen Wappen ein. Der Gerichtssaal war bereits überfüllt. Die für wichtige Besucher reservierten Sitze, die wie von Holzwänden umschlossene Kirchenbänke aussahen, waren gedrängt voll. Im Treppenhaus des Gerichtsgebäudes wogte unruhig eine zusammengepferchte Menschenmenge, während sich immer noch ein Zuschauer mehr hereinquetschte. Jedermann wusste, dass diese Vernehmung von Williams entscheidend sein würde und dass eine große Zahl von Zeugen vorgeladen worden war, die nun darauf warteten, aufgerufen zu werden. Alle Beweisstücke waren zusammengetragen worden, und der blutverschmierte Hammer und die drei Stemmeisen (oder war eines davon vielleicht eine eiserne Brechstange?) waren an gut sichtbarer Stelle ausgestellt.

Vor dem Gerichtsgebäude stampften die Leute mit den Füßen auf die Pflastersteine, die mit einer ersten dünnen Schneeschicht bedeckt waren. Sie warteten ungeduldig auf die Kutsche, mit der John Williams aus dem Gefängnis in Coldbath Fields gebracht werden sollte. Im Inneren lauschten die Schaulustigen, die am nächsten bei der Tür standen, erwartungsvoll auf das Geräusch der Räder. Die Friedensrichter sprachen leise miteinander. Der Zeitpunkt, zu dem der Gefangene eintreffen sollte, war bereits überschritten.

Doch als das Gericht schließlich das unterdrückte Summen der Erregung hörte, das seine Ankunft ankündigte, und die Tür sich endlich öffnete, gab sie den Blick nicht auf die erwartete Gestalt von John Williams frei, gefesselt und in Ketten, sondern es erschien nur ein einsamer Polizist. Er trat zu den Friedensrichtern und teilte ihnen mit, was er zu sagen hatte: Der Gefangene war tot, gerichtet durch eigene Hand. Als die Ausrufe der Überraschung und Enttäuschung abgeflaut waren, wollten die Friedensrichter die Einzelheiten erfahren, die rasch erzählt waren. Der Tote war entdeckt worden, als der Aufseher in Williams' Zelle gegangen war, um ihn auf sein Erscheinen vor Gericht vorzubereiten. Der Gefangene hing am Hals von einem Eisenbalken herab, der durch die Zelle lief und auf dem die Häftlinge ihre Kleider aufhängen konnten. Der Leichnam war bereits kalt und leblos. Mantel und Schuhe hatte er ausgezogen. Es hatte keine Vorwarnung gegeben. Williams hatte halbwegs fröhlich gewirkt, als der Wärter am Abend zuvor seine Zelle abgeschlossen hatte, und er hatte zuversichtlich und hoffnungsvoll von seiner baldigen Entlassung gesprochen.

Während im Gerichtssaal alle möglichen Fragen herumschwirrten, berieten sich die Friedensrichter leise miteinander. Ihre Entscheidung war rasch gefällt. Die Verhöre würden fortgesetzt. Es war nun nicht mehr möglich, so zu tun, als ob dies eine unvoreingenommene Untersuchung wäre. Williams hatte sich selbst schuldig gesprochen. Die Aufgabe des heutigen Tages würde darin bestehen, Zeugenaussagen anzuhören, die seine Schuld formell bestätigten. Wie die »Times« es am nächsten Tag formulierte, »fuhren die Friedensrichter fort, die Zeugenaussagen zu überprüfen, mit denen sie ihn endgültig zu überführen gedacht hatten«.

Mrs. Vermilloe, die Wirtin des »Pear Tree« und offensichtlich eine Schlüsselzeugin, wurde als Erste aufgerufen. Am Dienstag war sie zusammengebrochen, als man ihr den Hammer gezeigt hatte, und war unfähig gewesen, ihn eindeutig als den zu identifizieren, der sich in Petersons Werkzeugkasten befunden hatte. Dann, am Weihnachtstag, hatte sie »eine schlüssige Aussage« zu seiner Identifizierung gemacht. Bei dieser Gelegenheit war sie jedoch im Gefängnis von Newgate in Anwesenheit ihres Mannes privat vernommen worden. Natürlich war es wünschenswert, dass sie die Identifizierung des Zimmermannshammers noch einmal öffentlich bestätigte. Doch außerhalb des Einflussbereichs ihres Mannes wurden ihre Aussagen wieder vage. Der »London Chronicle« berichtet:

Mrs. Vermilloe wurde von den Friedensrichtern sehr ausführlich darüber befragt, was sie über den tödlichen Hammer wisse. Sie behauptete, ihn vor dem vergangenen Montag nicht vermisst zu haben. Sie könne auch absolut nicht mit Sicherheit sagen, ob es einer von denen sei, die John Peterson gehörten. Sie schien nicht gewillt, ihn zu identifizieren, und wurde von den Friedensrichtern gefragt, ob sie, als ihr Ehemann in Newgate angegeben habe, dass es der fragliche Hammer sei, denn nicht ausgerufen habe: »Du lieber Gott, warum sagt er das?« Sie stritt den Ausruf zunächst ab, doch als ein Zeuge aufgerufen wurde, der zugehört hatte, räumte sie ein, dies oder etwas Ähnliches gesagt zu haben.

Hatte Mrs. Vermilloe einfach Angst? War sie bedroht worden? Oder hatte sie etwas zu verbergen? Es war wichtig, in Erfahrung zu bringen, seit wann sie Williams im Verdacht hatte und aus welchem Grund:

Das erste Mal, dass in ihr der Verdacht aufgekommen war, Williams könne etwas mit einem der Morde zu tun haben, war, als ein junger Mann namens Harris *[sic]*, der ebenfalls in Williams Zimmer schlief, ihr ein Paar Socken zeigte, die ihm gehörten und in extrem verschmutztem Zustand hinter eine Truhe gestopft worden waren. Der Dreck reichte bis ungefähr zwei Zentimeter unter den Bund. Als sie die Socken näher betrachtete, sah sie deutlich die Abdrücke von zwei blutigen Fingern am oberen Rand. Sie hatte dann einen Mann namens Glass gebeten, einen Blick darauf zu werfen. Da er die Flecken für Blutflecken hielt, riet er Mrs. Vermilloe, Williams aus dem Haus zu werfen.

Diese Neuigkeit war eine Sensation. Die Friedensrichter wollten wissen, warum sie etwas derart Wichtiges bei ihrer ersten Vernehmung verschwiegen habe. Die Zeugin zögerte. War sie von Williams eingeschüchtert worden?

Sie gab zu, dass sie befürchtet habe, er oder einer seiner Bekannten würden sie ermorden.
Frage: Davor müssen Sie sich nun nicht mehr fürchten. Sie wissen, was mit ihm geschehen ist. Haben Sie gehört, dass er sich selbst erhängt hat?
Mrs. V.: (Sehr bewegt und erschrocken) Lieber Gott! Ich hoffe nicht!
Frage: Wieso hoffen sie, dass es nicht so ist?
Mrs. V.: (Nach einer Pause) Es täte mir sehr Leid, wenn er leiden musste, obwohl er unschuldig war.

Wie viel wusste Mrs. Vermilloe? Was verschwieg sie? Sie war bestimmt keine sehr intelligente Frau und stand offensichtlich stark unter dem Einfluss ihres Mannes. Er hatte ihr klar gemacht, wie wichtig es war, nichts zu sagen, das ihre Aussicht auf eine Belohnung gefährden konnte. Zudem gedachte sie, die Gentlemen für sich einzunehmen, indem sie ihnen genau das erzählte, was sie hören wollten – hätte sie nur gewusst, was. Sie wollte auch den Ruf ihres Hauses schützen, selbst denen gegenüber, die kaum ihre Ansicht geteilt hätten, dass es einen schützenswerten Ruf besaß. Eines war ihr jetzt klar: John Williams war tot. Nichts, was sie sagen oder verschweigen würde, konnte ihm noch helfen. Also zögerte sie in ihrer Unwissenheit und Angst, verwirrt durch die wiederholten Vernehmungen und deutlich erkennbar am Rande der Hysterie, suchte Ausflüchte und verschlimmerte das Durcheinander nur. Die Friedensrichter bedrängten sie erneut wegen ihres ersten Verdachts gegen Williams, und sie erzählte wieder eine andere Geschichte. Es war also doch nicht Harrisons Entdeckung der verschmutzten Socken gewesen.
Die Entdeckung des mit J. P. markierten Zimmermannshammers war das Erste, was sie dazu veranlasste, Williams des Mordes an den Marrs zu verdächtigen. Die Zeugin wiederholte dann die

bereits erwähnten Umstände der Entdeckung des Stemmeisens an Mrs. Orrs Fenster, die ihren Verdacht erhärteten.

Die weiteren Fragen bezogen sich auf den Umgang und die Bekannten von Williams. Sie gab an, dass er außer gelegentlich einigen Schiffskameraden keine Bekannten gehabt habe. Er habe die Angewohnheit gehabt, in sämtliche Kneipen zu gehen und sich sehr vertraulich zu benehmen, doch es sei ihr nie aufgefallen, dass er Freunde gehabt habe. Als er vor etwa drei Monaten auf der »Roxburgh Castle« aus Indien zurückgekehrt sei, habe er ihrem Mann dreißig Pfund anvertraut, die zum Zeitpunkt der Morde noch nicht vollständig ausgegeben gewesen seien.

Nun wurden die Socken und Schuhe vorgezeigt, die Williams in der Nacht der Morde getragen haben soll. Die Socken schienen gewaschen worden zu sein, doch die Blutflecken waren nicht völlig verschwunden. Die Schuhe waren ebenfalls gewaschen worden.

Williams hatte die Angewohnheit, einen sehr großen Backenbart zu tragen, und am letzten Samstagabend sei ihr zum ersten Mal aufgefallen, dass er ihn abrasiert hatte. Danach habe sie ihn scharf beobachtet und das Gefühl gehabt, er habe Angst, sie anzusehen. Die Morde wurden oft in seiner Gegenwart erwähnt, und obwohl er zuvor sehr gesprächig gewesen sei, bemerkte sie, dass Williams sich jedes Mal aus dem Raum und in den Durchgang schlich und zu belauschen schien, was sie sagten. Eines Tages habe jemand ihm gegenüber bemerkt, dass die Morde an den Williamsons eine sehr erschreckende Sache seien. »Ja«, habe er gesagt, »wirklich schockierend«, dann habe er das Gespräch abgebrochen.

Die Zeugin begann, sich etwas wohler zu fühlen und offener zu reden. Deshalb unternahmen die Friedensrichter einen weiteren Versuch, sie zur Identifizierung des Hammers zu bewegen: Der Hammer, die Brechstange und die beiden Stemmeisen wurden nun vor die Zeugin gebracht, damit sie sie, soweit möglich, identifizieren konnte. Doch sie schreckte entsetzt vor den todbringenden Werkzeugen zurück. Alles, was sie sagen konnte, war, dass sie einen ähnlichen Hammer im Haus ihres Mannes gesehen habe. Die Friedensrichter versuchten es daraufhin auf andere Weise.

Frage: Wie lange war Williams bereits zu Hause?
Mrs. V.: Ungefähr zwölf Wochen. Er kam am 2. Oktober heim.
Frage: Haben Sie davon gehört, dass vor etwa zwei oder drei Monaten ein Portugiese am Ende der Old Gravel Lane erstochen wurde?
Mrs. V.: Ja.
Frage: War Williams damals schon zu Hause?
Mrs. V.: Ja.
Frage: Haben Sie irgendjemanden behaupten hören, dass Williams an der Ermordung dieses Manns beteiligt war?
Mrs. V.: Das kann ich nicht mit Sicherheit sagen.

Alles, so scheint es, sollte nun dazu dienen, den Charakter des Toten möglichst schwarz darzustellen, doch in dieser Hinsicht war wenig aus Mrs. Vermilloe herauszuholen. Sie lieferte jedoch drei weitere Anhaltspunkte, die für den Fall von Bedeutung sein konnten.

Nach der Festnahme von Williams hat ein Zimmermann namens Trotter vorgesprochen, um sich nach ihm zu erkundigen, und gesagt, er würde bald entlastet werden. In der Nacht der letzten Morde hat Williams der Zeugin mitgeteilt, dass Williamson am nächsten Tag seinen Bierbrauer bezahlen würde. Sie hatte gehört, dass Williams' Name John Murphy sei.

Mrs. Vermilloe verließ den Zeugenstand. Der nächste Zeuge war Robert Lawrence, der Wirt einer von Williams' Lieblingskneipen, dem »Ship and Royal Oak«. Er sagte, dass Williams an der Bar zu sitzen und sich sehr vertraut zu gebärden pflegte, dass ihm aber nie viel an dem Mann gelegen habe. Seine Tochter hingegen habe Williams gut gekannt. Folglich wurde das Mädchen, laut einem beeindruckten Journalisten der »Morning Post« »eine sehr interessante junge Dame«, aufgerufen:

Sie hatte Williams schon vor den Morden an den Marrs gekannt. Er hatte sie sehr für sich eingenommen. Nach den Morden hatte er häufig gesagt: »Miss Lawrence, ich weiß nicht, was mit mir los ist, ich fühle mich so unruhig.« Eines Tages kam er sehr aufgeregt ins Haus und sagte: »Ich glaube, es geht mir nicht gut. Ich bin unglücklich und finde keine Ruhe.« Miss Lawrence antwortete: »Williams, Sie wissen sicher am besten selbst, was Sie angestellt haben.« Er antwortete: »Nun, gestern habe ich ein gutes Abendessen mit Hühnchen gegessen und reichlich getrunken.« Miss Lawrence hatte sofort eingewandt: »Gutes Essen ist kein Grund, unglücklich zu sein«, worauf er sich zurückzog.

Miss Lawrence hatte hinter der Bar gestanden, als die Prügelei zwischen Williams und den irischen Kohleträgern ausbrach, die laut Williams eines der von Mrs. Rice gewaschenen zerrissenen und blutigen Hemden erklärte. Die »Times« berichtet:

Am Freitagabend vor einer Woche kam er ohne Mantel in ihr Haus und sagte, er suche die Polizei. Er war zu diesem Zeitpunkt ziemlich betrunken. Einige Leute in der Schankstube begannen, ihn aufzuziehen. Eine Schnupftabakdose wurde herumgereicht, in der sich mit Asche vermischter Schnupftabak befand. Er nahm davon und wollte dann den Mann schlagen, der ihm die Dose angeboten hatte, wurde jedoch durch jemandes Eingreifen daran gehindert. Es hatte keinen Kampf gegeben, und Williams war nicht verprügelt worden. Auch seine Lippe war nicht verletzt worden, wie er behauptet hatte, um das Blut auf seinem Hemd zu erklären. Er wurde weggeschickt, erschien jedoch eine halbe Stunde später wieder und benahm sich friedlich. Die Zeugin hatte Williams seit dem Sonntag vor einer Woche nicht mehr gesehen, nachdem sie ihn gebeten hatte, ihr Haus nicht mehr zu betreten.

Williams Erklärung, dass sein Hemd bei einer Kneipenschlägerei zerrissen und mit Blut befleckt worden sei, bezog sich auf das Hemd, von dem Mrs. Rice ausgesagt hatte, dass sie es vor den Morden an den Marrs gewaschen hatte. Er war offensichtlich nicht in der Lage, bei der Vernehmung den Zustand des zweiten Hemds zu erklären, vermutlich weil es, wie die Wäscherin aussagte, erheblich weniger blutbefleckt war. Mit Hilfe von Miss Lawrences Zeugenaussage sollte bewiesen werden, dass Williams ein Lügner war, indem sie eine Erklärung diskreditierte, die Williams in Wirklichkeit gar nicht abgegeben hatte. Es ist jedoch wahrscheinlich, dass gegen Ende ihrer Zeugenaussage niemand im Gericht, die Friedensrichter eingeschlossen, mehr wusste, um welches blutbefleckte Hemd es eigentlich ging.

Und so erhärteten sich ungeachtet der Verwechslungen und Ungereimtheiten in den meisten Zeugenaussagen nach und nach die Vorurteile gegen Williams. Nun kam ein weiterer Schlüsselzeuge: John Harrison, der Segelmacher, der im »Pear Tree« das Zimmer mit Williams geteilt hatte.

Er sagte aus, nie jemand anderen als den Zimmermann (Hart) in Williams Begleitung gesehen zu haben. Er habe gehört, dass dies der Mann war, der beim Umbau von Mr. Marrs Haus mitgearbeitet habe. Williams sei in der Nacht, in der die Familie Marr ermordet wurde, gegen halb ein Uhr nach Hause gekommen. Als der Zeuge am Morgen von den Morden gehört habe, habe er es Mrs. Vermilloe, der Wirtin, erzählt. Dann sei er nach oben zu Williams gegangen, um es ihm ebenfalls zu erzählen. Williams habe wie selbstverständlich geantwortet: »Das weiß ich.« Er lag noch im Bett und hatte das Haus an diesem Morgen zuvor nicht verlassen. Der Zeuge meinte, dass er möglicherweise gehört habe, wie er es der Wirtin erzählt hatte. An diesem Morgen sei Williams allein ausgegangen. Der Zeuge habe die Zeitung gelesen, die einen Bericht über die Morde im Hause Marrs enthalten habe, und als er die schmutzigen Socken hinter der Truhe gefunden habe, habe er Verdacht geschöpft. Er habe die Socken nach unten gebracht und sie Mrs. Vermilloe und mehreren anderen gezeigt. Aufgrund dieses Umstands und wegen des allgemeinen Verhaltens von Williams sei er völlig überzeugt, dass er mit den Morden zu tun gehabt habe. Williams habe dem Zeugen auch erzählt, dass er mit Mr. Marr gut bekannt sei. Eines Tages sei er mit Williams aus der Stadt zurückgekommen, und er habe ihm erzählt, dass Marr eine erhebliche Menge Geldes habe.

Als er ihm die schmutzigen Socken gezeigt habe, habe er sie in den Hinterhof getragen und zunächst einmal unter kaltem Wasser grob ausgewaschen, und als der Zeuge sie später gesehen habe, seien sie ziemlich sauber gewesen. Da der Zeuge im gleichen Zimmer schlief, hatte er Gelegenheit, Williams' Verhalten nach den Morden zu beobachten. Weil er den starken Verdacht hatte, dass er in sie verwickelt war, wartete er auf eine Gelegenheit, nach Blutflecken auf seiner Kleidung zu suchen. Seine Absichten wurden jedoch stets vereitelt, denn wann immer er versuchte, sich seinem Bett zu nähern, fand er ihn wach. Er wirkte immer unruhig, wälzte sich ununterbrochen in seinem Bett herum und schien erregt. Er hatte ihn im Schlaf sprechen gehört. In einer Nacht nach den Morden hatte er ihn im Schlaf sagen gehört: »Fünf Shilling in meiner Tasche – meine Tasche ist voller Silber.« Der Zeuge hatte ihn wiederholt angerufen: »Was ist los mit dir und was meinst du?«, doch er erhielt keine Antwort. Wenn Williams schlief, schien er nicht fest zu schlafen, sondern immer unruhig. Am Morgen nach den Morden an den Williamsons sah er ein Paar verdreckter Schuhe unter Williams' Bett. Der Zeuge hatte die ganze Zeit einen schlechten Eindruck von dem Gefangenen gehabt und stets eine Gelegenheit herbeigesehnt, Beweise gegen ihn zu finden.

Williams' zweiter Zimmergenosse, John Cuthperson, erzählte eine ähnliche Geschichte. An dem Donnerstag, bevor die Williamsons ermordet wurden, hatte Williams, so behauptete er, kein Geld, und am nächsten Morgen hatte er eine ganze Menge. Williams war in dieser Nacht ruhelos und sang im Schlaf: »Fol de rol de rol – Ich hab' fünf Shilling – meine Tasche ist voller Shillinge.« Wie Miss Lawrence erwähnte auch Cuthperson Williams' seltsames Geschwätz:

Williams redete unzusammenhängend im Schlaf. Der Zeuge rüttelte ihn wiederholt wach. Auf die Frage, was los sei, pflegte er zu antworten, dass er einen Alptraum gehabt habe. Nach dem Mord an den Williamsons erzählte Williams dem Zeugen eines Tages, wie schrecklich er sich fühle und dass er sehr krank sei. Der Zeuge riet ihm, zu einem Arzt zu gehen, und Williams antwortete: »Ach, das hat keinen Sinn, ich werde sowieso bald am Galgen baumeln.« Der Zeuge erinnerte sich nur an einen Fall, in dem Williams im Traum geredet und geschrien habe: »Lauf, lauf!« Er rief ihn dreimal an und fragte ihn, was los sei. Er glaubte, dass Williams aufgewacht sei, aber seine Antwort war merkwürdig.

Mr. Lee, der Wirt des »Black Horse«, das gegenüber dem »King's Arms« lag, war der nächste Zeuge. Er erinnerte sich, dass er in der Nacht der Morde an den Williamsons in seiner Tür gestanden, auf die Rückkehr seiner Frau und seiner Nichte aus dem Royalty Theatre gewartet und sich um ihre Sicherheit gesorgt hatte, weil er an die Marr-Morde denken musste. Da hörte er plötzlich die schwache Stimme eines Mannes, der rief: »Pass auf!« Sie schien aus Williamsons Haus zu kommen. Später hatte er angenommen, es sei die Stimme des alten Mannes gewesen. Sieben Minuten später sah er Turner an den zusammengeknoteten Bettlaken aus dem Fenster klettern. Er war einer der Männer gewesen, die die Falltür in den Keller aufgebrochen und die Leichen gefunden hatten. Der Zeuge sagte aus, er »glaube inzwischen sicher«, dass mehr als ein Mann an den Morden beteiligt gewesen seien. Auf die Frage nach den Namen von Williams' Freunden fiel ihm nur John Cobbett ein, der zum Zeitpunkt beider Morde im »Black Horse« im Bett lag. Er hatte, genau wie die anderen Zeugen, Gelegenheit gehabt, Williams' anbiedernde Art zu beobachten:

Er hatte die Gewohnheit, in die Kneipe zu kommen und sich zu benehmen, als wäre er zu Hause. Der Wirt hatte beobachtet, wie er sich gegen seine Frau drängte und ihre Taschen schüttelte, als wolle er feststellen, wie viel Geld sie bei sich trug. Einmal hatte er sich die Freiheit genommen, die Kasse zu öffnen und die Hand hineinzustecken. Der

Zeuge stellte ihn zur Rede und sagte, dass er es nicht dulde, dass irgendjemand außer seiner Familie an der Kasse herumspiele. Er hatte nie ernsthaft über den Zwischenfall nachgedacht, bis er hörte, dass Williams verhaftet worden war.

Es blieben drei weitere Zeugen, eine Prostituierte und zwei Männer, von denen angenommen wurde, dass sie Freunde von Williams waren. Das Mädchen hieß Margaret Riley. Sie sagte aus, dass sie zwei Männer gesehen habe, die »aus der Gravel Lane rannten, einen, soweit sie sehen konnte, mit einem großen Schnurrbart und einen, der hinkte«. Sie glaubte, dass einer der am Dienstag den Friedensrichtern vorgeführten Männer einem von jenen ähnlich sah. Dies sagte sehr wenig aus. Doch der nächste Zeuge, von dem angenommen wurde, er sei ein Freund von Williams, gab ihm – soweit man seiner Zeugenaussage Glauben schenken kann – so etwas wie ein Alibi für die Mordnacht, in der die Williamsons umkamen.

John Fitzpatrick sagte aus, dass er Williams vor den Morden gegen Viertel nach elf Uhr abends in der Gesellschaft von Hart, dem Schreiner, im »Ship and Royal Oak« zurückgelassen habe. Dies wurde durch die Zeugenaussage von Miss Lawrence bestätigt.

Der letzte Zeuge, der Kohleträger John Cobbett, galt als Williams' einziger enger Freund. Aus dem wenigen, das von seiner Zeugenaussage überliefert ist, lässt sich schließen, dass er durch ein geschicktes Kreuzverhör mehr Licht in das Geheimnis hätte bringen können als alle übrigen Zeugen zusammen. Die »Times« berichtet:

John Cobbett sagte aus, dass er Williams sehr gut gekannt habe. Er habe in einer Kneipe in der New Gravel Lane Freundschaft mit ihm geschlossen, in der sie gemeinsam zu zechen pflegten. Er sei auch häufig mit ihm bei Mrs. Williamson gewesen, und sie hätten gemeinsam getrunken. Doch er kannte keinen seiner Bekannten. Er habe sich

181

sehr gewünscht, etwas über die Morde aus ihm herauszubekommen. Und Williams habe ihn auch gebeten, ihn während seiner Haft zu besuchen, doch er habe keine Gelegenheit dazu gehabt, weil er auf den Schiffen zu viel zu tun gehabt habe.

Im »London Chronicle« stand zu lesen:

Nachdem John Cobbett, der Kohleträger, hereingerufen worden war, verwies er auf einen hinkenden Mann namens William Ablass, der allgemein Long Billy genannt wurde, als engen Freund von Williams. Der Zeuge und diese beiden hatten in der Nacht der Ermordung der Williamsons bei Mr. Lee zusammen getrunken. Trotter, der Zimmermann, sagte einmal zu dem Zeugen: »Das ist eine schlimme Sache. Das würdest du auch sagen, wenn du so viel wüsstest wie ich.

Was immer Trotter wusste, es blieb sein Geheimnis. Dieser Mann, der Mrs. Vermilloe versichert hatte, dass Williams »bald entlastet« sein würde, wurde niemals zur Sache befragt. Die Friedensrichter von Shadwell hatten langsam genug. Sie hatten mehr als zwei Wochen lang Verdächtige verhört. Es war keine Zeit geblieben, sich einen Überblick zu verschaffen, die Beweislage abzuwägen oder die Glaubwürdigkeit des einen oder anderen Zeugen zu überprüfen. Sie arbeiteten die ganze Zeit unter extremem Druck und unter dem wachsamen Auge der Öffentlichkeit, ohne die Hilfe eines kompetenten Stabs. Capper und Markland sahen sich am Ende einem Durcheinander von Namen und Gesichtern gegenüber, ausländischen ebenso wie englischen und irischen: Harrison, Cuthperson, Cobbett, Vermillioe, Trotter, Hart, Fitzpatrick, Ablass, Richter, Driscoll. Alles, was sie hatten, war ein Indizienbeweis gegen Williams und die unumstößliche Tatsache seines Todes, offensichtlich durch Selbstmord. Warum also weiter suchen? Ihre Zweifel vom Vorabend des Ablebens des Verdächtigen (»Wir sind noch nicht sicher, ob er sich als der gesuchte Mann erweisen

wird«, hatten sie dem Innenminister geschrieben) waren am Ende
dieses Vormittags vollständig vergessen. Die weiteren Zeugenaussagen, die Williams nicht abstreiten, geschweige denn widerlegen
konnte, bestärkten sie nun darin, seine Schuld als erwiesene Tatsache zu betrachten.

Wir halten es für unsere Pflicht [schrieben sie nach der Anhörung an
den Innenminister], sie folgendermaßen zu informieren: Die Zeugenaussagen vor Williams' Tod im Zusammenhang mit den Ergebnissen
einer sehr gründlichen Untersuchung am heutigen Morgen ergeben,
dass Williams bei den jüngsten Mordfällen in dieser Gegend der Täter
war, und wir können hinzufügen, dass jeder Grund zur Hoffnung
besteht, dass er der einzige Beteiligte war.

Nur noch ein Zweifel blieb: Ob der aus Marlborough erwartete
Mann bei den Massakern Williams' Komplize gewesen war?
Am gleichen Nachmittag stattete Capper zum dritten Mal in dieser
Woche einem Gefängnis einen Besuch ab. Diesmal begab er sich
jedoch nicht nach Newgate, sondern, von Markland begleitet, ins
Gefängnis von Coldbath Fields, wo die Leiche von John Williams
aufgebahrt lag. Der Coroner John Wright Unwin war eilig herbeigerufen worden, um eine zusätzliche Untersuchung zur Feststellung der Todesursache durchzuführen.

Thomas Webb, vereidigt: Ich bin der Gefängnisarzt. Ich wurde heute
Morgen zu dem Verstorbenen gerufen. Ich fand ihn in seiner Zelle auf
dem Rücken auf dem Bett liegend vor, wo er von der Person hingelegt
worden war, die ihn abgeschnitten hatte. Er war leblos und kalt. Der
Tod war bereits vor mehreren Stunden eingetreten. An der rechten
Seite seines Halses befand sich der tiefe Eindruck eines Knotens, und
um seinen gesamten Hals lief ein Mal, offensichtlich von dem Halstuch,
mit dem er sich erhängt hatte. Das Halstuch lag noch um seinen Hals.
Ich sah keine anderen Spuren von Gewalteinwirkung an seinem Körper.
Ich habe keinen Zweifel daran, dass er durch Strangulation starb. Er hat

mir vorgestern gesagt, dass er vollkommen ruhig und zufrieden sei, da ihm nichts passieren könne.

Francis Knott, vereidigt: Ich bin Häftling hier. Ich sah den Verstorbenen gestern Nachmittag gegen halb vier Uhr lebend und gesund. Er fragte mich, ob seine Freunde ihn hier besuchen können. Ich sagte ihm, dass ich das nicht wisse. Am Morgen gegen halb acht Uhr kam Joseph Beckett, der Aufseher, zu mir in den Hof und wies mich an, hinauf in Williams' Zelle zu gehen und ihn abzuschneiden. Ich ging sofort hinauf, legte meine Arme um seinen Körper und schnitt das Tuch durch, das zum Teil um seinen Hals lag und teilweise an dem Träger festgebunden war, an dem tagsüber das Bett und die Kleider hängen. Der Träger befindet sich etwa ein Meter neunzig über dem Boden. Ich legte den Leblosen auf seinem Bett auf den Rücken. Er war kalt und schien schon eine ganze Zeit lang tot zu sein. Er war am rechten Bein angekettet. Man hatte ihn in eine so genannte Untersuchungszelle eingesperrt und allein gelassen, wie es bei solchen Leuten immer der Fall ist. Ich wäre nicht auf die Idee gekommen, dass etwas Derartiges passieren könne. Er war ganz vernünftig und gefasst, als er mit mir sprach.

Henry Harris, vereidigt: Ich bin ebenfalls Gefangener hier. Ich stand heute Morgen gegen halb acht Uhr an meiner Zellentür. Mr. Beckett kam zu mir und forderte mich auf, Knott mit dem Mann zu helfen, der sich aufgehängt hatte. Ich ging hinauf. Knott stand an der Tür der Zelle des Toten und sagte mir, dass dieser sich an dem Träger aufgehängt habe. Ich ging hinein und sah ihn mit einem Tuch um den Hals an der Schiene hängen. Ein Ende des Halstuchs war an dem Träger befestigt. Ich half Knott, den Toten abzuschneiden. Soweit ich weiß, habe ich den Mann nie zuvor gesehen.

William Hassall, vereidigt: Ich bin seit mehr als drei Jahren Büroangestellter im Gefängnis. Der Verstorbene wurde am 24. Dezember von Herrn Edward Markland hierher überstellt und saß hier in Untersuchungshaft. Er wurde in die Untersuchungszelle gesperrt und am rechten Bein festgekettet. Ich hielt ihn für sicher untergebracht. Er wurde ins Gefängnis gebracht, wie das bei Untersuchungshäftlingen immer der Fall ist. Ich ging am Morgen des 25. Dezember zu ihm, um

184

ihn nach seinem Alter zu fragen. Er sagte mir, dass er siebenundzwanzig Jahre alt sei. Ich teilte ihm mit, dass seine Situation ernst sei. Er sagte, er sei unschuldig und hoffe, der Sattel würde dem richtigen Pferd aufgelegt. Ich fragte ihn nach seinem Beruf. Er sagte, er sei Seemann, und gab an, Schotte zu sein. Williams war etwa eins siebzig groß. Er trug einen braunen Wintermantel mit Seidenfutter, eine blaue Jacke mit gelben Knöpfen, eine blau-weiße Weste, eine blau gestreifte Hose, braune Socken aus Kammgarn und Schuhe. Er war alles andere als athletisch gebaut.

Joseph Beckett, vereidigt: Ich bin Aufseher hier. Ich habe den Verstorbenen gestern Nachmittag gegen zehn Minuten vor vier Uhr eingeschlossen. Er war am Leben, und es ging ihm gut. Ich fragte ihn, ob er irgendetwas wolle. Er sagte: »Nein.« Während seiner Haft hatte er gesagt, er hoffe, dass kein Unschuldiger würde leiden müssen und der Sattel dem richtigen Pferd aufgelegt werden würde. Heute Morgen schloss ich zwischen sieben und acht Uhr die Tür seiner Zelle auf. Ich fand ihn in seiner Zelle, von dem Träger hängend. Seine Füße berührten fast oder gerade eben den Boden. Er hatte ein weißes Tuch um den Hals, das ich ihn hatte tragen sehen. Ich rief nach Harris und ließ ihn abschneiden.

Dann wandte Mr. Unwin, der Coroner, sich an die Geschworenen: Der elende Kerl, das Objekt unserer gegenwärtigen Untersuchung, wurde unter dem Verdacht hierher überstellt, einer der Täter bei den kürzlich begangenen schockierenden, bestialischen Morden zu sein, und dieser Verdacht hat sich durch die jüngsten Geschehnisse stark erhärtet, denn wie sehr muss sich der Verdacht gegen einen Mann verstärken, der, um der Gerechtigkeit zu entgehen, Zuflucht in der Selbstzerstörung sucht. Jede Tötung eines Menschen ist Mord, bis das Gegenteil bewiesen ist. Das Gesetz ordnet Selbstmord in die übelste Klasse von Morden ein, und dies ist ein Fall besonders unwürdiger Selbstvernichtung.

Ich habe mich mit dem Verhalten derer befasst, die mit der Bewachung dieses Elenden betraut waren, weil dies eine Sache des öffentlichen Interesses ist, und ich überlasse die Entscheidung Ihnen; ich denke, sie trifft keine Schuld.

Es bleibt uns daher nur, den Leichnam dieses Selbstmörders der vom Gesetz vorgeschriebenen Entehrung und Schande preiszugeben und die Bestrafung seiner Verbrechen dem zu überlassen, der da sagte: Mein ist die Rache, ich will vergelten.

Während des gesamten nächsten Tages, es war Samstag, der 28. Dezember, warteten die Friedensrichter auf die Ankunft des Mannes aus Marlborough. Sie waren jedoch nicht gänzlich untätig. Am Nachmittag berichtete der »Morning Chronicle«:

William Ablass, ein Seemann aus Danzig, allgemein unter dem Namen Long Billy bekannt, wurde wegen des Verdachts verhaftet, mit Williams in die kürzlich verübten Morde verwickelt zu sein. Es wurde ihm vorgeworfen, dass er in der Nacht des Mords an Mr. Williamson, dem Wirt des »King's Arms«, gegen zehn Uhr abends in Williams Gesellschaft dort gezecht habe. Er machte die folgende Aussage: Am 19. Dezember ging er zwischen drei und vier Uhr nachmittags mit einem Freund die Pear Tree Alley hinunter, als er Williams traf. Sie gingen ins »Pear Tree«, wo sie Bier tranken. Der Verdächtige zahlte. Von dort aus zogen Ablass und Williams weiter ins »King's Arms«, wo sie einen Krug Ale bestellten. Ablass hatte Williamson erst einmal vorher gesehen. Mr. Williamson und die Bedienstete waren anwesend. Williams beschäftigte sich damit, die Zeitung zu lesen.

Dann gingen er und Williams zu Ablass' Quartier. Nachdem sie dort jedoch, entgegen ihrer Erwartung, keinen Tee vorgefunden hatten, tranken sie im »Duke of Kent« einen Krug Ale, der von Ablass bezahlt wurde. Sie verließen die Kneipe gegen sechs Uhr abends und gingen ins »Black Horse« in der New Gravel Lane und tranken zusammen mit einem großen Mann in einem blauen Mantel, an dessen Namen sich Ablass nicht erinnern konnte, vier Gläser Gin mit Wasser. Sie unterhielten sich angeregt, aber nicht über die Morde an den Marrs. Dann verließen sie das Haus, und Williams und Ablass trennten sich an der Tür. Williams ging die Straße hinunter. Das war, soweit sich Ablass erinnern konnte, zwischen acht und neun Uhr.

Der Kapitän der »Roxburgh Castle«, des Schiffs, auf dem Ablass und Williams aus Rio de Janeiro gekommen waren und auf dem Ersterer eine Meuterei angezettelt hatte, fragte Ablass, was aus seiner Frau und seinen beiden Kindern geworden sei. Ablass stritt ab, je verheiratet gewesen zu sein, sagte jedoch, dass er einer Frau erlaubt habe, seinen Namen zu benutzen, und dass er ihr auch einen Teil seines Verdienstes überlasse. Auf die Frage, wovon er gelebt habe, nachdem er das Schiff bereits vor Monaten verlassen habe, antwortete er, dass er seine Kleidung verpfändet habe, nachdem er seine Heuer ausgegeben hatte. Er war überzeugt, dass er in der Nacht der Morde an den Williamsons zu Hause gewesen sei und dass er dafür auch mehrere Zeugen würde beibringen können.

Es wurde sofort ein Bote nach den betreffenden Personen ausgeschickt, um die Aussage zu bestätigen. Dieser kehrte mit einer Frau zurück, die das Haus führte, in dem Ablass wohnte, sowie mit einem Mitbewohner. Beide gaben zweifelsfrei an, dass Ablass zunächst heimgekommen war, um zu sehen, ob der Tee fertig war, und dann noch einmal gegen zehn Uhr abends. Er war bis nach Mitternacht mit dem Zeugen zusammen gewesen, bis bekannt wurde, was vorgefallen war. Als Ablass dies hörte, rief er aus, dass er die Leute in dem Haus gekannt habe, und er ging hinaus, um Genaueres zu erfahren. Bald darauf sei er zurückgekommen und habe die traurige Nachricht bestätigt.

Auf diese überzeugende Zeugenaussage hin ordnete Mr. Markland, der zuständige Friedensrichter, an, Ablass freizulassen.

Andere waren später von diesem überaus bequemen Alibi weniger überzeugt als Markland. Das Gericht von Shadwell allerdings suchte anderswo nach Williams angeblichem Komplizen und nahm am Samstagabend erneut eifrig die Verhandlung wieder auf, als der Mann aus Marlborough nach einer vierzehnstündigen Reise durch die Kälte endlich eintraf. Er sagte, sein Name sei Thomas Cahill.

Die Verdachtsmomente werden dem Leser bereits ziemlich bekannt vorkommen. Als er festgenommen wurde, hatte der Verhaftete »ein an Hals und Brust stark zerrissenes Hemd« an, das mit frischem Blut befleckt war. Er hatte »eine auffällige Ähnlichkeit mit dem in den Handzetteln beschriebenen Mann, der beobachtet worden war, als er vom Haus von Mr. Williamson weglief«. Er war ein kräftiger Mann, etwa ein Meter fünfundsiebzig groß, mit rotblondem Haar und einem roten Schnurrbart. Die »Times« verkündete, dass er »dem verstorbenen, unglückseligen Schurken Williams auffällig ähnlich sehe«, als sei diese Tatsache in sich bereits belastend. Überdies hatte der neue Verdächtige einen starken irischen Akzent, und es stellte sich innerhalb kürzester Zeit heraus, dass er ein notorischer Lügner war.

Das mit dem zerrissenen und blutigen Hemd war von den Friedensrichtern in Marlborough bereits anhand von Zeugenaussagen dahingehend aufgeklärt worden, dass der Verhaftete in Reading in eine Wirtshausrauferei verwickelt gewesen war. Doch Markland wollte wissen, wo er in der Nacht der Morde gewesen sei. Cahill antwortete, dass er bei einem Mann namens Williamson, Ratcliffe Highway Nr. 121 zur Miete gewohnt habe. Ein Bote wurde zu der Adresse gesandt und kam mit der Auskunft zurück, dass dort niemand mit diesem Namen wohne. Markland war nicht überrascht. Er habe, bemerkte er trocken, bereits »einige Zweifel an der Ehrlichkeit« des Gefangenen gehegt. Der Gefangene räumte diese Zweifel vergnügt aus. Er gestand »mit einer guten Portion Kaltblütigkeit« ein, dass alles eine Lüge gewesen sei. Er habe in seinem ganzen Leben noch nie in London gewohnt.

Mr. Markland: Was soll ich davon halten? Erwarten Sie nach diesem Geständnis ernsthaft, dass ich Ihnen noch ein einziges Wort glaube?
Der Verhaftete: Ich weiß nicht, Euer Ehren. Sie können sich darauf verlassen, dass ich an diesem Mord so unschuldig bin wie ein ungeborenes Kind. Ich lüge überhaupt nicht. Ich habe viel gesagt, was nicht wahr ist, aber ich weiß ganz genau, dass ich unschuldig bin und mich leicht von diesem Verdacht reinwaschen kann.

Er sei ein Deserteur aus einem Regiment der irischen Miliz, behauptete Cahill nun, und habe zum Zeitpunkt der Morde in Romford Row in Essex gewohnt. Markland war skeptisch.

Mr. Markland: Was haben Sie mit ihrer Militärkleidung gemacht?
Der Verhaftete: Ich habe zwischen Romford und Romford Row einen Juden getroffen und den Mantel gekauft, den ich jetzt trage, um ihn über meine Uniform anzuziehen.
Mr. Markland: Wann, sagten Sie, war das?
Der Verhaftete: Am Samstag, Euer Ehren.
Mr. Markland: Kommen Sie, mein Herr! Ich sehe schon, Sie fangen wieder mit Ihren alten Schlichen an. Wollen Sie mir ernsthaft erzählen, dass Sie den Mantel an einem Samstag von einem Juden gekauft haben? Da, mein Herr, müssen Sie sich irren. Selbst der verkommenste Jude würde Ihnen an einem Samstag nichts verkaufen.
Der Verhaftete: Ich habe den Mann für einen Juden gehalten. Es war ein dunkler Typ, und er verkaufte alte Kleider.

Vermutlich hatte es in Herfordshire und Yorkshire, wo Markland und Capper ihre Erfahrung als Friedensrichter gesammelt hatten, nur wenige Cahills gegeben, und weite Teile des langen Verhörs, das für den Fall irrelevant war, zeigen, wie wenig eine Verständigung zwischen ihnen möglich war. Cahill, der sich um die drei so gutgläubigen Herren offensichtlich bemühte, versuchte vergeblich, sie zu überzeugen, dass seine Geschichte von einer Ehefrau in Bath und seinen späteren Missgeschicken beim Militär erlogen war. Er war offensichtlich ebenso verblüfft von seinen Richtern, wie diese perplex waren, sich mit einem derart dreisten und unbußfertigen Galgenstrick konfrontiert zu sehen.
Als Nächstes wurde ein Nachtwächter namens Ingall in den Zeugenstand gerufen, einer der fünfunddreißig von der Gemeinde St. George's-in-the-East angestellten alten Männer. Er erklärte, dass der Verhaftete in der Nacht der Morde an den Williamsons unmöglich von neun Uhr abends bis sieben Uhr morgens in

seinem Quartier in Romford Row im Bett gelegen haben könne, da er Cahill gegen elf Uhr abends ganz in der Nähe in Mrs. Peachys Kneipe, dem »New Crane«, habe zechen sehen. Es wurde nach Mrs. Peachy geschickt, und sie wurde aufgefordert, sich die Nacht vom 19. Dezember ins Gedächtnis zurückzurufen. Waren irgendwelche Fremden im »New Crane« gewesen? Die Frau dachte nach und erinnerte sich, dass ein »übel aussehender Mann« im Schankraum nach einem Krug Bier und Brot für einen Penny verlangt habe. »Nun, Mrs. Peachy«, sagte Markland ermutigt, »sehen Sie sich im Raum um und versuchen sie, den Mann zu erkennen, der in dieser Nacht in Ihr Haus kam.« Die Frau zeigte auf Cahill. Er sehe dem Mann sicherlich »sehr ähnlich«, doch sie sei sich nicht sicher. Ihre Tochter Susan hatte jedoch nicht den geringsten Zweifel, dass Cahill besagter Mann war. Darauf »bekundete der Gefangene höchstes Erstaunen und bemühte sich, Alibis beizubringen, um zu beweisen, dass er in seinem Quartier in der Romford Row gewesen sei«. Danach vertagte sich das Gericht, weil es inzwischen spät in der Nacht war.

Bei der Fortsetzung der Anhörung am Montag Mittag wurden die öffentlichen Vernehmungen in Shadwell endgültig zur Farce. Da eine größere Anzahl von Iren erwartet wurde und Gerüchte über eine papistische Verschwörung umgingen, wurde zusätzlich ein Geistlicher, Reverend Thirwell, auf die Richterbank berufen, und Story, der vorsitzende Richter, ließ sich zu einem seiner seltenen Auftritte herbei.

Ingall, der Nachtwächter, der am Samstag angegeben hatte, den Gefangenen in der Nacht der Morde an den Williamsons in Mrs. Peachys Kneipe gesehen zu haben, erklärte nun, als er Cahill bei Tageslicht sah, er sei ziemlich sicher, dass er nicht besagter Mann sei. Mrs. Peachy äußerte ähnliche Zweifel, doch Susan Peachy blieb unerschütterlich bei ihrer Meinung, der Verhaftete sei tatsächlich im »New Crane« gewesen. Damals habe er allerdings einen Hut getragen.

Der Gefangene wurde aufgefordert, seinen Hut aufzusetzen.

Frage: Sieht der wie der Hut aus, den der Mann trug?

Susan Peachy: Ja, aber er hatte ihn tiefer ins Gesicht gezogen.

Den Friedensrichtern fiel auf, dass der Mann in diesem Moment Williams verblüffend ähnlich sah.

Frage: Trug der Mann einen Backenbart?

Susan Peachy: Ja, er reichte ihm fast bis zum Kinn.

frage: Könnte es nicht möglicherweise ein anderer Mann gewesen sein?

Susan Peachy: Ich glaube nicht.

Frage: Haben Sie Williams je gesehen?

Susan Peachy: Nein.

Susan Peachy, Ingall und Mrs. Peachy wurden unverzüglich in einer Kutsche losgeschickt, um die Leiche des elenden Schufts im Gefängnis von Coldbath Fields in Augenschein zu nehmen. Bei ihrer Rückkehr äußerten sie ausnahmslos die Ansicht, dass er (Williams) der Mann gewesen sei, den sie an dem Donnerstagabend, an dem die Morde in der New Gravel Lane begangen wurden, im »New Crane« gesehen hatten.

Cahill ließ daraufhin zutiefst erleichtert seine eigenen Zeugen vortreten. Der erste war ein Ire namens Cornelius Driscoll, der Besitzer des Mietshauses in Romford Row. Dieser Bezug auf Driscoll ist interessant, da er in gewisser Weise den Bericht in der »Times« vom zweiten Weihnachtstag erklärt, nach dem der Mann aus Marlborough einen Briefwechsel mit einem der in Haft befindlichen Verdächtigen geführt hatte. Sylvester Driscoll saß noch immer im Gefängnis von Coldbath Fields. Wahrscheinlich verloren die unglücklichen Friedensrichter von Shadwell, die von den Komplikationen des Falls schon verwirrt genug waren (es war eigenartig, dass Cahill behauptet hatte, bei einem Mr. Williamson am Ratcliffe Highway zu wohnen), nun angesichts zweier weiterer zufällig identischer Namen vollständig den Überblick. Driscoll gab an, sich erinnern zu können, dass Cahill in der Nacht, in der die Williamsons ermordet wurden, zu Hause gewesen sei, war jedoch »entweder so dumm oder stellte sich so dumm, dass keine vernünftigen Antworten aus ihm herauszuholen waren«. Daher riefen die Friedensrichter seine Frau in den Zeugenstand.

Frage: Was sind Sie?
Mrs. D.: Eine arme Frau, Euer Ehren.
Frage: Wer ist Ihr Ehemann?
Mrs. D.: Er, Cornelius Dixon.
Frage: Warum hat er uns gerade gesagt, sein Name sei Driscoll?
Mrs. D.: Oh, das ist alles das Gleiche, Sir.
Rev. Thirwell: Sind Sie Katholikin?
Mrs. D.: Ja.
Frage: Bekreuzigen Sie sich!
Mr. Story: Das ist ihre Sache, nicht unsere.

Plötzlich sprang ein Feldwebel der Sligo Miliz im Gerichtssaal auf. Er sagte, dass er in den Zeitungen gelesen habe, Cahill sei ein Deserteur. Er war auf Urlaub und wollte den Verhafteten identifizieren. Also wurde er »augenblicklich vernommen«. Alles, was dabei herauskam, war jedoch, dass, aus welchem Regiment auch immer Cahill desertiert war – falls er tatsächlich ein Deserteur war –, es nicht die Sligo Miliz gewesen war. Der nächste Zeuge des Verhafteten, John Martin, wurde hereingerufen.

Frage: Sind Sie Katholik?
J. Martin: Ich stand den größten Teil meines Lebens in Diensten seiner Majestät.
Frage: Welcher Religion gehören Sie an?
J. Martin: Ja, Herr, ich stehe seit langem in Diensten seiner Majestät.
Frage: Gehen Sie zur Messe, oder zu Versammlungen, oder wo gehen Sie hin?
J. Martin: Ich gehe im Moment irgendwo hin.
Frage: Sind Sie Papist? Ich meine das nicht als Beleidigung.

J. Martin: Ich weiß nicht, was ein Papist ist.

Frage: Was sind Sie von Beruf?

J. Martin: Ich bin ein alter Soldat. Zumindest, was davon übrig ist.

So ging es weiter. Eine Prozession alter kranker Männer und Frauen schlurfte in den Gerichtssaal und wieder hinaus. Alle bekreuzigten sich gehorsam auf Aufforderung von Reverend Thirwell und sagten aus, was sie aussagen sollten: dass der Verhaftete in dem Mietshaus gewesen war, als die Williamsons ermordet wurden. Nichtsdestoweniger blieb man bis zum Ende vorsichtig. »Die Friedensrichter ließen ihn zur weiteren Vernehmung in eine Strafanstalt überstellen, mit dem besonderen Vermerk, dass sie ihn in Bezug auf jedweden Verdacht, in die jüngsten Morde verwickelt zu sein, für entlastet hielten.«

Mit dem Zusammenbruch der Verdachtsmomente gegen Cahill wuchs, zumindest unter den Friedensrichtern von Shadwell, die Überzeugung, dass John Williams tatsächlich der einzige Mörder sowohl der Marrs als auch der Williamsons war; und mit dieser Überzeugung wuchs die Einsicht, dass an einem so ungeheuerlichen Verbrecher, Serienmörder und Selbstmörder ein Exempel statuiert werden müsse, dass die Nation erschüttern würde – nicht zuletzt weil er am Ende die Majestät des Gesetzes selbst betrogen hatte.

VIII
Ein Grab an der Straßenkreuzung

Fast jedem verurteilten Kriminellen, ob nun die öffentliche Meinung oder ein ordentlicher Gerichtshof den Schuldspruch fällte, wurde, wenn es ihm gelang, sich vor dem offiziellen Hinrichtungstermin selbst umzubringen, vorgeworfen, »den Galgen betrogen« zu haben. Man sollte meinen, dass die Befürworter der Todesstrafe einen Mann zu schätzen gewusst hätten, der in Anerkennung seiner gerechten Verurteilung und in der Erkenntnis, dass für ein Leben nur mit einem Leben bezahlt werden kann, der Gesellschaft die Mühen und Kosten einer offiziellen Zeremonie erspart und sein Urteil so von ganzem Herzen akzeptiert, dass er es an sich selbst vollstreckt. Doch die Gesellschaft hat das selten unter diesem Aspekt gesehen. Aus der Redewendung »den Galgen betrügen« geht klar hervor, dass das Erleiden einer rechtmäßig verhängten Strafe bedeutet, der Verurteilte habe sie so und zu dem Zeitpunkt auf sich zu nehmen, wie das Gesetz es vorschreibt, dass also ein die Öffentlichkeit betreffendes Verbrechen auch eine öffentliche Bestrafung erfordert und dass demnach die Begleitumstände einer rechtmäßigen Exekution ein entscheidender Bestandteil der Vergeltung sind. Es ist die Gesellschaft, nicht eine Anzahl von Individuen, an der ein Frevel begangen wurde. Und so ist es die Gesellschaft, die besänftigt werden muss. Das Gefühl von Enttäuschung und Wut, das Williams' unvorschriftsmäßigem Ableben folgte, wurde am 18. Januar 1812 im Unterhaus vom Premierminister zum Ausdruck gebracht, als er von »dem Ganoven Williams« sprach, »der kürzlich die Nation um ihre gerechte Rache geprellt hat, indem er sich auf gewaltsame Weise der Strafe entzog, die ihn erwartete«. Und dieses Gefühl, ungerechtfertigterweise um die öffentliche Rache betrogen worden zu sein, wird von fast jedem zur Sprache gebracht, der sich damals schriftlich zu dem Fall äußerte. Die Verbrechen waren barbarisch und grauenvoll gewesen, fast jenseits aller Vorstellungskraft. Es wäre wichtig gewesen, die Opfer öffentlich zu rächen. Nur wenige zweifelten daran, dass Williams jetzt in der anderen Welt die verdiente Strafe empfing. Doch die Strafe Gottes ist zwar sicher, jedoch unsichtbar, und die Vorstellung von den Feuern der Hölle befriedigt den Rachedurst nur unzureichend. Eine spektakuläre Bestrafung auf Erden ist eine weit effektivere Abschreckung.

Es stand seinerzeit außer Zweifel, dass die Todesstrafe die effektivste Abschreckung sei. Dementsprechend war ihre heilsame Wirkung umso größer, je mehr Menschen ihrem Vollzug beiwohnten. John Williams hatte durch seinen vorzeitigen Tod die zuständigen Behörden um diese heilsame Demonstration gebracht und die Londoner um eine ihrer aufregendsten Unterhaltungen geprellt. Ein Hinrichtungstag war nach wie vor so etwas wie ein öffentlicher Festtag, und eine unüberschaubare Menge versammelte sich, um den Verurteilten hängen zu sehen. Im frühen neunzehnten Jahrhundert hätten nur wenige eine nicht öffentliche Hinrichtung für vertretbar gehalten. Der Verurteilte hatte ein Recht auf einen öffentlichen Tod. Wie sonst konnte die Gesellschaft privater Rache vorbeugen, dem Messer in der Dunkelheit, dem unsichtbaren Henker, der in einer abgeschlossenen Gefängniszelle ohne Risiko einem Unschuldigen den Tod brachte? Außerdem hatte der Verurteilte ebenso ein Recht auf sein Publikum, wie die Bevölkerung ein Recht auf ihr Schauspiel hatte. Noch im ausgehenden neunzehnten Jahrhundert gab es Schriftsteller, die sich gegen eine Exekution unter Ausschluss der Öffentlichkeit aussprachen, mit der Begründung, dass ein Engländer das unabdingbare Recht habe, öffentlich sein Verbrechen zu gestehen beziehungsweise seine Unschuld zu beteuern.

Einige der schlimmsten Auswüchse öffentlicher Hinrichtungen waren bereits abgemildert worden. Die Reformer hatten erkannt, dass die Gewalttätigkeiten, die Trunkenheit und die Gemeinheiten, die den langsamen Marsch des Verurteilten aus dem Gefängnis von Newgate nach Tyburn begleiteten, den Akt der Hinrichtung der ihm angemessenen Feierlichkeit beraubten und weder dem Respekt vor der schrecklichen Strafe, die das Gesetz verlangte, noch der frommen und reuigen Hinnahme des Schicksals seitens der Verurteilten förderlich waren. Charismatische Kriminelle schienen aus der öffentlichen Aufmerksamkeit Kraft zu schöpfen, gingen mit Bändern und Blumen wie für eine Hochzeit geschmückt in den Tod und warfen Münzen in die Menge. Andere hielten es für angemessener, ihren letzten Auftritt im Leichenhemd zu absolvieren. Das konnte man als Zeichen der Reue sehen, doch es ist ebenso wahrscheinlich, dass dahinter die Absicht steckte, den Henker wenigstens um einen Teil seines Lohns zu bringen: die Kleidung des Verurteilten. Denn sowohl die Leichen als auch die Kleidung hingerichteter Verbrecher waren Eigentum des Scharfrichters. Verwandte oder Freunde konnten sie ihm abkaufen, wenn sie über die nötigen Mittel verfügten, anderenfalls wurden die Leichen an Ärzte verkauft, um seziert zu werden. Das Schachern zwischen Henker und Angehörigen war oft hart, schmutzig und öffentlich und führte gelegentlich zu würdelosen Handgemengen, bei denen die Leiche fast wortwörtlich in Stücke gerissen wurde. Doch der Kadaver und seine Kleider waren nicht die einzige Vergütung für den Henker. Er konnte auch das Seil verkaufen, und bei einem berüchtigten Verbrecher konnte das bis zu einem Shilling pro Zoll einbringen. Das Seil, an dem John Williams aufgehängt worden wäre, hätte mit Sicherheit eine stattliche Summe erbracht, und ein so adretter junger Mann hätte seinen letzten Auftritt zweifellos in einem Anzug absolviert, um den zu feilschen es sich gelohnt hätte.

Die dreistündige Folter des Marsches nach Tyburn wäre Williams jedoch bereits erspart geblieben. 1783 war der Richtplatz nach Newgate verlegt worden, und 1812 wurden die Verurteilten auf einem schwarz verhängten Gerüst gehenkt, das auf einem offenen Platz vor dem Gefängnis für jede Hinrichtung neu aufgebaut wurde. John Williams muss, wenn er von seinen Reisen zurückkehrte, oft derartigen Szenen beigewohnt haben. Sie waren schließlich bedeutende öffentliche Ereignisse, die die Fabriken und Werkstätten ebenso wie die Cafés und Tavernen leerten und die auf den anspruchsvollen Aristokraten mit Sinn fürs Makabre eine ebenso große Anziehungskraft ausübten wie auf den Geringsten in der Menge. Man kann sich Williams gut mit einer weiblichen Bekanntschaft am Arm vorstellen, sein auffälliges blondes Haar ordentlich gekämmt, vorteilhaft gekleidet in seinen blauen Rock und die gelb und blau gestreifte Weste, wie er sich nach vorne drängte, um einen guten Blick auf das Gerüst zu haben und so auf jenen aufregenden Moment zu warten, auf die Eskalation von Schrecken und Lust, wenn die Klappe herunterfiel. Denn die Hinrichtungen waren jetzt humaner. Sie wurden nach wie vor unwissenschaftlich, noch immer häufig stümperhaft ausgeführt, doch die Einführung der Falltür als allgemeine Hinrichtungsmethode im Jahr 1783 bedeutete, dass der Verurteilte zumindest eine reelle Chance auf einen sofortigen Tod hatte. Der Tod auf dem Karren in Tyburn war selten so gnädig verlaufen, und der Henker oder die Verwandten mussten sich oft an die Beine des Delinquenten hängen, in der Hoffnung, seinen Todeskampf zu verkürzen, während jedes Zucken der Gliedmaßen des Opfers von Verwünschungen oder mitleidigen Seufzern begleitet wurde.

Die Falltür war nicht nur gnädiger, sie war auch effektiver, und es bestand praktisch keine Hoffnung mehr, den Hingerichteten ins Leben zurückzurufen. Dergleichen war zwar selten, kam aber vor. Kriminelle wurden dazu verurteilt, am Halse aufgehängt zu werden, bis der Tod eintrat, doch der Henker entschied, wann das Leben zu Ende war. Wenn man den Strick auf eine bestimmte Weise knotete und anlegte oder den Verurteilten rascher als üblich abschnitt, war eine anschließende Wiederbelebung durchaus möglich. Ein Schwerverbrecher mit dem nötigen Geld zur Bestechung des Henkers und Freunden, die sich um ihn kümmerten, hatte eine berechtigte Hoffnung auf eine vorzeitige Auferstehung in einer nahe gelegenen Schenke, in der die Mittel für die Wiederbelebung bereitgehalten wurden. Doch auf eine Wiederbelebung hätte Williams ohnehin nicht hoffen können. Wenn die Hinrichtungen in Newgate auch schneller und humaner waren, der Mob, der ihnen beiwohnte, war doch der gleiche Pöbel, der den Verurteilten den langen Weg von Newgate nach Tyburn zur Hölle gemacht hatte. Die Leute versammelten sich bereits am frühen Morgen, um einen guten Platz zu ergattern, Reich und Arm, Dieb und Edelmann, Männer, Frauen und Kinder, die sich mit Klatsch und Gelächter, derben Scherzen, Taschendiebstahl oder dem Feilbieten von Waren die Zeit vertrieben, bis das Schauspiel begann. Manche kamen aus Mitleid, die meisten aber aus morbider Neugier, und einige, weil für sie kaum ein Anblick so faszinierend war wie ein Mensch im Todeskampf. Die Verlegung des Richtplatzes von Tyburn zum Gefängnis von Newgate mag zwar, wie ein Chronist aus Newgate feststellt, das Spektakel verkürzt und den Schauplatz verkleinert haben, doch die Zerstreuung an sich war so beliebt wie eh und je. Als Holloway und Haggerty 1807 wegen eines fünf Jahre zuvor begangenen Mordes hingerichtet wurden, versammelten sich vierzigtausend Menschen um das Gefängnis. Wegen des üblen Gedränges versuchten mehrere Zuschauer, sich zurückzuziehen. Dies steigerte das Durcheinander und löste eine Massenpanik aus, bei der fast einhundert Leute zu Tode getrampelt oder verletzt wurden. Bei einer Hinrichtung im Jahre 1824 versammelten sich sogar einhunderttausend Leute in Newgate. Man kann davon ausgehen, dass die Hinrichtung von John Williams diesem Ereignis hinsichtlich der allgemeinen Beliebtheit mit Sicherheit Konkurrenz gemacht hätte.

Abgesehen von der Enttäuschung der Öffentlichkeit gab es noch andere Personen, die wie der Henker um ihren Gewinn gebracht worden waren. Der Gefängnisgeistliche von Newgate, dem Gefängnis, in das Williams hätte überführt werden sollen, konnte nicht mehr auf den lukrativen Verkauf des schriftlichen Geständnisses des Mörders hoffen, das diesem zu entlocken seine Pflicht – und vermutlich durchaus auch ein Vergnügen – gewesen wäre.

Der Gefängnisgeistliche von Newgate war zu dieser Zeit Reverend Brownlow Ford LLD. Dr. Ford war vermutlich weder besser noch schlechter als die Mehrzahl der Pfarrer in Newgate. Tatsächlich bekundete er später gegenüber Jeremy Bentham ein großes Interesse an einer Gefängnisreform, und 1805 hatte er dem Innenminister eine lange Liste von Vorschlägen zur Verbesserung des Polizeisystems unterbreitet. Doch im neunzehnten Jahrhundert verstand man es nicht besser als im zwanzigsten, die richtigen Leute für Posten zu gewinnen, die außergewöhnliche Hingabe, Mitgefühl und Durchhaltevermögen erforderten, aber schlecht bezahlt und nicht sonderlich prestigeträchtig waren. Ein Komitee des Parlaments, das den Zustand der Gefängnisse untersuchte, schrieb über den Reverend, »Dr. Ford sei offensichtlich nicht der Ansicht, dass mit seinem Amt, neben seinem Dienst in der Kapelle und bei jenen, die zum Tode verurteilt sind, auch noch andere Pflichten verbunden sein könnten. Er weiß nichts von der Moral in den Gefängnissen, er hat keinen der Gefangenen je privat besucht, er weiß nicht, wenn jemand krank ist, bevor er nicht aufgefordert wird, an der Beerdigung teilzunehmen, und er geht nicht ins Spital, weil es nicht in seinen Vorschriften steht.« Als ein Mr. J. T. Smith einen der zum Tode Verurteilen vor seiner Hinrichtung besuchen wollte und sich an Dr. Brownlow Ford wandte, fand er ihn in einer Kneipe in Hatton Garden, wo er, wie jedermann wusste, Hof hielt, »aufgeblasen unter einem prächtigen purpurnen Baldachin in einem herrlichen Freimaurersessel sitzend, während dichte Rauchschwaden durch den Raum zogen. Die Szene vermittelte Mr. Smith eine bessere Vorstellung vom schwarzen Loch von Kalkutta als alles, was er je zuvor gesehen hatte.« Doch ist anzunehmen, dass Dr. Ford es nie verabsäumte, den berüchtigteren unter den Verurteilten seine volle Aufmerksamkeit zu schenken. Ihre Situation war zu interessant, ihr Geständnis zu lukrativ. Einige seiner Schützlinge dürften sich getröstet gefühlt haben oder zumindest von seiner Aufmerksamkeit geehrt gewesen sein, wenn sie sich mit ungewohnter Eloquenz über ihren Bruch des Sabbats, ihre Trunkenheit oder ihre moralischen Unzulänglichkeiten ergingen, die zu ihrem gegenwärtigen, traurigen Zustand geführt hatten. Es war vermutlich das erste Mal in ihrem Leben, dass sie zum Zentrum derart konzentrierter spiritueller Besorgnis wurden. Der bevorstehende Tod macht den Langweiligsten unter uns interessant für seine Mitmenschen, und es überrascht nicht, dass von jedem eine Gebühr verlangt wurde, der einen zum Tode verurteilten Häftling besuchen wollte. Ein Besuch bei der Bestie vom Ratcliffe Highway wäre für Kenner der Materie obligatorisch gewesen, während John Williams' Geständnis, zweifellos von Brownlow Ford in geeigneter Weise aufgebauscht, eine beachtliche Bereicherung der allseits beliebten Galgenliteratur dargestellt hätte. Der 1811 von Fairburn veröffentlichte Bericht über die Morde muss ohne das übliche Geständnis und die Beschreibung von Williams' Verhalten auf dem Richtplatz seltsam unvollständig gewirkt haben.

Aber wenn das Drama nun auch nicht mit der öffentlichen Schande des Mörders in Newgate endete, könnte zumindest eine angemessene Alternative auf die Beine gestellt werden, mit der die Menge befriedigt und der Abscheu der Gesellschaft vor dem Mörder hinreichend demonstriert werden konnte. Am Montag, dem 30. Dezember, kündigte die »Times« an: »Mr. Capper suchte am Samstag den Innenminister auf, um zu klären, auf welcher rechtlichen Grundlage in diesem außergewöhnlichen Fall von der üblichen Praxis abgewichen werden könne, den Selbstmörder an der Straßenkreuzung zu begraben, die dem Ort am nächsten liege, an dem das Verbrechen des Selbstmords verübt wurde.« Es existiert kein Protokoll, was bei diesem Treffen genau besprochen wurde, doch unmittelbar im Anschluss daran schrieb Beckett an Capper:

Ich habe mit Mr. Ryder über die Sache gesprochen, die Sie heute Morgen erwähnten. Er stimmt mit der Auffassung überein, dass es sinnvoll wäre, Williams in Shadwell zu begraben, und hat keine Einwände gegen eine vorherige Zurschaustellung des Leichnams in der Nähe der für die Beerdigung vorgesehenen Stelle, vorausgesetzt, es besteht nicht die Gefahr eines Aufruhrs. Wenn die Friedensrichter der Ansicht sind, dass mit Hilfe der Polizeibeamten ihrer Dienststelle und derer vom Thames Police Office, deren Teilnahme ausdrücklich verlangt wird, diese Gefahr abgewendet werden kann, seien Sie bitte so gütig, den Coroner aufzusuchen und gemeinsam mit ihm die Zeremonie zu organisieren, welche, wenn ich Sie richtig verstanden habe, am Montag stattfinden soll.

Der Brief schloss mit der Bitte an Capper, mit Story und Markland die Verteilung der Belohnungen zu besprechen.

Die »Zeremonie«, auf die sich Beckett bezog, war allgemein als öffentliches Zeichen der Schmach anerkannt, wenn ein zum Tod verurteilter Verbrecher Selbstmord begangen hatte, während er auf seine Hinrichtung wartete. Es war üblich, ihn bei Dunkelheit an der Kreuzung von vier Straßen zu begraben und einen Pfahl durch seinen Körper zu treiben. Es scheint keine gesetzliche Grundlage für diese Sitte gegeben zu haben, und sie resultierte vermutlich aus dem alten Aberglauben, dass nur, indem ein Pfahl durch den Leichnam getrieben wurde, verhindert werden konnte, dass der Geist des Selbstmörders zurückkehrte, um die Lebenden zu quälen. Die Bedeutung der Wegkreuzung könnte in der Tatsache liegen, dass das Zeichen des Kreuzes Heiligkeit implizierte; doch der verbreitetere Glaube war, dass der böse Geist, wenn er sich von dem Pfahl, der ihn durchbohrte, befreien konnte, angesichts der vier Straßen unentschlossen verharren und nicht wissen würde, welchen Weg er einschlagen solle. Diese Praxis war zu ihrer Zeit sicherlich nicht ungewöhnlich, obwohl sie bereits damals kritisiert wurde. Das letzte Begräbnis eines Selbstmörders an einer Kreuzung in London soll im Juni 1823 stattgefunden haben, als ein Mann namens Griffiths in den frühen Morgenstunden an der Kreuzung der Eton Street, des Grosvenor Place und der King's Road begraben wurde, allerdings ohne dass er gepfählt wurde. Manchmal wurde der Leichnam des verurteilten Verbrechers öffentlich zur Schau gestellt. Im Dezember 1793 wurde ein Londoner, Lawrence Jones, der wegen Raubs in Hatton Garden verurteilt und dessen Hinrichtung für den 8. Dezember angeordnet war, von dem Aufseher, der zu ihm kam, um ihn auf die Predigt für die Verurteilten und den Empfang der Sakramente vorzubereiten, tot in seiner Zelle aufgefunden. Jones war es gelungen, sich auf geradezu geniale Weise selbst zu strangulieren, indem er ein Ende seiner Sockenhalter um seinen Hals schlang, das andere Ende an den Ring knotete, an dem seine Kette befestigt war, und beide Füße gegen die Wand stemmte. Seine bekleidete und gefesselte Leiche, deren Gesicht von einem Tuch bedeckt war, wurde auf einen offenen Karren gelegt und am Ende von Hatton Garden mit einem durch das Herz getriebenen Pfahl in eine Grube geworfen. Die Friedensrichter mögen an diesen Fall gedacht haben, als sie überlegten, was mit Williams' Leiche geschehen solle. Doch es gab einen Unterschied. Williams war nicht für schuldig befunden und zum Tod verurteilt worden. Er war noch keinem Strafgericht zur Hauptverhandlung überstellt worden. Ihm war das älteste und unveräußerlichste Recht eines jeden Engländers verweigert geblieben: die Gelegenheit, sich vor einer Jury aus seinen Standesgenossen zur Anklage zu äußern.

Die Friedensrichter in Shadwell waren nicht die Einzigen, die sich Gedanken darüber gemacht hatten, was mit Williams' Leiche geschehen solle. An diesem Wochenende schrieb Sir John Carr aus seinem Haus am Rayner Place, Chelsea, einen Brief an den Innenminister, wobei seine Erregung, wie es scheint, verheerende Auswirkungen auf seine Interpunktion hatte.

Sir John Carr entbietet Mr. Ryder seine Grüße und nimmt sich, nachdem nun an der Schuld des Schurken, dessen ungeheuerliche Taten den gerechten Abscheu und Zorn der Öffentlichkeit erregt haben, kein Zweifel mehr bestehen kann, die Freiheit, vorzuschlagen, für die unteren Schichten ein heilsames Exempel zu statuieren, indem man die Leiche von Williams in einer Prozession vom Gefängnis von Coldbath zum Ratcliffe Highway überführt, wo das Gesetz vermutlich seinen Lauf nehmen soll; wobei [der Leichnam] mit einem Stück roten Stoff bedeckt und mit dem unverhüllten Gesicht nach oben auf einem großen Brett aufgebahrt sein sollte, das auf einem Karren befestigt ist, mit den Mordwerkzeugen zu beiden Seiten der Leiche, vor der ein gemeiner Henker sitzen könnte, der Pfahl, mit dem der Körper durchbohrt werden soll, von einem ordentlichen Beamten vorneweg getragen, und Fußsoldaten, um die Menge auf einem sicheren Abstand von dem Karren zu halten, und das Datum und die Namen der Straßen, durch die die Prozession verlaufen soll, in den Zeitungen bekannt gegeben werden.

Beckett notierte auf dem Brief: »Mr. Ryders Grüße an Sir J. Carr, und versichern sie ihm, dass ein Arrangement der von ihm erwähnten Art bereits getroffen wurde.« Und so entschieden, um den »Examiner« zu zitieren, »die Friedensrichter, nachdem der vorzeitige Tod von Williams das gerechte Ende vereitelt hat, dass diesen Elenden den bekannt gewordenen, sehr verdächtigen Tatumständen entsprechend höchstwahrscheinlich ereilt hätte, der Zeremonie der Beerdigung dieses Selbstmörders die größte Feierlichkeit und Publizität zu verleihen.«
Am Montag, dem 30. Dezember, begaben sich Mr. Robinson, der Chef der Gemeindepolizei von St. George's, begleitet von Mr. Machin, einem der Schutzleute, Mr. Harrison, dem Steuereinnehmer, und Mr. Robinsons Stellvertreter gegen zehn Uhr abends zum Gefängnis in Coldbath Fields, wo ihnen die Leiche von Williams übergeben wurde. Sie wurde in eine Droschke gesetzt. Der stellvertretende Polizeichef begleitete sie. Die Vorhänge waren zugezogen, die Türen fest verschlossen, und die Pferde wurden mit der Peitsche zu einem scharfen Trab angetrieben. Die drei anderen Herren hielten es für schicklicher, in einer eigenen Kutsche zu folgen, was mit Sicherheit auch angenehmer war. Es blieb dem armen stellvertretenden Polizeichef überlassen, über das Kopfsteinpflaster zum Wachhaus von St. George's zu rattern, während der Dämon vom Ratcliffe Highway ihm mit gebrochenen Augen in

die seinen starrte, wann immer sein Blick, wie unter Zwang, zum Gesicht des Selbstmörders wanderte. Wenn man sich vor Augen führt, welch hysterische, abergläubische Angst dieser eine, irgendwie nicht zu der ganzen Geschichte passende junge Mann ausgelöst hatte, kann man sich vorstellen, dass die Fahrt nicht eben anheimelnd war. Während die Leiche von John Williams steif auf dem Sitz ihm gegenüber herumschwankte, muss der stellvertretende Polizeichef wohl versucht haben, nicht daran zu denken, was geschehen würde, wenn ein Pferd stolperte, die Kutsche schlingernd zum Halten kam und er und sein unheimlicher Reisegefährte den Blicken der Menge ausgesetzt wären. Es bestand kaum eine Chance, dass Williams' Leiche einen solchen Zwischenfall unbeschadet überstanden hätte, und es war durchaus möglich, dass auch für ihn erhebliche Gefahr bestand. Die Fahrt muss ihm ungewöhnlich lang vorgekommen sein, und er muss ausgesprochen erleichtert gewesen sein, als er merkte, dass die abgedunkelte Kutsche vor dem unter dem Namen »Karussell« bekannten Wachhaus von St. George's am Ende der Ship Alley hielt. Hier wurde der Leichnam unsanft in ein schwarzes Loch geworfen, wo er bis zur Zeremonie am nächsten Tag verblieb.

Am Dienstagmorgen um neun Uhr trafen der Polizeichef und seine Begleiter am Wachhaus ein. Sie brachten einen Karren mit, der so umgebaut war, dass er den bestmöglichen Blick auf die Leiche und das Gesicht des mutmaßlichen Mörders freigab. Auf dem Karren war eine Plattform aus Brettern befestigt worden, die sich von einem Ende zum anderen erstreckte und eine schräge Fläche bildete. Auf dieser wurde der Leichnam aufgebahrt. Die Füße wurden von einer Querstrebe gestützt, der Oberkörper von einem Seil, das unter den Armen hindurchgeführt und unter den Brettern befestigt war, in einer ausgestreckten Stellung gehalten. Sämtliche zeitgenössischen Berichte stimmen darin überein, dass sein Gesicht frisch und rosig wirkte und keinerlei Verfärbungen zeigte. Das bemerkenswert rotblonde Haar lockte sich um das Gesicht. Er war in eine blaue Stoffhose und ein am Hals offenes,

weißes Rüschenhemd gekleidet, dessen Ärmel bis zu den Ellenbogen aufgekrempelt waren. Er trug weder Mantel noch Rock.
Auf beiden Händen waren bläuliche Flecken, und die »Times«
erwähnt, dass die Arme von den Ellbogen abwärts fast schwarz
waren.

Der Karren war angemessen dekoriert. Auf der linken Seite des
Kopfs war der blutverschmierte Zimmermannshammer aufrecht
stehend befestigt, auf der rechten, ebenso aufrecht stehend, das
Stemmeisen. Über dem Kopf lag quer die eiserne Brechstange, die
neben Williamsons Leiche gefunden worden war, und parallel zu
ihr ein an einem Ende angespitzter Pflock. Etwa gegen halb zehn
Uhr brach die Prozession bei dem Wachhaus auf. Die »Times« listet
feierlich die Reihenfolge des Zuges auf:

Mr. Machin, Schutzmann aus Shadwell,
Mr. Harrison, königlicher Steuereintreiber,
Mr. Lloyd, Bäcker,
Mr. Strickland, Kohlenhändler,
Mr. Burford, Schreibwarenhändler,
  und
Mr. Gale, Inspektor der indischen Matrosen in Diensten der Ostindi-
  schen Gesellschaft – alle auf grauen Pferden reitend.
Als Nächstes kamen:
die Schutzleute, Schulzen und Patrouillen der Gemeinde mit gezoge-
  nen Säbeln,
der Büttel von St. George's in seiner offiziellen Bekleidung,
Mr. Robinson, der Chef der Gemeindepolizei von St. George's,
der Karren mit der Leiche, gefolgt von einem großen Kontingent
Schutzleute

Die Prozession brach in eindrucksvollem und unnatürlichem
Schweigen auf. Die Befürchtung des Innenministers, der aufgebrachte Mob könne sich der Leiche bemächtigen, um an ihr Rache
zu nehmen, erwies sich als unbegründet. Sämtliche zeitgenössi-

Die Leiche von John Williams vor Marrs Geschäft (GLC Print Collection)

schen Berichte erwähnen die seltsame und unerwartete Ruhe. Der schmächtige Leichnam wurde bewacht, als könne er plötzlich aufspringen und seine Verfolger anfallen. Doch die blanken Säbel und die Phalanx von Bewachern waren nicht erforderlich. Niemand versuchte, Hand an Williams zu legen. Es wurden keine Verwünschungen ausgestoßen, keine Fluche gebrüllt. Warum, fragt man sich, diese unnatürliche Zurückhaltung? Es kann kaum Mitleid mit dem Toten gewesen sein. Nur wenige, wenn überhaupt jemand unter den Anwesenden, hatte den geringsten Zweifel daran, dass er der Mörder der Marrs und der Williamsons war. Wenige, wenn überhaupt jemand, fühlten sich von dieser öffentlichen Zurschaustellung der Leiche abgestoßen oder waren empört über die ihr zugedachte Schmach. War es vielleicht Ehrfurcht, die sie verstummen ließ? Teilten sie die Gefühle, die Coleridge einige Monate nach den Morden de Quincey anvertraut hatte: »Was ihn betrifft, so war er, obwohl er zu dieser Zeit in London lebte, nicht von der allgemeinen Panik erfasst worden; ihn beschäftigten die Morde lediglich als Philosophen, und sie veranlassten ihn, über die enorme Kraft nachzusinnen, die bei einem Mann in dem Moment aufbricht, in dem er sich dazu überwinden kann, allen Zwängen des Gewissens abzuschwören, und in dem er gleichzeitig jede Angst verliert.« War der Grund für das Schweigen das sprachlose Erstaunen darüber, dass dieser fragile Körper solches Grauen ausgelöst hatte? Oder war die Menge wie betäubt vor Fassungslosigkeit, dass diese Bestie, die zu all ihren ruchlosen Verbrechen nun auch noch Selbstmord begangen hatte, ein so menschliches Gesicht hatte?

Der Zug bewegte sich langsam den Ratcliffe Highway hinunter zu Marrs Geschäft und hielt dort an. Als der Karren ratternd zum Stehen kam, kippte Williams' Kopf zur Seite, als könne er es nicht ertragen, den Ort des Gemetzels anzusehen. Eine der Wachen kletterte auf den Karren und drehte den Kopf des Toten entschlossen so herum, dass die erloschenen Augen auf das Haus und die ruhelosen Geister seiner Opfer zu starren schienen. Nach etwa zehn

Der Leichenzug mit John Williams vor dem »King's Arms«

Minuten trieb der Kutscher das Pferd weiter, und der Zug setzte seinen Weg fort. Von all den Prozessionen, die London während seiner langen und oft dunklen Geschichte erlebte, können nur wenige so bizarr und makaber gewesen sein wie dieser Zug am Silvestertag 1811, bei dem ein seit vier Tagen toter Körper durch die düsteren Uferstraßen von Wapping gefahren wurde. Der Leichnam in seiner knallig bunten, vom Aufenthalt im Gefängnis verschmutzten Kleidung, das rechte Bein noch immer in Ketten, der primitive Karren mit der eilig zusammengezimmerten Plattform, die einzelne, lahme Schindmähre, all das stand in gespenstischem Kontrast zu dem Aufgebot an anmaßenden Vertretern der Staatsgewalt, die diese einsame Leiche zu ihrem schmählichen Grab eskortierten.

Nach damaligen Schätzungen wohnten über zehntausend Menschen diesem Spektakel bei. Aus jedem Fenster ragten Köpfe, alle Gassen waren überfüllt, jede Haustür verstopft. Der Karren ratterte im grauen Zwielicht durch die Straßen, durch die Williams zu Lebzeiten gegangen war, an den Kneipen vorbei, in denen er geprahlt, gerauft und mit den Barmädchen geflirtet, getanzt und gestritten hatte. Von Marrs Geschäft ging es die Old Gravel Lane hinunter, an der Mauer des London Dock entlang zur Cinnamon Street und von dort in die Pear Tree Alley, wo der Zug eine Weile nahe der Herberge der Vermilloes hielt, in der Williams gewohnt hatte. Dann machten sich die Reihen auf den Weg zum Sir Williams Warren's Square, um dort umzukehren, da es nach Wapping hinein keinen Durchgang für einen Karren gab. Der Zug passierte erneut die Cinnamon Street, setzte seinen Weg durch die King Edward Street fort, an Wapping entlang und die New Gravel Lane hinauf. Dort hielt er erneut zehn Minuten lang vor dem »King's Arms«. Später erinnerte man sich, dass die schreckliche Stille, die sich über den Ort senkte, als der Karren ächzend anhielt, von einem scharfen und grauenvollen Geräusch durchschnitten wurde. Ein Droschkenkutscher, der seine Droschke nahe dem Eingang der Gasse angehalten hatte, entrollte seine Peitsche, beugte sich von seinem Sitz herab und ließ die Schnur mit einem Fluch dreimal über das Gesicht des Toten klatschen.

Vom »King's Arms« bewegte sich der Zug langsam den Ratcliffe Highway entlang und die Cannon Street hinauf zu den Schlagbäumen, an denen sich zwei große Straßen kreuzten: die neue Straße nach Norden, die nach Whitechapel führte, und die Back Lane (auch als Cable Street bekannt), die vom Well Close Square nach Osten zu den Sun Tavern Fields und der Cannon Street führte. Hier war bereits ein etwa ein Meter tiefes, neunzig Zentimeter langes und sechzig Zentimeter breites Loch ausgehoben worden. Das Loch war in voller Absicht zu klein für die Leiche. Es war nicht beabsichtigt, diese elenden Glieder gleichsam in unschuldigem Schlaf oder auch nur anständig ausgestreckt ruhen zu lassen wie bei einem christlichen Begräbnis. Williams Leiche wurde losgebunden, grob vom Karren gezerrt und in das Loch gedrückt. Augenblicklich sprang einer der Wachmänner in das Loch hinunter und trieb den Pfahl durch das Herz des Leichnams. Als der blutverschmierte Hammer auf den Pfahl krachte, brach die Menge endlich ihr Schweigen, und die Luft war erfüllt von grässlichen Schreien und Verwünschungen. Ungelöschter Kalk wurde in die Grube geschüttet. Dann wurde sie mit Erde aufgefüllt, und die Pflastersteine wurden unverzüglich wieder eingesetzt und festgeklopft. Die »Times« beendet ihren Bericht wie folgt:

Die an der Prozession Beteiligten zerstreuten sich daraufhin, und alle, die keine Gelegenheit gehabt hatten, die schreckliche Zeremonie mit anzusehen, drängten sich nach vorn, und während sie das Grab dessen betrachteten, der sich als eine solche Schande für die Menschheit erwiesen hatte, schienen sie keine anderen Regungen zu kennen als Entsetzen angesichts seiner Verbrechen und Bedauern darüber, dass er nicht mehr lebte, um die gerechte Strafe zu empfangen, die die Gesetze dieses Landes vorschreiben und die dennoch im Vergleich zu seiner Schuld eine höchst unzureichende Sühne für die aufgebrachten Gefühle seiner Mitbürger gewesen wäre.

Doch der Mob, auch wenn er sich ruhig verhielt, war noch immer der Mob, und wie gewohnt gingen die Gauner und Taschendiebe ihren Geschäften nach. Humphrey, einer der Bow Street Runners, ließ sich von der Vorführung einer Leiche, wie berüchtigt sie auch sein mochte, nicht so fesseln, dass er nicht ein Auge auf die Lebenden haben konnte. Prompt erwischte er zwei seiner alten Bekannten in flagranti beim Berauben eines Gentlemans. Er verhaftete beide, und sie wurden in Ermangelung einer Kaution bis zu den nächsten Gerichtssitzungen ins Gefängnis überstellt.

Nach dem Begräbnis von Williams berichteten die Zeitungen, dass nach seinem Tod in einer seiner Taschen ein eiserner Bügel gefunden worden war, »ausreichend scharf, um sich tödliche Verletzungen beizubringen«. Zunächst war man erstaunt, wie er an den Bügel gekommen war, da er ihn weder bei sich gehabt hatte, als er verhaftet wurde, noch als er ins nächste Gefängnis überstellt wurde. Schließlich fanden die Polizisten heraus, dass der Bügel ein Teil der eisernen Halterung in der Wand der provisorischen Zelle im »Lebeck Head« gegenüber dem Gericht von Shadwell war. Sie verglichen ihn mit dem abgebrochenen Rest der Halterung und gelangten zu der Schlussfolgerung, dass Williams während seiner kurzen Haft in dem Gasthaus vor seiner Überführung ins Gefängnis in Coldbath Fields einen Teil des Eisenbügels abgesprengt und eingesteckt hatte.

Und so senkte sich die Dunkelheit über Shadwell und Wapping. Die kleinen Gruppen, die um das Grab standen, zerstreuten sich, der Lampenanzünder machte seine Runde, die Nachtwächter bereiteten sich auf das Ausrufen der Stunden vor. Die Leute verließen ihre Häuser weniger ängstlich, eine große Sorge schien von ihnen abzufallen. Niemand jedoch, der sich die Beweise gründlich angesehen hatte, konnte sich vorstellen, dass die Sache wirklich ausgestanden war. Den Unwissenden freilich, den Verängstigten und Schutzlosen hatten die Ereignisse des Tages Trost gespendet und das Gefühl der Sicherheit gegeben. Was auch immer hinsichtlich der Verbrechen weiter aufgedeckt werden sollte, zumindest hatte der Dämon vom Ratcliffe Highway seine Schuld hinreichend unter Beweis gestellt und war schließlich zur Strecke gebracht worden. Eine Woche lang oder zwei schlichen die Leute vorsichtig um die Stelle, an der die leicht unebenen Pflastersteine das Grab des Verbrechers verrieten. Wagemutige Kinder sprangen auf die Steine und rannten dann in Deckung, wobei sie den Zorn ihrer Mütter vermutlich ebenso sehr fürchteten wie das Gift dieser grässlichen Knochen. Über Monate hinweg hing über der Straßenkreuzung die düstere Atmosphäre abergläubischer Furcht. Doch es handelte sich um einen belebten Fahrweg, und er wurde immer mehr frequentiert. Im London des neunzehnten Jahrhunderts bewegte sich ein nie enden wollender Strom eiliger Füße, rumpelnder Räder und klappernder Hufe über das schreckliche Grab, bis nach einiger Zeit niemand mehr wusste, wo Williams' Leiche eigentlich lag.

Am folgenden Sonntag dürfte es im Osten Londons nur wenige Predigten gegeben haben, die sich nicht mit den verabscheuungswürdigen Morden und dem grauenvollen Ende des Mörders befassten. Eine dieser Predigten, die in Fairburns Flugschrift von 1811 abgedruckt wurde, vermutlich um die Sterbepredigt für den Verurteilten oder sein Geständnis zu ersetzen, die beide ein viel passenderes Ende für das Kapitel abgegeben hätten, ist in ihrer Art typisch für den religiösen Eifer der Zeit, für die Freisprechung der Obrigkeit, insbesondere der Regierung von jedem Vorwurf und für die Ausnützung der Angst vor Hölle und Verdammnis zur Abschreckung der Sünder, die so auf den rechten Pfad der Tugend und Rechtschaffenheit zurückgeführt werden sollten. Der Text bezieht sich auf das neunzehnte Kapitel des Evangeliums nach Matthäus, Vers achtzehn: »Du sollst nicht töten.« Der Anfang ist bereits typisch für das Ganze:

Oh, meine geliebten Brüder! Mit welchen Zungen, in welcher Sprache soll ich mich an euch wenden, angesichts der jüngsten alarmierenden und schrecklichen Ereignisse? Raub und Plünderung geschehen am hellichten Tag, Mord, kaltblütiger Mord, ereilt uns in unseren eigenen vier Wänden, und um die eindrucksvollen Worte des Herrn Coroners zu verwenden: »Unsere Häuser sind nicht mehr unsere Festung; wir sind nicht mehr sicher in unseren Betten!« Was kann ich sagen, meine geliebten Brüder, um der allgemeinen Bestürzung Ausdruck zu verleihen? Weinen und Klagen erfüllen unsere Straßen, Schrecken und Entsetzen spiegeln sich auf jedem Gesicht.

Sich vorzustellen, dass in der kurzen Zeitspanne von zehn Tagen sieben unserer Mitmenschen, die sich ihrer Gesundheit und des Lebens erfreuten wie wir und nichts von der Gefahr ahnten, auf so barbarische Weise hingemetzelt wurden, an ihren eigenen Feuerstellen, durch die Hand eines mitternächtlichen Attentäters, reicht mit Sicherheit, das tapferste Herz zu erschüttern, den verstocktesten Verbrecher zu schockieren. Einige nehmen diese traurigen Geschehnisse zum Anlass, die Regierung anzuklagen, doch ich begreife nicht, mit welchem Recht. Wie, erlaubt mir, diese Leute zu fragen, hätte die Regierung diese entsetzlichen Taten verhindern sollen? Welche menschliche Weisheit hätte die Morde vorhersehen können? Welche Vorkehrungen schlichter Sterblicher hätten vor ihnen schützen können? Wenn die Regierung wirklich die Möglichkeiten hätte, derartige Ungeheuerlichkeiten zu verhindern, ist es nicht nur natürlich zu glauben, dass diese Macht insbesondere dazu eingesetzt würde, das heilige Oberhaupt des Staats, den Gesalbten des Herrn, zu schützen? Und doch wissen wir alle, dass unser geliebter und verehrter König (dessen Leid wir nun so bitter beklagen) im Verlauf seiner Regierung nicht weniger als drei direkte Angriffe auf seine Person überstehen musste! Und wem verdankt er seine Sicherheit? Nicht dem rastlosen Einsatz seiner Regierung, nicht den Vorsichtsmaßnahmen seiner Minister, sondern einzig und allein der allgegenwärtigen Sorge einer gnädigen Vorsehung. Wahnsinnige und Mörder sind sowohl außerhalb aller normalen Menschlichkeit als auch außerhalb der Reichweite menschlicher Vorsorge. Ich weiß nicht, welche Sicherheitsvorkehrungen diese armen Familien hätten retten können, deren entsetzliches Schicksal uns nun mit Sorge und Schrecken erfüllt. Dass unser Polizeisystem Mängel aufweist und dass seine Versäumnisse groß sein müssen, wird jeden Tag durch die Vergehen von Taschendieben und Einbrechern bewiesen. Doch, meine geliebten Brüder, ich kann es nur immer und immer wiederholen, das beste Polizeisystem der Welt hätte die jüngsten, furchtbaren Ereignisse nicht verhindern können. Nein, meine Brüder, nicht von der Polizei, nicht von den Truppen und nicht von einzelnen Männern können wir die Verhütung derartiger Ungeheuerlichkeiten erhoffen. Es ist die allwissende Vorsehung Gottes, es ist der allumfassende Einfluss seines Heiligen Geistes. Sie sind es, und sie allein, an die sich jeder von uns wenden kann, um Sicherheit vor ähnlichen Heimsuchungen zu erflehen.

IX
Das Klappmesser

Der bedenkenlose Urteilsspruch des Gerichts von Shadwell, dass Williams der einzige Mörder der beiden Familien sei, konnte niemanden lange täuschen, vermutlich nicht einmal Capper und seine Kollegen selbst. Zu viele Fragen waren offen geblieben. Wer war der große Mann, der sich über Mrs. Williamsons Leiche gebeugt hatte? Zu wem gehörten die zwei Paar Fußabdrücke in Marrs Hinterhof? Wer war so lautstark aus dem leer stehenden Haus in der Pennington Street geflüchtet? Das waren mehr als zwei Füße gewesen. Die Friedensrichter von Shadwell gaben entgegen den Beteuerungen in ihrem Schreiben an Ryder ihre Bemühungen auch keineswegs ganz auf. Sie und die anderen Friedensrichter begannen, nach dem zweiten Mörder zu suchen. Sie konnten sich zweifellos mit dem Glauben trösten, dass, wenn die Morde das Werk einer Bande waren, Williams ihr Organisator und Kopf gewesen war. War das Haupt erst abgetrennt, konnte der Körper, wie bösartig er auch sein mochte, kaum weiteren Schaden anrichten. Die Panik legte sich. Es war nun eher eine Sache der Gerechtigkeit als der öffentlichen Sicherheit, Williams' Komplizen, wenn es sie denn gab, vor Gericht zu stellen.

Berichte von neuen Beweisen, frischen Spuren und weiteren Verhaftungen gab es den gesamten Januar über. Am Montag, dem 6. Januar, berichtete die »Times«, dass Cornelius Hart von den Beamten von Whitechapel zum sechsten Mal verhaftet worden sei. Jemand hatte gehört, wie Mrs. Vermilloe gesagt hatte: »Wenn Hart genauso gründlich vernommen worden wäre wie ich, wäre weit mehr herausgekommen.« Doch der Zimmermann gab in Shadwell das Gleiche zu Protokoll, was er bei den anderen fünf Gelegenheiten ausgesagt hatte, als er den Friedensrichtern vorgeführt wurde, und die »Times« berichtet, dass er, »nachdem seine Aussagen durch die Ermittlungen der Beamten erneut bestätigt wurden«, wieder freigelassen worden sei.

Dann brachte der rührige John Harrison, der Favorit im Rennen um die Belohnungsgelder, in der ersten Januarwoche einen neuen Hinweis bei. Obwohl seine Geschichte unbestätigt blieb, war sie der »Times« am 6. Januar eine halbe Spalte wert. Sie betraf die fehlende Waffe: das scharfe Messer oder Rasiermesser, mit dem die Kehlen der Opfer durchschnitten worden waren. Wenn diese Waffe gefunden und mit John Williams in Verbindung gebracht werden konnte, wäre das ein endgültiger Beweis für seine Schuld gewesen, und Harrisons Nachricht wurde dementsprechend dankbar aufgenommen. Er berichtete, dass er Williams vor etwa drei Wochen gebeten habe, ihm ein geliehenes Taschentuch zurückzugeben. Williams habe ihn aufgefordert, es sich selbst aus seiner Jackentasche zu holen. Harrison hatte seine Hand in Williams' Tasche gesteckt und ein neues, etwa fünfzehn Zentimeter langes Klappmesser mit Elfenbeingriff herausgezogen. Er hatte Williams gefragt, wo er es herhabe, und Williams hatte geantwortet, dass er es vor ein oder zwei Tagen gekauft habe. Harrison erinnerte sich nun an den Vorfall und erzählte den Friedensrichtern, dass er das Messer seitdem nicht mehr gesehen habe, obwohl er Williams' Seekiste und jeden Winkel des »Pear Tree« in der Hoffnung durchsucht habe, es zu finden. Die »Times« kommentierte:

Bei der Verhandlung des Coroners zur Feststellung der Todesursache der Leichen der unglücklichen in der New Gravel Lane ermordeten Personen wurde von einem Arzt anhand des Aussehens der Schnitte festgestellt, dass die Kehlen von Mr. und Mrs. Williamson und der Bediensteten mit einem Rasiermesser durchtrennt worden sein müssen. Es ist nun jedoch ziemlich sicher, dass diese Bluttaten mit dem fraglichen Messer verübt wurden, zumal bekannt ist, dass Williams kein eigenes Rasiermesser besaß und stets zum Barbier ging, um sich rasieren zu lassen, und überdies in dem Haus, in dem er wohnte, kein Rasiermesser vermisst wurde.

Während seiner zahlreichen Vernehmungen war dem Zeugen nie in den Sinn gekommen, den Friedensrichtern diese wichtige Information bezüglich des Messers mitzuteilen.

Inzwischen wurden Nachforschungen über Williams' Vergangenheit angestellt. Die Friedensrichter glaubten mit gutem Grund, dass ein Mann, der es fertig brachte, die Kehlen von fünf Menschen, darunter die eines Säuglings, mit der selbstverständlichen Sachkenntnis aufzuschlitzen, mit der er ein Tier geschlachtet hätte, keine friedliche und ereignislose Vergangenheit haben konnte. Der schlimmste Charakterfehler, den man Williams bislang hatte vorwerfen können, war seine Tendenz, sich gewisse Freiheiten mit den Ladenkassen anderer zu erlauben, und wie man unterstellen durfte, auch mit ihren Frauen. Sicher gab es aber noch ruchlosere Verbrechen als einschmeichelnde Manieren und übertriebene Vertraulichkeit, die ihm zur Last gelegt werden konnten. Die Leute erinnerten sich an Richters Zeugenaussage, dass der Kapitän der »Roxburgh Castle« prophezeit hatte, Williams würde, falls er seinen nächsten Landgang noch erleben sollte, am Galgen enden. Das war eine vielversprechende Spur, und man suchte einen dementsprechenden Beweis für diese bemerkenswerte Prognose.

Die Geschichte des Kapitäns, die er einem unternehmungslustigen Reporter der »Times« erzählte und die in der Ausgabe vom Neujahrstag 1812 erschien, ist deshalb wesentlich, weil sie ein ganz neues Licht auf die Vergangenheit anderer Beteiligter wirft und die enge Verbindung zwischen einigen der Protagonisten in diesem Fall enthüllt.

Was der Kapitän der »Roxburgh Castle« über Williams und seinen Bekanntenkreis erzählte, zeigt, dass dieser Desperado und zumindest einer seiner Kumpane bereits vor den entsetzlichen Morden als Männer von sehr schlechtem Charakter bekannt waren und dass die Entlassung von Ablass (dem besagten Freund von Williams) aus der Haft aufgrund der Aussage einer direkt an seinem Schicksal interessierten Frau zu bedauern ist. Es scheint jedoch nur gerecht, darauf hinzuweisen, dass unseres Wissens dieser Umstand zum Zeitpunkt seines Verhörs vor den Friedensrichtern nicht zur Sprache kam.

Williams (wie er genannt wurde) heuerte im August 1810 unter dem Namen John Williamson als gewöhnlicher Matrose unter Kapitän Hutchinson auf der »Roxburgh Castle« mit dem Ziel Brasilien an. Nachdem das Schiff lange vor Rio de Janeiro gelegen hatte, fuhr es weiter nach Demarara, um Fracht aufzunehmen, und kehrte am 3. oder 4. Oktober letzten Jahres von dort zurück. Zu diesem Zeitpunkt wurde Williamson entlassen und erhielt seine Heuer, die mehr als vierzig Pfund ausmachte. Kapitän Hutchinson vermutet, dass Williamsons Erziehung zu gut für seine damalige Stellung gewesen war. Er hatte eine gute Handschrift und dürfte erst in fortgeschrittenem Alter zur See gefahren sein, war wohl durch früheres Fehlverhalten zu dieser Art von Leben gezwungen worden. Da Seeleute auf einer langen Fahrt unter strenger Disziplin keine Gelegenheit haben, großen Schaden anzurichten, konnte Kapitän Hutchinson nicht viel über Verfehlungen Williams' berichten, doch er erwähnte dessen Versuch, sich einem Mann in Rio de Janeiro gegenüber als Zweiter Maat der »Roxburgh Castle« auszugeben und dadurch eine kleinere Geldsumme zu ergaunern. Dieser Vorfall veranlasste Kapitän Hutchinson zu der ihm zugeschriebenen Äußerung, Williamson würde sicher am Galgen enden, wenn er den nächsten Landgang noch erlebte.

Williamson versuchte stets, sich als Schotte auszugeben, doch Kapitän Hutchinson, der selbst aus diesem Land stammt, erkannte sofort, dass Williamson Ire war, und nimmt an, dass er aus dem Bezirk Down kam. Als er von den Reedern seinen Lohn ausbezahlt bekam, gab er ihnen gegenüber an, aus Campbelltown in Argyleshire zu stammen. Neben dem Betrug am Zweiten Maat der »Roxburgh Castle« war Williamson in eine Meuterei verwickelt. Kapitän Hutchinson hatte bei seiner letzten Reise insgesamt eine sehr schlechte Mannschaft, und auf der Fahrt von Rio de Janeiro nach Demarara brach vor Surinam eine offene Meuterei aus. Daraufhin ging Kapitän Hutchinson unter den Kanonen des Forts am Braam's Point vor Anker und wandte sich an Kapitän Kennedy von

SM Brigg »Forester«, der durch Drohungen und Überredungskunst erreichte, dass die Seeleute an ihre Arbeit zurückkehrten.

Drei der Rädelsführer wurden in Surinam für vierundzwanzig Stunden ins Gefängnis geschickt. Einer von ihnen war William Ablass, der Gleiche, der unter dem Verdacht festgenommen worden war, mit Williamson in die jüngsten Morde verwickelt zu sein. Williamson entging bei dieser Gelegenheit seiner Strafe, da er vorbrachte, er sei von seinen Kumpanen verführt worden.

Aus den vor den Friedensrichtern geäußerten Zeugenaussagen geht hervor, dass zwei Männer gesehen wurden, die nach den Morden vom »King's Arms« wegrannten, einer davon etwa ein Meter achtzig groß, der andere kleiner. Williamson war an die eins siebzig groß, und Ablass ist ein kräftiger Mann von etwa eins achtzig. So weit entsprechen diese beiden Männer der Beschreibung der beiden Flüchtigen. Ferner gab Ablass an, in Danzig geboren zu sein, spricht jedoch sehr gut Englisch. Bei seiner Vernehmung durch Mr. Markland am Samstag im Gericht von Shadwell gab er zu, in der Nacht der Morde an Mr. Williamsons Familie zusammen mit Williams alias Williamson in drei oder vier Kneipen gezecht zu haben. Er sagte, dass er seinen Kameraden um halb neun Uhr abends verlassen habe und nach Hause gegangen sei. Dort sei er bis Mitternacht aufgeblieben und dann zu Bett gegangen. Auf die Frage des Friedensrichters, ob er das beweisen könne, sagte er, er könne es mit Hilfe seiner Vermieterin. Es wurde nach ihr geschickt, und sie kam mit einer weiteren Frau. Sie sagte aus, dass der Gefangene zwischen halb zehn und zehn Uhr abends nach Hause gekommen und um Mitternacht zu Bett gegangen sei. Zu diesem Zeitpunkt fiel den Friedensrichtern gegenüber die Bemerkung, dass die Frau, die die Vermieterin von Ablass begleitete, zur Zahlstelle der Besitzer der »Roxburgh Castle« zu kommen pflegte, um eine monatliche Unterhaltszahlung von Ablass in Empfang zu nehmen, wobei sie sich stets als seine Frau ausgab und die Quittung als solche unterzeichnete. Noch bevor diese Frau auftrat, hatte Ablass geleugnet, verheiratet zu sein, und er schien keinen Wert darauf zu legen, mit den Zeuginnen in einer vertrauten Beziehung zu stehen. Auf die Frage, wie er seinen Unterhalt so lange ohne eine Anstellung bestritten habe, gab er an, seine Kleidung verpfändet zu haben und auf Kosten guter Freunde zu leben. Aufgrund dieses Sachverhalts und der Aussagen dieser Frauen (soweit wir informiert sind, wurden sie nicht vereidigt) wurde Ablass entlassen. John Harris [sic], der Segelmacher, der der Erste war, der einen Verdacht gegen Williamson äußerte, diente als Segelmacher auf der »Roxburgh Castle«. Er hatte reichlich Gelegenheit, das Wesen dieses Mannes zu studieren. Da er der Einzige war, der einen Hinweis auf einen der Protagonisten bei diesen barbarischen Morden geben konnte, und da sein Charakter den Angaben des Kapitäns zufolge dem von Williamson absolut entgegengesetzt ist, scheint er eine Belohnung zu verdienen.

Harrisons Geschichte von dem fehlenden Klappmesser war für das Gericht von Shadwell offenbar von besonderem Interesse, da das Hauptbestreben nach wie vor war, weitere Beweise für Williams' Schuld zu finden. Nun kam den Richtern der Gedanke, dass bei einer gründlichen Durchsuchung des Aborts des »Pear Tree« sowohl das fehlende Messer als auch Williamsons Uhr auftauchen könnten, und sie ordneten eine Leerung und eine gründliche Durchsuchung des Aborts an. Dies war ungeachtet der Tatsache, dass es für die Friedensrichter offensichtlich gewesen sein muss, dass das Gasthaus der Vermilloes das Zentrum des Geheimnisses war, das erste Mal, dass zumindest ein Teil des »Pear Tree« offiziell durchsucht wurde. Dass sie diesen offensichtlichen und entscheidenden Schritt verabsäumt hatten, ist ein Zeichen dafür, wie wenig sie selbst über die grundlegendsten Prinzipien kriminalistischer Ermittlungen wussten. Es kann sein, dass erst der folgende Absatz im »Morning Chronicle« vom 30. Dezember nötig war, um sie an ihre Pflichten zu erinnern:

Es war etwas sehr Eigenartiges, um nicht zu sagen Geheimnisvolles an der Zeugenaussage von Mrs. Vermilloe, das schwer zu erklären ist. Die an der Ausführung dieser entsetzlichen Morde beteiligten Verbrecher scheinen in der Nähe des Tatorts gewohnt zu haben, und vielleicht hätten Durchsuchungsbefehle für diese Gegend einige unerwartete Entdeckungen ans Tageslicht gebracht. Dieser Hinweis könnte, sofern er Beachtung findet, im Fall von einem oder zwei der bei den Untersuchungen immer wieder erwähnten Gast- sowie Privathäuser möglicherweise noch nicht zu spät kommen.

Also wurden am Samstag, dem 4. Januar, Holbrook und Hewitt ausgeschickt, diese unangenehme Pflicht zu erfüllen. Der »Pear Tree« hatte eigentlich bereits genug Aufregung erlebt, doch die Nachricht von diesem neuen Unterfangen lockte die Menge wieder an. Man kann sich die Szene ausmalen: Richters mürrisches Gesicht in einem Fenster im oberen Stockwerk, der eifrige John Harrison, wie immer bemüht, seine Beflissenheit im Dienste des Gesetzes unter Beweis zu stellen, der sich vordrängte, um seine Hilfe anzubieten, die Schar der Gäste aus der Schankstube, die von der Polizei auf respektvollem Abstand gehalten wurde und in feindseligem Schweigen zusah, während Mrs. Vermilloe, abwechselnd patzig und devot, aufgebracht über diese erneute Belästigung, aber im Bewusstsein der Macht der Friedensrichter und in der Hoffnung auf eine Belohnung, Holbrook und Hewitt zum Abort führte. Es ist nicht überliefert, wann er zuletzt geleert worden war, obwohl diese Information für die Beurteilung der Bedeutung der gefundenen Gegenstände natürlich entscheidend gewesen wäre. Die Beamten machten sich ans Werk, zweifellos dankbar dafür, dass diese Pflicht sie an einem kalten Morgen Anfang Januar und nicht in der Hitze des Sommers ereilt hatte. Sie legten ihre Fundstücke im Hof aus. Die Suche blieb nicht erfolglos. Sie fanden eine alte, blaue Seemannshose, ein Stück eines Maßbandes einer Näherin und ein Nähtäschchen. Die Beamten vermuteten augenblicklich, dass diese Dinge entweder Mrs. Williamson oder Mrs. Marr gehört haben mussten. Die Hose, die mit einem Reisigbesen auf den Boden der Grube gedrückt worden war, wurde gewaschen. Nachdem der Kot entfernt war, erschien, was die

»Times« als »in jeder Hinsicht eindeutig erkennbare Blutspuren«
beschreibt. In der Hoffnung, diese Funde mit Williams in Verbindung bringen zu können, ordneten die Friedensrichter an, dass
Mrs. Vermilloe, der Segelmacher John Harrison und Margaret
Jewell am Montag, dem 6. Januar, erscheinen und alles offen
legen sollten, was sie wussten. Am nächsten Tag berichtete die
»Times« über die Ergebnisse:

Mrs. Vermilloe gab an, dass sie häufig solche Hosen wie die den Friedensrichtern vorliegende gesehen habe, wollte sich jedoch nicht darauf
festlegen, genau die fragliche je zuvor gesehen zu haben. Die aus
Indien heimkehrenden Matrosen pflegten an Bord der Schiffe derartige
Hosen zu tragen und hatten sie im Allgemeinen auch bei ihrer Landung
an, doch sie hielt sie für zu schäbig, als dass Williams sie an Land getragen hätte. Er hielt immer sehr auf seine Kleidung, ganz besonders,
wenn er zu Hause war.
John Harrison sagte, er habe die Hose häufig im Abstellraum des »Pear
Tree« herumliegen gesehen, in dem die Seeleute bei ihrer Ankunft ihre
Schiffskleidung auszogen und ihre Kisten und andere Besitztümer
deponierten. Er konnte sich jedoch nicht erinnern, je gesehen zu haben,
dass Williams die Hose trug. Er konnte sie getragen haben, aber er
hatte sie nie an ihm gesehen.
Margaret Jewell sagte aus, dass sie das ihr vorgelegte Nähtäschchen
nie gesehen habe. Ihre verstorbene Herrin habe immer ein wesentlich
größeres benutzt, und wenn sie das fragliche besessen hätte, hätte sie
es mit Sicherheit irgendwann gesehen. Über das Maßband konnte
sie ebenfalls nichts aussagen. Auch Mrs. Vermilloe gab an, das Nähtäschchen nie zuvor gesehen zu haben.
Holbrook und Hewitt sagten über die Auffindung der Fundstücke
aus und erklärten, dass die Flecken auf der Hose eindeutig Blutflecken
seien. Hewitt zeigte einen Meißel vor, den er im »Pear Tree« in einem
Schrank im Abstellraum gefunden hatte und der auf die gleiche Weise
mit den Initialen I. P. markiert war wie der in Mr. Marrs Haus gefundene
Zimmermannshammer. Die anderen Werkzeuge von John Peterson

waren nicht auf dem Metall, sondern auf dem Holz auf die gleiche Weise gekennzeichnet. Diese neue Entdeckung bestätigt die Herkunft des Mordwerkzeugs aus dem Haus, in dem der Selbstmörder gewohnt hatte, noch zusätzlich. Die Identifizierung des Nähtäschchens bleibt bis zur Aussage von Kitty Stillwell, der Enkelin des verstorbenen Mr. Williamson, zweifelhaft. Sie wurde für den heutigen Tag vorgeladen.

Kitty Stillwells Zeugenaussage wird in keinem weiteren zeitgenössischen Bericht erwähnt. Man kann davon ausgehen, dass sie weder das Nähtäschchen noch das Maßband identifizieren konnte. Hätte sie es gekonnt, wäre diese weitere Verbindung zwischen dem »Pear Tree« und einem der Morde sicher erwähnt worden. Die seltsamen Funde im Abort hatten nichts ergeben, was die Ermittlungen gegen Williams weitergebracht hätte. Die Seemannshose, das Maßband und das Nähtäschchen wurden nie identifiziert. Warum und von wem sie in den Abort geworfen wurden, bleibt ein ungelöstes Rätsel, das allerdings von eher untergeordneter Bedeutung ist.

Unterdessen hatte Aaron Graham seine Ermittlungen geduldig fortgesetzt. Sowohl für ihn als auch für Ryder stand fest, dass der Fall noch lange nicht gelöst war. Am Dienstag, dem 7. Januar, ordnete der Innenminister an, den Zimmermannshammer und das Stemmeisen aus dem Gericht von Shadwell zu holen und sie im Bow Street Police Office zu hinterlegen, jedes Beweisstück sorgfältig gekennzeichnet. Dies war für Graham vermutlich die erste Gelegenheit, die Gegenstände näher zu untersuchen. Dann, später in dieser Woche, am 10. Januar, ließ der Innenminister die Protokolle sämtlicher Zeugenaussagen aus Shadwell abholen. Die Annahme, dass er sie an Graham weiterleitete, ist nahe liegend. Die Suche nach dem zweiten Mörder war diesem vom Innenminister ausdrücklich anvertraut worden. Die Ereignisse entwickelten sich nun rasch, und die Geschichte lässt sich am besten anhand der zeitgenössischen Berichte verfolgen:

Die »Times« vom Montag, 13. Januar: Bow Street – Mrs. Vermilloe, die Wirtin des »Pear Tree«, und Turner, der Mann, der im Haus des auf barbarische Weise ermordeten Mr. Williamson zur Miete wohnte, wurden auf Anordnung von Mr. Graham in den vergangenen Tagen zusammen mit mehreren weiteren Personen zum Revier bestellt und gründlichen, nicht öffentlichen Vernehmungen unterzogen, die ihn dazu veranlassten, am Freitagabend Lavender, Vickery und Adkins zu entsenden, um einen Mann namens Hart festzunehmen, der, wie bestätigt wurde, an dem Tag, an dem die Morde begangen wurden, im Haus von Mr. Marr gearbeitet hatte und zwischen zehn und elf Uhr abends in der Gesellschaft von Williams gesehen wurde. Es wird angenommen, dass die Mörder gegen Mitternacht in Mr. Marrs Haus eindrangen.

Am Samstag wurde Hart vor Mr. Graham unter Ausschluss der Öffentlichkeit vernommen, worauf er sicherheitshalber eingesperrt wurde. Ein Mann wurde dazu abgestellt, ihn in seiner Zelle zu bewachen. Am Samstag wurde der Abort des Hauses, in dem Hart wohnte, in Gegenwart von Vickery und Adkins geleert, doch es wurde nichts Nennenswertes gefunden.

Die »Times« vom Donnerstag, 16. Januar: In den vergangenen zwei Tagen wurde eine höchst bedeutende Entdeckung gemacht, die jeden Zweifel an der Schuld des Selbstmörders Williams beseitigt. Vor den Friedensrichtern des Gerichts von Shadwell wurde ausgesagt, Williams sei drei Wochen vor den Morden an Mr. Williamson und seiner Familie mit einem langen Klappmesser mit Elfenbeingriff gesehen worden. Dieses Messer konnte weder in Williams' Truhe noch unter den von ihm im Gasthaus »Pear Tree« hinterlassenen Kleidungsstücken gefunden werden. Die anschließende Suche danach blieb erfolglos. Am Dienstag fand Harrison, einer der Mieter im »Pear Tree«, beim Durchstöbern einiger alter Kleidungsstücke eine blaue Jacke, die er augenblicklich als einen Teil von Williams' Garderobe erkannte. Er untersuchte sie gründlich, und als er die Innentasche näher ansah, fand er sie ziemlich steif von geronnenem Blut, als ob jemand seine blutverschmierte Hand hineingesteckt hätte. Er brachte sie hinunter zu Mrs. Vermilloe, die sofort nach Holbrook und einem zweiten Beamten aus Shadwell schickte, um eine weitere Durchsuchung des Hauses zu veranlassen. Daraufhin wurde jedes Zimmer etwa eineinhalb Stunden lang einer gründlichen Durchsuchung unterzogen, bis die Beamten schließlich auf einen kleinen Schrank stießen, in dem sich ein Haufen schmutziger Socken und andere Kleidungsstücke befanden. Als dieser von der Wand gerückt worden war, bemerkten sie ein Stück Holz, das aus einem Mauseloch in der Wand ragte. Sie zogen es heraus und entdeckten im gleichen Augenblick den Griff eines Klappmessers, allem Anschein nach von Blut verfärbt. Nachdem es herausgeholt worden war, stellte sich heraus, dass es mit dem Klappmesser identisch war, das vor den Morden in Williams' Besitz gesehen worden war. Griff und Klinge waren über und über mit Blut verkrustet. Dieser Fund vervollständigt die überwältigenden Indizienbeweise, die sich bereits gegen den Selbstmörder angesammelt haben. Die blutige Jacke trägt ebenfalls dazu bei, seine Schuld zu bestätigen. Es ist offensichtlich, dass ein Teil seiner Kleidung mit dem Blut der unglücklichen Mrs. Williamson in Berührung gekommen sein muss, als der Selbstmörder ihr Geld mit seiner blutigen Hand aus ihrer Tasche in die seine transferierte.

Die »Times« vom Freitag, 17. Januar: Mr. Graham ging seinen privaten Ermittlungen in einem Raum neben dem Polizeirevier nach. Mrs. Vermilloe, die Wirtin des »Pear Tree«, fand sich ein und machte eine Aussage von erheblicher Länge über einen Mann namens Ablass, der am Mittwochabend gefasst und auf das Revier gebracht wurde. Der Mann war bereits einmal verhaftet worden. Damals stritt er ab, Williams zu kennen. Es wurde inzwischen jedoch bewiesen, dass er mit ihm bekannt war. Ein Junge sagte aus, dass er drei Männer beobachtet habe, die in der Nacht der Morde in Mr. Marrs Geschäft hineinspähten, kurz bevor es geschlossen wurde. Ablass steht unter strengem Arrest. Ein Mann wurde zu seiner Bewachung abgestellt.

Die »Times« vom Montag, 27. Januar: Mr. Graham begab sich am Donnerstag zum Haus des unglücklichen Mr. Marr und vernahm vor Ort einige Zeugen. Die Häftlinge Hart und Ablass befinden sich nach wie vor in strenger Haft, da sie nicht in der Lage sind, über eine Viertelstunde in der Nacht der Morde an den Williamsons Rechenschaft abzulegen. Es wurde nachgeprüft, dass ein Mann den Weg von Mr. Williamsons Haus zum »Pear Tree« in weniger als fünf Minuten zurücklegen kann, wenn er rasch geht. Am Samstag sprachen ein Mann und eine Frau auf dem Revier vor, die neben Mr. Marr wohnen, und machten eine Zeugenaussage zu den schrecklichen Geschehnissen. Wir konnten in Erfahrung bringen, dass sich ihrer Ansicht nach zum Zeitpunkt der Morde drei oder mehr Personen dort herumtrieben.

»Parliamentary Debates, Hansard«, Freitag, 31. Januar. Sir Francis Burdett: »Was haben sie (die Friedensrichter) in Sachen der jüngsten Ermittlungen unternommen, die gegen Personen eingeleitet wurden, von denen angenommen wird, dass sie an dem Mord an der Familie von Mr. Marr beteiligt waren? ... Was ist aus dem Unglücklichen geworden, der unter dem Verdacht verhaftet wurde, in die Morde verwickelt zu sein, diesem Ablass? Warum befindet er sich noch immer in Haft? Warum wurde er in Ketten gelegt, in ein Verlies geworfen und täglich vorgeführt, um sich selbst zu belasten?« Der Innenminister: »Ablass ... wurden einige Fragen gestellt, die zu beantworten er sich weigerte.« Der Premierminister: »Was die Strenge betrifft, mit der Ablass behandelt wurde; es gab Verdachtsmomente, die die Friedensrichter zu der Vermutung veranlassten, dass er sich zu einer bestimmten Zeit an einem bestimmten Ort aufhielt. Sie verlangten nicht von ihm, sich selbst zu belasten, obwohl die Sache ganz anders ausgesehen hätte, wenn er überzeugend Auskunft darüber hätte geben können, wo er sich zu diesem Zeitpunkt befand.«

Die »Times« vom Montag, 3. Februar: Am Samstagabend wurde Ablass erneut von Mr. Graham vernommen und danach auf freien Fuß gesetzt.

So wurde der Fall Anfang Februar zu den Akten gelegt, obwohl die Schlüsselfragen nach wie vor unbeantwortet waren. War Williams der einzige Mörder der Marrs und der Williamsons oder waren andere beteiligt gewesen? Wurde Ablass aus Mangel an Beweisen oder aufgrund des politischen Drucks freigelassen? Was für Beweise lagen gegen Hart vor? Wann wurde er entlassen? Welche privaten Informationen hatte Graham in nahezu zwei

Monaten geduldiger Arbeit angehäuft? Welche Schlussfolgerungen zog er am Ende in aller Stille daraus? Zum Glück ist seine abschließende Korrespondenz mit dem Innenminister zu diesem Fall im Staatsarchiv erhalten:

Sonntag, der 2. Februar 1812

Aufgrund einiger Zeugenaussagen, die ich am gestrigen Morgen aufnahm, hielt ich es für angebracht, Ablass am Abend aus der Haft zu entlassen. Ich bin nun der Überzeugung, dass zwei Personen an der Ermordung der Williamsons beteiligt waren, und die Beweise, auf denen diese meine Ansicht beruht, veranlassen mich zu der Annahme, dass ein kleinerer Mann als Ablass Williams beistand, wenn nicht bei der tatsächlichen Ausführung der Morde, so doch zumindest dadurch, dass er in oder vor dem Haus Schmiere stand, während die Tat verübt wurde. Hart befindet sich nach wie vor in Haft, und ich sehe keine Möglichkeit, ihn schon freizulassen. Offen gesagt habe ich den starken Verdacht, dass er in die Sache verwickelt ist und Williams auf die eine oder andere Weise bei den Morden an der Familie Marr behilflich war, obwohl es mit Sicherheit schwierig und vielleicht sogar unmöglich sein wird, dies zu beweisen. Aber ich habe nachgewiesen, dass seine Aussage in einigen entscheidenden Punkten absolut nicht der Wahrheit entspricht. Er sagte mir, und beharrt noch immer darauf, dass er Mr. Marr nach dem Freitagabend (als er nachweislich an Mr. Marrs Haus arbeitete) nicht mehr gesehen habe. Mir dagegen liegt die Zeugenaussage einer Dame vor, die den Laden am Samstag nach neun Uhr aufsuchte (am Abend der Morde) und anwesend war, als er hereinkam und verlangte, seine Arbeit, mit der er, wie sie aus der Unterhaltung heraushörte, betraut worden war, beenden zu dürfen. Sie ist ihm danach wieder begegnet und ist sicher, dass er es war, der in den Laden kam, während sie sich dort aufhielt. Es ist bemerkenswert, dass er eine Tasche oder einen Korb voller Werkzeuge über der Schulter trug, über die er keine Angaben machte, die aber meiner Ansicht nach in gewisser Weise erklären, wie Williams den Zimmermannshammer so nahe an den Ort bringen konnte, an dem er ihn haben wollte. Um den Verdacht zu erhärten, konnte nachgewiesen werden, dass Hart in dieser Nacht genau zur gleichen Zeit (ein Uhr) wie Williams nach Hause kam. Er behauptet, das Haus am darauf folgenden Tag (dem Sonntag) nicht vor dem späten Abend verlassen zu haben, und dies nur, um etwas Schnaps aus dem »Pear Tree« zu holen, wogegen zwei sehr geachtete Zeugen, mit denen er kurz zuvor zusammengearbeitet hatte und die ihn daher ganz sicher nicht verwechseln können, ihn gegen zehn Uhr morgens in der Nähe von Marrs Haus gesehen haben, wo er sie grüßte, indem er seine Hand an seinen Hut hob, als er an ihnen vorbeiging. Ferner behauptet er mit Nachdruck, den gesamten nächsten Tag (den Montag) mit Arbeiten im Haus und für den Wirt des »Crooked Billet« verbracht zu haben, während dieser sein Buch als Beweis vorlegte und schwor, dass Hart an diesem Tag weder einen einzigen Handstreich für ihn verrichtet hat noch für irgendwelche Arbeiten bezahlt wurde. Was die Frage betrifft, ob Williams die Morde allein oder gemeinsam mit anderen verübt hat, liegen mir zuverlässige Zeugenaussagen vor, dass genau zur Zeit der Morde zwei oder sogar drei Leute durch den Durchgang des Hauses in der Pennington Street flüchteten. Kurz gesagt, wenn jemals ein Mann unter starkem Verdacht festgehalten wurde, so ist Harts gegenwärtige Haft durchaus gerechtfertigt.

Dieser Brief ist eines der seltsamsten Dokumente zu diesem Fall und legt die Vermutung nahe, dass nun auch der geduldige und intelligente Graham letztendlich in eine Unentschlossenheit und Unlogik verfiel, die man eher beim Gericht von Shadwell als bei einem Friedensrichter der Bow Street vermutet hätte. Es kann sein, dass ihn seine Kräfte verließen, dass die ersten Anzeichen seiner letzten Krankheit bereits ihren Tribut forderten. Natürlich stand er unter Druck von allen Seiten, und es muss ihm bewusst gewesen sein, dass sein Ruf auf dem Spiel stand. Doch Ryder kann kaum der Ansicht gewesen sein, dass dieser Brief irgendeinen Fortschritt brachte. Auch die Ungereimtheiten und Auslassungen und die Irrelevanz eines Großteils der darin enthaltenen Informationen können ihm kaum entgangen sein.

Mehr als vierzehn Tage lang hatte Graham Ablass in Ketten legen und streng bewachen lassen. Nun war er freigelassen worden, aber der Friedensrichter gab nicht an, aufgrund welcher Beweise er zu dem Ergebnis gelangt war, dass es ratsam sei, einen seiner Hauptverdächtigen auf freien Fuß zu setzen. Er gab an, überzeugt zu sein, dass zwei Männer an dem Mord an den Williamsons beteiligt waren, von denen einer kleiner als Ablass war, und wieder gibt er nicht an, auf welchen Zeugenaussagen diese wesentliche Schlussfolgerung beruht. Einen der Mörder, einen großen Mann, hatte Turner gesehen. Es konnte sich dabei nicht um Williams handeln. Wenn Graham mit seiner Annahme Recht hatte, dass zwei Männer an den Morden an den Williamsons beteiligt waren, und dass derjenige, der den Täter begleitete, kleiner als Ablass war, dann war Williams unschuldig. Diese logische Schlussfolgerung ist unvermeidlich, und es ist kaum vorstellbar, dass sie dem intelligenten Graham entgangen war. Er kann kaum geglaubt haben, dass Turner, der Williams kannte, ihn unter so wichtigen Umständen nicht wiedererkannt haben sollte.

Graham war offensichtlich von Harts Schuld überzeugt, doch in seinem Brief beschäftigt er sich in keiner Weise mit dem stärksten Indiz gegen den Zimmermann: Pughs Stemmeisen in Marrs Laden. Der Friedensrichter war offensichtlich fasziniert von der Frage, wie der Täter das andere Mordwerkzeug, den Zimmermannshammer, in das Geschäft gebracht hatte. Doch aus dem Brief geht nicht hervor, ob Graham annahm, dass Hart bei seinem früheren Besuch gegen neun Uhr abends seine Werkzeugtasche am Ratcliffe Highway Nr. 29 zurückließ oder ob er den Mörder mit der Tasche über der Schulter begleitete und diesem den Hammer dann übergab oder die Opfer selbst angriff. Es ist kaum vorstellbar, dass die Werkzeuge früher am Abend zurückgelassen wurden. Marr hätte sie sicher während des turbulentesten Abends der Woche aus dem Verkaufsraum entfernt, und der Mörder hätte nicht sicher sein können, dass sie griffbereit waren, wenn er sie brauchte. Beide Mordüberfälle waren in außerordentlicher

Geschwindigkeit verübt worden. Die Tür hatte beide Male zufällig offen gestanden, die von Marr, weil er auf die Rückkehr von Margaret Jewell wartete, und die von Williamson, weil er noch nicht geschlossen hatte und vermutlich erwartete, dass Anderson wiederkommen und sich einen letzten Krug Bier holen würde. Der Mörder muss seine Waffe in der Hand gehabt haben, vermutlich unter seinem Mantel verborgen, als er eintrat, und er muss augenblicklich mit brutaler Kraft zugeschlagen haben. Es scheint unwahrscheinlich, dass sich Hart mit einer Tasche oder einem Korb voller Werkzeuge über der Schulter belastet haben soll, oder dass er sie, selbst wenn er es getan hätte, wieder mitgenommen hätte, während er den Hammer und das Stemmeisen zurückließ. Sicher hatte Graham erdrückende Beweise zusammengetragen, um Hart als Lügner zu entlarven, doch Harts Lügen bezüglich seiner Aufenthaltsorte am Sonntag und Montag sind nicht direkt relevant für das, was samstagnachts geschah. Grahams merkwürdig defensiver Brief ist mehr eine Rechtfertigung dafür, dass er Hart weiterhin unter Arrest behielt, als eine überzeugende Anklage gegen diesen.

Und mit diesem konfusen Brief waren die Ermittlungen beendet. Graham unternahm in seiner Unsicherheit und Frustration keine weiteren Schritte, den zweiten Mörder ausfindig zu machen. Am 7. Februar ließ Beckett die Vernehmungsprotokolle wieder nach Shadwell bringen. Hart wurde ebenso wie Ablass freigelassen, und das ohne jedes Aufsehen, sodass das Datum nirgendwo verzeichnet ist. Sylvester Driscoll wurde schließlich ebenfalls entlassen und schätzte sich vermutlich glücklich, lediglich mit einer strengen Ermahnung von Markland wegen seines unklugen Verhaltens davonzukommen. Driscoll war ein bis ins Mark verdorbener, verlogener Schurke. Während des letzten Teils seiner Haft waren die Zellen im Gefängnis in Coldbath Fields so überfüllt, dass der Gefängnisschreiber ihm mitteilte, er müsse in die Zelle neben derjenigen verlegt werden, in der Williams' Leiche lag. Die »Times« berichtet: »Der Ärmste war vor Schreck wie gelähmt und schrie auf: ›Sperren Sie mich nicht da hinein! Ich bin sicher, ich werde in weniger als einer halben Stunde tot sein!‹ Da sein Entsetzen unüberwindlich schien, wurde er aus Gründen der Menschlichkeit in eine andere Zelle verlegt.«

Jeden Tag sprachen Harrison und Cuthperson bei dem Gericht von Shadwell vor und mahnten ihre Belohnung an, damit sie wieder auf See gehen konnten. Beckett beorderte Capper und Markland ins Innenministerium, um ihm bei der Erstellung eines Plans für die Verteilung der Belohnungen zu helfen, und gegen Ende Februar wurden die Gelder ausbezahlt. Die Abrechnung ist erhalten:

Abrechnung über die Gelder, die als Belohnungen an die Personen ausbezahlt wurden, die im Zusammenhang mit den kürzlich begangenen Morden an Timothy Marr und seiner Familie am 12. Dezember letzten Jahres und an John Williamson und seiner Familie am 19. des gleichen Monats Informationen beibrachten und Zeugenaussagen machten, wobei die Zahlungen auf Anordnung des Staatssekretärs im Innenministerium geleistet wurden.

Sarah Vermilye[8], die als erste Auskunft über John Williams, den verurteilten Täter in diesen Mordfällen, gab, der daraufhin festgenommen wurde. 30 Pfund.

Robert Vermilye, der den Zimmermannshammer identifizierte, der in Mr. Marrs Haus gefunden wurde und mit dem die Morde begangen wurden. 30 Pfund.

John Harrison & Michael Gottlieb Colberg[9], die starke Indizien gegen Williams vorbrachten. Jeweils 30 Pfund.

Margaret Jewell, Bedienstete von Mr. Marr. 5 Pfund.

George Olney, der Nachtwächter, der durch sein rechtzeitiges Erscheinen gemeinsam mit Margaret Jewell eine Plünderung von Mr. Marrs Haus verhinderte. 5 Pfund.

John Turner, Mieter im Hause von Mr. Williamson, der durch seinen

8 statt Vermilloe
9 statt Cuthbert

Abstieg aus dem Fenster als Erster auf die in diesem Haus begangenen Morde aufmerksam machte. 5 Pfund.

Shadwick Newhall, Nachtwächter, der Mr. Turner bei seiner Flucht durch das Fenster behilflich war. 5 Pfund.

George Cleugh, ein weiterer Nachtwächter, der bei dieser Gelegenheit anwesend war. 5 Pfund.

Mary Rice, die Waschfrau, die aussagte, dass Williams' Hemd blutig war. 5 Pfund.

Susannah Orr, die eine überzeugende Zeugenaussage betreffend Williams' Verhalten bei anderen Gelegenheiten beibrachte. 5 Pfund.

Benjamin Joung, ein Nachtwächter, der die Zeugenaussage von Mrs. Orr stützte und ein Stemmeisen auf ihrem Grundstück fand, das später durch Mrs. Vermily identifiziert wurde. 5 Pfund.

Joseph Holbrook, George Partridge, Robert Brown, John Butler, Thomas Robinson, Ralph Hope, William Hewett & Robert Williams, Polizeibeamte des Friedensgerichts von Shadwell, die sehr aktiv und zielstrebig an der Aufklärung der Morde beteiligt waren. Jeweils 10 Pfund.

Charles Horton, ein Beamter des River Thames Police Office, der den Zimmermannshammer in Mr. Marrs Haus fand. 10 Pfund.

Insgesamt 250 Pfund.

Friedensgericht Shadwell, 27. Februar 1812
George Story, Adam Markland, William Capper

X
Ein Fall für das Parlament

Die makabre Zurschaustellung des toten Williams und das Verscharren seiner Leiche unter den Pflastersteinen in der New Cannon Street mag die Gemüter im Osten Londons halbwegs besänftigt haben, doch diese Demonstration trug nicht dazu bei, das Vertrauen der Allgemeinheit in die Polizei wiederherzustellen. Anlässlich der Gordon-Aufstände dreißig Jahre zuvor hatte die Unfähigkeit der Polizisten und Schutzleute, die Hauptstadt vor der Raserei des betrunkenen Pöbels zu schützen, einen öffentlichen Aufschrei ausgelöst, aber nichts war geschehen. Nun wurden die Forderungen von damals wieder laut, diesmal jedoch landesweit. Die Schrecken der Morde vom Ratcliffe Highway, in der Vorstellung der Leute intensiviert durch die einzigartige Kombination der Begleitumstände – die dunklen Dezembernächte, die verrufene Gegend, die Übelkeit erregende Brutalität der Verbrechen, das unvermittelte Zuschlagen des Mörders und sein leises Verschwinden, der abschließende, gespenstische Umzug mit einem achten Leichnam – stürzte die gesamte Bevölkerung in eine Unsicherheit, die in keinem Verhältnis zu den tatsächlichen Ereignissen stand.
Es war eine spontane, landesweite Reaktion, für die es in der Geschichte Englands kaum eine Parallele gibt. Um etwas auch nur annähernd Vergleichbares zu finden, muss man bis nach Amerika gehen und sich den Schock der US-Bürger nach den Attentaten auf die Kennedys und Martin Luther King vor Augen führen. Die Art der Verbrechen und die soziale Stellung der Opfer waren sehr unterschiedlich, doch die psychischen Reaktionen waren in all diesen Fällen im ganzen Land bemerkenswert ähnlich. Sowohl damals in England als auch viele Jahre später in Amerika hatten die Menschen das Gefühl, dass eine Gesellschaft, die derart ruchlose Verbrechen nicht verhindern kann, selbst bis ins Innerste verrottet

sein muss. »Die jüngsten Akte von Grausamkeit stempeln unsere gesamte Nation zu einer wilden Barbarenhorde«, schrieb W. Wynyard an seinen Freund John Beckett, den Staatssekretär im Innenministerium, als er seine Ideen zur Reform der Polizei unterbreitete. Viele dachten so. In Keswick, dreihundert Meilen von London entfernt, formulierte Robert Southey dem Korrespondenten Neville White gegenüber die Quintessenz dieser Welle von Verzweiflung und Selbstkritik:

Hier auf dem Lande kreist unser ganzes Denken und Reden um nichts anderes als die schrecklichen Morde, durch die uns ein Stigma anzuhaften scheint, nicht nur der Polizei, sondern dem Land, in dem wir leben, und selbst unserer menschlichen Natur. Nichts, was mich nicht persönlich betroffen hat, hat mich je so verstört. Es gab Dinge, die mich mehr getroffen, tiefer aufgewühlt haben, doch ich hatte noch nie dieses gemischte Gefühl von Entsetzen, Empörung, Erstaunen und auch Unsicherheit, dieses Gefühl, das niemand in unserer Gesellschaft je empfunden hat: dass nämlich die Nation entehrt ist. Ich denke schon lange, dass es nötig ist, die Polizei zu reformieren, und ich hoffe und vertraue darauf, dass diese schrecklichen Ereignisse zur Aufstellung einer Truppe führen werden, die so wachsam ist, wie es die Polizei von Paris zu sein pflegte. Die Polizeigesetze können nicht streng genug sein, und es wäre ein Leichtes, die Absurdität des Einwands nachzuweisen, eine wirkungsvolle Polizeitruppe sei nicht mit der englischen Freiheit vereinbar.

Southey trifft genau den Kernpunkt der Diskussion, und der strittige Punkt hatte sich in den letzten fünfzig Jahren nicht verändert. Wie ist ein effizienter Polizeiapparat mit dem traditionellen englischen Freiheitsbegriff vereinbar? Die einzige schlagkräftige Polizeitruppe, die den Briten bekannt war, war die französische, und die war als Instrument für bewaffneten Terror verschrien. Nur wenige waren bereit, auf eine Reform zu drängen, wenn die Gefahr bestand, dadurch der Tyrannei Tür und Tor zu öffnen. Am

27. Dezember, als die Panik am Ratcliffe Highway ihren Höhepunkt erreichte, konnte John William Ward einem Freund schreiben: »Sie haben eine bewundernswerte Polizei in Paris, aber sie bezahlen teuer dafür. Lieber werden alle drei oder vier Jahre am Ratcliffe Highway ein halbes Dutzend Kehlen durchschnitten, als dass ich zum Opfer von Haussuchungen, Spionen und all den sonstigen Segnungen Fouchés werde.«

Konnte das alte System den Schock der Morde vom Ratcliffe Highway wirklich überdauern? Der »London Chronicle« hatte in seinem Leitartikel vom ersten Weihnachtstag nachdrücklich ein ordentliches Polizeisystem verlangt. Für die »Morning Post« war die Alternative eindeutig: »Entweder müssen ehrbare Familienoberhäupter den Entschluss fassen, sich selbst zu schützen, oder wir müssen eine reguläre, bewaffnete Polizeitruppe unter dem Befehl ordentlicher Offiziere gründen.« Doch nicht für alle stellte sich die Sache so einfach dar. Der »Morning Chronicle« erinnerte seine Leser daran, dass die Pariser Polizei »geschickt zum Zwecke der Tyrannei eingesetzt« worden sei, vertrat aber die Meinung, dass der »Makel, der auf dem Ruf unseres Landes lastet«, eine Reform des alten Systems erforderlich mache: »Wir kommen nie auf den Gedanken, die alten, baufälligen Ruinen unserer Obliegenheiten abzureißen, bevor sie über unseren Köpfen zusammenbrechen. Dies ist Englands gewöhnlicher Weg zum Fortschritt. Wir scheinen stets weniger aus freien Stücken als aus blanker Notwendigkeit zu handeln.« Die öffentliche Meinung war ebenso wirr wie von Entsetzen geleitet.

Die vorherrschende Ignoranz erklärt, wieso der Gedanke an eine reguläre Polizeitruppe selbst jetzt, in den auf die Morde folgenden Wochen, während die Panik sich nur allmählich legte und die Familienväter überall Ketten an ihren Türen und Riegel an ihren Fenstern anbrachten, wenig Unterstützung fand. Die große Mehrheit derer, die engagiert genug waren, an das Innenministerium zu schreiben, bevorzugten einfachere Lösungen. Die Reform sollte bei den Nachtwächtern beginnen. Sie sollten jünger sein, und jemand – vielleicht ein Polizeibeamter des Friedensgerichts – sollte sie während der Nacht inspizieren. Aus den Wachhäuschen sollten die Stühle entfernt werden, um zu verhindern, dass ihre Benutzer einschliefen. Diese sollten mit Pistolen und Säbeln bewaffnet und von ihren Rasseln befreit werden. Bessere Männer könnten zum Dienst verpflichtet werden, wenn die »verächtliche Bezeichnung Nachtwächter durch Nachtaufseher« ersetzt würde. Die Bande zwischen den Nachtwächtern und den Prostituierten sollten zerschlagen werden, indem dafür Sorge getragen wurde, dass jede Frau, die »auch nur den geringsten Anlass dazu gibt, zu einer minutiös genauen Untersuchung und, wenn sie krank ist, ins Hospital geschickt wird. Wenn dieser Plan im ganzen Königreich durchgesetzt würde, wäre mehr für die Gesundheit der Armee und der Marine erreicht als durch zweitausend Ärzte, und außerdem wäre es auch noch ein Mittel, die Bevölkerungszahl zu vergrößern.« Ein eifriger Reformer empfahl sogar, die Nachtwächter mit Gefängnisstrafen zu bedrohen, wenn durch ihre Fahrlässigkeit ein Haus in ihrem Revier ausgeraubt würde.

Weitere, noch phantasievollere Ideen tauchten auf. In einem Brief wurde vorgeschlagen, verurteilte Diebe mit dem Buchstaben T (thief), Gewaltverbrecher zusätzlich mit einem V (violent) und Verdächtige mit einem S (suspect) zu brandmarken. Viele gaben dem Aussetzen höherer Belohnungen den Vorzug. Einige schlugen vor, Kriminelle in die Armee zu stecken und überall dort kämpfen zu lassen, »wo die Schlacht am heftigsten tobt«. George Greene aus Chelsea fürchtete keine Tyrannei. Er empfahl ein Polizeisystem wie das von St. Petersburg, wo jeder »Haushaltsvorstand unter Androhung von Gefängnisstrafen gehalten ist, der Polizei seines Viertels über jeden neuen Hausbewohner Bericht zu erstatten, und dieser verpflichtet ist, sich innerhalb einer Woche zu melden und seinen Namen und seine Adresse registrieren zu lassen«. Ein Beleuchtungsunternehmer sah die Lösung in einer besseren Straßenbeleuchtung, und ein weiterer empfahl die Errichtung von riesigen, gasbetriebenen Leuchttürmen in Abständen von zweihundert Metern. Entwürfe dafür – die stark an den Eiffelturm erinnern – hatte er freundlicherweise beigelegt. Garnet Terry aus Finsbury fasst die aus den Morden zu ziehende Lehre in Form von praktischen Anweisungen zusammen: »Jeder Haushalt, in dem ein Mann lebt, der in der Lage ist, Waffen zu tragen, sollte sich mit einer Seitenwaffe, einem Speer oder einer Pike sowie mit einem kleinen Korbschild mit einem Durchmesser von zwölf Zoll oder etwas mehr und einem senkrecht aus der Mitte der konkaven Seite ragenden, starken Korbgriff ausstatten. Dieser würde, richtig gehandhabt, vor dem Schlag eines Hammers oder einer Eisenstange schützen und ihm Zeit für den Gebrauch der Seitenwaffe beziehungsweise das Werfen des Speers oder den Einsatz der Pike schaffen.«

Ein entschlossener Innenminister hätte 1812 vermutlich ein recht radikales Stadtpolizeigesetz im Unterhaus durchsetzen können. Die Stimmung in der Bevölkerung war empfänglich dafür, und am 18. Januar beantragte Ryder die Einsetzung eines Komitees »zur Untersuchung des Zustands der Nachtwachen der Hauptstadt«. Sofern er eine zusätzliche Erinnerung an die öffentliche Besorgnis brauchte, erhielt er sie am Vorabend der Debatte in Gestalt des Briefs eines immer noch entsetzten Korrespondenten. Die Öffentlichkeit solle von der Kammer ausgeschlossen und Zeitungsreporter nur unter der Voraussetzung zugelassen werden, dass die Namen der Parlamentsmitglieder, die das Wort ergriffen, nicht bekannt gegeben würden, denn sie könnten »von den Missgeburten, die nun Recht und Religion mit Füßen treten, später nicht vergessen werden. Sie würden nicht einen Augenblick zögern, die Leben dieser Gentlemen zu beenden.« Zum Glück erwiesen sich diese Ängste als übertrieben, doch der Rang der Redner, die sich an der Debatte beteiligten, gibt deutlich die Aufregung und Bestürzung wieder, die sich inzwischen selbst im Parlament breit gemacht hatten.

Zur Eröffnung der Versammlung sagte der Innenminister, dass er sich, obwohl er es nicht für erforderlich halte, des Langen und

Breiten auf die Gründe einzugehen, »dennoch veranlasst sehe, an-
zumerken, dass, selbst wenn der Anlass für die Maßnahmen einzig
und allein die jüngsten schrecklichen Morde seien, durch die zwei
ganze Familien vollständig ausgelöscht wurden, die Grausamkeit
dieser Verbrechen allein einen ausreichenden Grund darstellen
würde«. Es treffe zu, dass kein Polizeisystem der Welt derartige
Morde verhindern könne, solange es Leute gebe, die gemein und
verkommen genug seien, sie zu begehen, doch eine verbesserte
Nachtwache würde die Wahrscheinlichkeit vermutlich verringern.
Wer schon im Ausland gewesen sei, wisse, dass selbst in Ländern,
in denen ein despotischer, bewaffneter Polizeiapparat vorhanden
sei, »Gräuel wie diese fast jede Nacht verübt werden, ohne so tiefe
Eindrücke zu hinterlassen, wie die, unter denen die Seele dieses
Landes gegenwärtig leidet«. Die Aufregung unterstreiche nur die
Tatsache, dass hier wenig derartige Taten verübt würden. Nichtsdestoweniger treffe es auch zu, dass das Gesetz zur Ernennung der
Gemeindenachtwächter vielfach missachtet werde, nicht zuletzt
wegen des enormen Wachstums Londons. Das Gesetz verlange,
dass die Gemeindevorsteher zur Bewachung der Straßen in der
Nacht nur »körperlich geeignete Männer« ernennen dürften, doch
dem Redner seien viele Fälle bekannt, in denen Leute, die zu alt
seien, ihren Lebensunterhalt anderweitig zu verdienen, zu Nachtwächtern ernannt worden seien, damit sie der Gemeinde nicht
zur Last fielen. Das seien nicht die rechten Männer, um Leben und
Eigentum der Einwohner von London zu schützen. Das Komitee
müsse entscheiden, ob das System vollständig geändert werden
solle oder ob es ausreiche, nur das geltende Gesetz durchzusetzen.
Doch soweit Ryder sich überhaupt Gedanken über die Sache gemacht hatte, neigte er eher zu der Idee, das gegenwärtige System
durchzusetzen, als bei etwas Neuem Zuflucht zu suchen.
Für die Opposition folgte dem Innenminister Sir Samuel Romilly,
der Strafrechtsreformer, der die begrenzten Zielsetzungen des
Antrags verurteilte. Jeder, dem die jüngsten Geschehnisse und
die »Besorgnis und der Schrecken« bekannt seien, die sich in der

gesamten Großstadt verbreitet hätten, müsse erheblich weiter reichende Maßnahmen erwarten. Das Komitee solle nicht nur den Zustand der Nachtwachen untersuchen, sondern auch die Gründe für die alarmierende Zunahme der Verbrechen. In den vergangenen fünf oder sechs Jahren habe es einen ständigen Zuwachs gegeben, und dies selbst während des Krieges. Es sei eine erwiesene Tatsache, dass in Kriegszeiten weniger Verbrechen begangen würden als in Friedenszeiten, da viele Kriminelle in der Armee Dienst täten. Doch in jüngster Zeit »sehen wir uns in diesem Land, in dem wir weit davon entfernt sind, auf diesen einzigartigen Vorteil zählen zu können, nicht nur mit dem traurigen Phänomen eines sich hinziehenden Krieges, sondern auch mit einer ständig wachsenden Zahl von Vergehen gegen den Frieden und die Gesellschaftsordnung konfrontiert«. Überdies hätten die Polizisten das größtmögliche Interesse an einer wachsenden Kriminalität, da sie – sofern sie nicht »Männer mit den höchsten Prinzipien der Menschlichkeit und Moral« seien – die Erfassung eines Gesetzesbrechers nur so lange hinauszuzögern bräuchten, bis seine Verbrechen seinen Wert steigerten, indem sie die Belohnung für seine Ergreifung in die Höhe trieben. »Kann ein derartiger Missbrauch im Angesicht von Schicklichkeit und gesundem Menschenverstand geduldig hingenommen werden? ... Mein ehrenwerter Freund hat von anderen Ländern gesprochen, in denen häufiger schlimmere Gewalttaten verübt werden als in diesem. Lieber Gott, welche Länder sollen das sein?« Er wisse es nicht. Er habe nie von ihnen gehört. Er könne sich nicht erinnern, jemals gelesen zu haben, dass in irgendwelchen anderen Ländern als diesem Mörder ganze Familien auslöschten. Der Antrag solle, so verlangte Romilly, zurückgezogen und in umfassender Form neu gestellt werden.

Bisher waren in der Debatte kaum Einzelheiten zu den Morden am Ratcliffe Highway zur Sprache gekommen. Doch die beiden nächsten Sprecher geben Aufschluss über das, was in London mehr als zwei Wochen, nachdem Williams unter die Erde gebracht worden war, an höherer Stelle geredet wurde.

William Smith, ein weiterer Whig, der Romillys Vorschlag unterstützte, die Untersuchungen auszuweiten, fuhr fort: Wenn sich das Unterhaus »mit der Natur dieser entsetzlichen und barbarischen Untaten und insbesondere den grässlichen Morden an der Familie von Mr. Marr (deren Mörder nach wie vor nicht gefasst werden konnten) auseinander setzen würde, würde offensichtlich, dass die Nachtwache der Hauptstadt diese Untaten und diese Morde selbst dann nicht hätte verhindern können, wenn sie sich im bestmöglichen Zustand befunden hätte«. Was hätten die Nachtwächter tun sollen? Die Verbrecher wären bestenfalls aus London vertrieben worden und nur in die umliegenden Dörfer ausgewichen, in denen die Menschen völlig schutzlos seien.

Also waren die Mörder der Marrs nach wie vor nicht gefasst? Als Nächstes ergriff der Premierminister persönlich das Wort, und Percevals Skepsis ging sogar noch weiter. »Die spezielle Untat, die solches Entsetzen und solchen Abscheu in der Hauptstadt hervorrief und deren Urheber, wie der ehrenwerte Gentleman bereits anmerkte, nach wie vor der Verhaftung entgehen konnten, bleibt noch immer im Dunklen. Es scheint zweifellos seltsam, dass ein Einzelner so geballte Gewalt hervorbringen kann. Wahrscheinlich war er dazu gar nicht in der Lage. Doch darüber kann man sich noch keine eindeutige Meinung bilden. Wenn diese Untat tatsächlich von dem Individuum begangen wurde, dem sie zur Last gelegt wird (Williams), ist es falsch, zu behaupten, der Schuldige sei nicht gefunden worden, doch ich muss auf jeden Fall wiederholen, dass es mir seltsam vorkommt, dass ein Einzelner so verheerenden Schaden angerichtet haben soll. Gleichzeitig scheint mir, soweit ich in der Lage war, die Sachverhalte in diesem Fall zu verfolgen, noch immer nicht erwiesen, dass nicht noch andere an dieser schrecklichen Bluttat beteiligt waren. Doch wie der ehrenwerte Gentleman selbst bemerkte, hätte keine noch so ausgezeichnete Nachtwache ein derartiges Verbrechen verhindern können. Tatsächlich habe ich keine Ahnung, was für ein Polizeisystem dies hätte bewerkstelligen sollen. Wenn so enorme Schuld in der menschlichen Brust lauert, kann keine Regierung der Welt sie daran hindern, ihr Ziel zu erreichen. Es könnte in unserer Nähe geschehen, es könnte unsere Häuser treffen. Der einzige Schutz vor derartigen Verbrechen ist die Art und Weise, mit der die Allgemeinheit die Einzelnen verfolgt, von denen sie begangen werden.«

Dem Premierminister folgte ein weiterer Sprecher der Opposition, Abercromby, der Romillys Argument wiederholte, der Anstieg der Kriminalität zeige, dass die Polizei ihrer Aufgabe nicht gewachsen sei. Er beantragte folglich eine Änderung des Antrags, dem die folgenden Worte hinzugefügt werden sollten: »und ebenso des Zustands der Polizei der Hauptstadt«. Dann folgte ein Beispiel von alles verklärendem Optimismus: Sir Francis Burdett, der wohlhabende, temperamentvolle Radikale und Held der Massen, eine Art Heiliger der letzten Tage, erklärte, er sei überzeugt, dass sich nach einer Reformation der Nachtwache die Polizei als ganz und gar überflüssig erweisen würde. Das Land müsse ein Gesetz Edwards I. wieder in Kraft setzen, gemäß dem sämtliche Familienoberhäupter abwechselnd aufgerufen seien, zum Schutz der anderen Wache zu halten. Der ehrbare Teil der Bevölkerung würde dadurch an den Gebrauch von Waffen gewöhnt, sodass er im Fall einer Invasion zur Verteidigung des Landes und zur Unterdrückung von Aufständen zur Verfügung stehe.

Der Premierminister, den diese Logik wenig beeindruckte, akzeptierte den Vorschlag, die Untersuchungen auszuweiten. Gegen Ende der Debatte stand schließlich Sheridan auf, um eine scharfe Attacke gegen die selbstgefällige und schwächliche Reaktion der Regierung auf die Krise zu reiten und die Art zu kritisieren, auf die die Friedensrichter die gesamten Untersuchungen der Morde am Ratcliffe Highway geführt hätten.

Sheridan begann mit einem allgemeinen politischen Angriff auf den Innenminister und dessen kurzsichtige Ansichten darüber, was zu tun sei:

Nachdem sich das Entsetzen über die jüngsten Bluttaten wie ein Lauffeuer über die gesamte Stadt verbreitet hat, tritt angesichts des allgemeinen und dringenden Verlangens der Öffentlichkeit nach Reformen und Schutz der ehrenwerte Gentleman vor das Unterhaus und schlägt, um ein für alle Mal jede Besorgnis und Furcht zu bannen, ernsthaft vor, ein Komitee einzusetzen, das den Zustand der Nachtwachen überprüft! Das wäre auch zu jeder anderen Zeit der kläglichste aller Vorschläge gewesen, und in Anbetracht der gegenwärtigen Krise ist er nicht nur jämmerlich, sondern – ich muss den ehrenwerten Herrn Minister um Vergebung bitten, wenn ich hinzufüge – der dümmste Vorschlag, der je hätte gemacht werden können ... Warum nicht noch einen Schritt weitergehen und die Untersuchung auf den Zustand der Gemeindekindergärten ausweiten? (Gelächter.) Der ehrenwerte Herr Minister ist berstend vor Informationen vor das Haus getreten. Er hat uns mitgeteilt, dass das Gesetz körperlich geeignete Nachtwächter fordert, und dann hat er uns gesagt, dass die tatsächlich beschäftigten Männer körperlich nicht geeignet sind; zweifellos sehr überzeugende Gründe dafür, dass sie weder aktiv noch jung und tatkräftig sind. Ferner hat der ehrenwerte Gentleman offenbart, dass diese Art von Männern derartigen Situationen nicht gewachsen sind, dass der Dienst, kurz gesagt, Rekruten erfordert, dass es gegenwärtig keine Wächter gibt, die die Stadt des Nachts schützen können, und dass man daher mit aller geziemenden Besonnenheit damit anfangen muss, die Zustände bei der Nachtwache zu überprüfen ... Der sehr ehrenwerte Gentleman kennt das Gewicht, das sein Auftreten Nichtigkeiten verleihen kann – er hat ja die Angewohnheit, allem, was er dem Haus vorzutragen hat, eine so steife Aura ernsthafter Feierlichkeit zu verleihen, dass gelegentlich die Gefahr besteht, für die Sache zu halten, was nur seinem Auftreten zuzuschreiben ist.

Nachdem Sheridan Ryder dergestalt in seine Schranken verwiesen hatte, fing er an, gegen die englische Fremdenfeindlichkeit zu wettern, ein Thema, zu dem er als Ire sehr ausgeprägte Ansichten hatte:

Sie können sich alle erinnern, wie rasch sich anfangs, nachdem diese entsetzlichen Gräueltaten in der Gegend um Shadwell verübt worden waren, die Vorurteile des Pöbels gegen einen Ausländer richteten. Ganz plötzlich waren alle überzeugt, die Vorgehensweise bei diesen Morden beweise eindeutig, dass sie von einem Portugiesen und niemand anderem als einem Portugiesen begangen worden sein könnten. »Oh, wer außer einem Portugiesen würde so etwas tun?«, war der allgemeine Aufschrei. Die Vorurteile blieben allerdings nicht lange auf die Portugiesen beschränkt. Die nächsten Fremden, die verdächtigt und für schuldig erklärt wurden, waren die Iren (Gelächter), und es konnte niemand anderes als ein irischer Mörder gewesen sein, denn nur ein Ire konnte eine solche Tat verübt haben! So primitiv dieses Vorurteil auch war, die Friedensrichter schämten sich nicht, dementsprechend zu handeln, und die Morde mit der ganzen Gemeinheit und Bigotterie dieses Vorurteils einzig und allein im Lichte einer papistischen Verschwörung zu betrachten. Sie leiteten eine wahllose Jagd auf Iren ein, und wenn sie einen gefasst hatten, begannen sie, um gleich zum Kern der Sache zu kommen, mit der tiefsinnigen Frage: »Sind Sie Papist?«, oder: »Wenn Sie leugnen, einer zu sein, beweisen Sie, dass Sie nicht wissen, wie man sich bekreuzigt!«.

Inmitten dieser allgemeinen Verdächtigung von Ausländern und Iren interessiert es mich nun doch, ob der ehrenwerte Gentleman Rücksprache mit dem Leiter der Ausländerbehörde gehalten hat. Hat er die zuständigen Beamten des Distrikts konsultiert? Hat er die Amtsrichter auch nur einer der Abteilungen zu Rate gezogen? Hat er irgendjemanden kontaktiert, der ihm möglicherweise sachdienliche Auskünfte hätte geben können? Wenn nicht, und ich gehe davon aus, dass er es nicht getan hat, dann muss man sich umso weniger darüber wundern, dass der ehrenwerte Herr Minister des Inneren es unter diesen Umständen für ausreichend gehalten hat, seinen feierlichen Vorschlag zu gebären, die Zustände bei der Nachtwache zu untersuchen!

Schließlich schleuderte Sheridan seine Zornespfeile gegen die Friedensrichter der Hauptstadt, wobei er offen wiederholte, was viele Leute im privaten Kreis schon seit Wochen sagten:

Hat es nicht vielleicht doch Schiebungen gegeben bei der Ernennung einiger dieser Friedensrichter? ... Erliegen nicht viele der Versuchung, ein solches Amt zu übernehmen, obwohl sie völlig unfähig sind, die ihnen anvertrauten Pflichten zu erfüllen? ... Für einige der Richter hege ich den größten Respekt, und ich nenne mit Freuden den Namen Mr. Aaron Graham, der sich durch seinen Eifer bei der Oberaufsicht über die mühsamen Ermittlungen öffentlich verdient gemacht hat. Ich glaube auch, dass die Friedensrichter vom Bow Street Office durchwegs tätig und aufmerksam gewesen sind. Doch was soll ich über die Richter von Shadwell sagen? Wie soll ich auch nur annäherungsweise eine Amtsführung beschreiben, bei der permanent versucht wird, grobe Pflichtverletzung durch Torheit und unüberlegte Hast wieder gutzumachen? Zum einen mussten wir mit ansehen, wie sie in den unqualifizierten Aufschrei des Pöbels einstimmten und sich begierig in die sinnlose Verfolgung eines jeden Mannes mit zerrissener Jacke und schmutzigem Hemd stürzten, und zum anderen, wie sie Williams allein ließen, mit allem versorgt, was er brauchte, um Selbstmord zu begehen. Lassen Sie in Bezug auf die Amtsführung dieser Leute eine Tatsache sprechen, die mehr sagt als alle Worte: Es ist inzwischen allgemein bekannt, dass Williams kein Ire war. Doch das Vorurteil der Stunde verlangte, dass er Ire sein musste, und nachdem das Gerücht erst einmal in die Welt gesetzt war, wurde es allgemein geglaubt. Unter dem Einfluss dieses Vorurteils wurden sieben unglückliche Iren wegen des starken Verdachts auf ungewaschene Unterwäsche festgenommen! Sie wurden verhört, und, nachdem man sie veranlasst hatte, sich zu bekreuzigen, alle zusammen in einem engen Raum im Untergeschoss eingesperrt. Als am nächsten Abend störende Geräusche zu hören waren, und zwar vermutlich nicht eben gedämpfte, erkundigten sich die Friedensrichter nach dem Grund für diesen Aufruhr und erhielten die Auskunft: »Ach, das sind nur diese schrecklichen Iren, die einfach keine Ruhe geben wollen!« Es stellte sich jedoch heraus, dass besagte Iren zumindest in diesem Fall nicht viel Grund hatten, zufrieden zu sein, denn sie waren vierundzwanzig Stunden lang ohne ein Bett, um sich hinlegen zu können, ohne einen Krümel Brot und ohne einen Tropfen Wasser zu ihrer

Erfrischung in diesem Loch von einem Raum eingesperrt. Und was taten die Richter? Sie besannen sich zum Glück auf die Tatbestände und sagten zu ihren Beamten: »Also geben Sie diesen Kerlen in Gottes Namen etwas Brot und Käse, und dann schaffen Sie sie her! Wir werden uns für die Umstände entschuldigen, die wir ihnen gemacht haben, und sie dann freilassen.«

Dies war, so nehme ich an, was der ehrenwerte Herr Minister als Einsatz bezeichnen würde. Aber auch wenn man diesen Einsatz gebührend anerkennen will, wo waren Engagement, Gerechtigkeit, Moral und Sittlichkeit bei jenem verabscheuungswürdigen Spektakel, bei dem sie mit der unziemlichen, öffentlichen Zurschaustellung der Leiche die schlimmsten Gelüste des Pöbels befriedigten? Wollten sie den Leuten beibringen, Leichen zu schänden? Sollte die Unantastbarkeit des Gesetzes dadurch demonstriert werden, dass man die Leidenschaften der Massen auf einen Kadaver ohne Bewusstsein losließ? ... Sollten die Menschen die Rache des Gesetzes vollziehen, indem sie der feierlichen Parade zerstückelter Gliedmaßen und verfaulter Körper beiwohnten? Was sonst kann das wahre Motiv für diese Zurschaustellung des Kadavers, des Hammers und des Stemmeisens gewesen sein – wenn es nicht ein erbärmlicher Winkelzug war, um die eigene skandalöse Pflichtverletzung zu kaschieren? Warum hat man den Mann sich selbst überlassen? Warum hat man ihn drei Tage lang allein gelassen, obwohl bekannt war, dass ein Träger durch sein Verlies lief und dass er ein Halstuch und Sockenhalter trug? Erstaunlich ist eigentlich nur, dass sie nicht den Befehl gegeben haben, den Gefangenen allnächtlich mit einer Auswahl an Rasierklingen und Pistolen auszustatten. Aber welcher Ausdruck wäre zu krass, um das Ausmaß ihrer Pflichtverletzung und Nachlässigkeit zu beschreiben, nachdem bekannt geworden ist, dass der arme Teufel in den Besitz des scharfen Stücks Eisen gelangen konnte, das am Morgen, nachdem er sich aufgehängt hatte, in seiner Tasche gefunden wurde? Es geht das Gerücht, dass sämtliche Nachtwächter Shadwells entlassen worden sind. Warum, im Namen der Gerechtigkeit, sind die Friedensrichter nicht auch zum Teufel gejagt worden? ... Um den Bericht über die Wachsamkeit der Richter von

Shadwell zusammenzufassen, muss ich nur noch feststellen, dass die Herren erst auf die Idee kamen, Williams' Zimmer zu durchsuchen, in dem die blutige Hose und das Messer mit dem Elfenbeingriff gefunden wurden, als die Morde bereits annähernd zwei Monate zurücklagen. Ich habe bereits früher viel über das Thema Polizei nachgedacht, und nachdem der ehrenwerte Herr Minister am heutigen Abend sehr deutlich gemacht hat, dass er sich mit diesem Thema in keiner Weise auseinander gesetzt hat, möchte ich den ehrenwerten Gentleman doch inständig bitten, demnächst damit anzufangen, zumindest bevor er sich erneut vor das Haus stellt, um mit größter Feierlichkeit eine Untersuchung des Zustands und der Befindlichkeiten der Nachtwächter zu beantragen.

Ein Komitee des Unterhauses wurde ordnungsgemäß eingesetzt, dem sowohl Ryder als auch Sheridan angehörten. Doch zumindest ein Mann hatte eine bessere Idee, wie die Parlamentsmitglieder beschäftigt werden könnten. Ein gewisser W schrieb an den Herausgeber des »Examiner« und empfahl die Aufstellung eines Corps aus den ehrenwerten Herrn Parlamentsmitgliedern als Nachtwächter. Der höchst ehrenwerte C. Yorke solle »aus dem Marineministerium in ein Wachhäuschen in Shadwell versetzt werden; denn ich kann mich erinnern, dass er, als ich noch ein Junge war, in den Reden an seine Wähler, in denen die Gefahr seine ganze Freude zu sein schien, heroisch darüber schwadronierte, wie er durch Ströme von Blut waten würde, um Land und König zu schützen«. Und was die Parlamentsmitglieder aus der Stadt betraf, »stellen Sie sich die erfrischende Wirkung einer langen Wachrunde vor, nachdem die Herren bei einem großen Festessen stundenlang gemästet wurden, stellen Sie sich vor, wie die Pflicht den fatalen Folgen eines solchen Dinners entgegenwirken könnte«! Im Westteil der Stadt sollten die Salonlöwen patrouillieren. Sie könnten eine frühe Wache übernehmen und anschließend dinieren. »Ihre Anwesenheit im Parlament ist außer bei Abstimmungen nicht erforderlich, und wer am Anfang einer Debatte spricht, kann unauffällig aus seiner Bank schlüpfen ... und wenn die Lichter ausgehen, kann ›Old Sherry‹, vom Rotwein erleuchtet, aufbrechen und die Söhne der Dunkelheit und des Chaos mit seiner leuchtenden Nase in die Flucht schlagen.« Der Premierminister könne zugegebenermaßen nicht an mehr als fünf Orten gleichzeitig sein, doch wenn er das nächste Mal ein Gesetz vorlege, könne er doch zumindest »den Herrn Innenminister ersuchen, sich eine gewisse Kenntnis seiner Pflichten anzueignen«.

Einige Wochen später veröffentlichte das Komitee einen Bericht, der für die Nachwelt ebenso uninteressant ist, wie er den zeitgenössischen Ansichten zupass kam. Wie nicht anders zu erwarten, enthielt er einige Vorschläge zur Verbesserung des Zustands der Gemeindewachen und zur Förderung einer besseren Zusammenarbeit der Friedensrichter. Wieder einmal verdient jedoch Harriott – der fünf Jahre später, wie das »Gentleman's Magazine« berichtet, »nach so entsetzlichen Leiden starb, dass sie selbst für seinen starken Geist kaum mehr zu ertragen waren« – Erwähnung für seinen tapferen, erfolglosen Versuch, das Komitee zu überreden, in größeren Maßstäben zu denken. Seinem Empfinden nach war das gesamte Konzept der Nachtwächter inzwischen gründlich diskreditiert. Er drängte darauf, jedem der Friedensgerichte eine fünzig Mann starke Polizeitruppe unter dem Befehl eines kompetenten Polizeichefs zuzuteilen. Eine Warteliste von vielleicht der doppelten Stärke sollte als Polizeireserve zusammengestellt werden. Die Polizeireviere der River Thames Police und der Bow Street sollten zweihundert weitere Leute mustern. In Notfällen sollte die gesamte Truppe überall dort eingesetzt werden können, wo sie gerade gebraucht wurde, und sie sollte von entschlossenen Friedensrichtern geführt werden – »denn entschlossen und auch couragiert müssen sie sein, sonst sind sie für die Polizeiarbeit ungeeignet«.

Niemand hörte auf ihn. Harriott hätte ebensogut die literarischen Ergüsse der Poeten Pye, Moser und Gifford vorlegen können, so wenig Beachtung fand er. Kurz darauf wurde im Parlament eine

Gesetzesvorlage eingebracht, die im Großen und Ganzen auf den Vorschlägen des Komitees beruhte. Doch inzwischen hatte sich die durch die Morde ausgelöste Panik weitgehend gelegt. Und dann schlug am 11. Mai ein weiterer Mörder zu, und die unteren Schichten erhielten die tröstliche Gewissheit, dass nicht nur sie gefährdet waren. John Bellingham, erzürnt, dass seine Briefe nur von einem Ressort in Whitehall zum nächsten weitergeleitet wurden, ohne dass mehr als eine Empfangsbestätigung dabei herausgekommen wäre, ging mit einem geladenen Revolver in die Eingangshalle des Unterhauses und erschoss den Premierminister. Vielleicht hatte Perceval im Augenblick seines Todes noch Zeit, sich an seine drei Monate zurückliegende Versicherung zu erinnern: »Keine noch so ausgezeichnete Nachtwache hätte ein derartiges Verbrechen verhindern können.«

Blieb nur noch, die Gesetzesvorlage zu kippen. Im Juli debattierte das Haus über eine Eingabe der Kirchgemeinden der Hauptstadt, die vorbrachten, dass sie absolut unangemessen sei und zusätzliche vierundsiebzigtausend Pfund kosten würde, die als direkte Steuern erhoben werden müssten. Ryder war nicht mehr Innenminister, und die Gesetzesvorlage wurde von niemandem mehr unterstützt. Der junge Henry Brougham, später ein berühmter Lordkanzler, hielt die Grabrede. Es sei schließlich eine gefährliche Gesetzesvorlage, die aufgrund »plötzlicher und vorübergehender Impulse und Leidenschaften« erstellt worden sei und den Polizeibeamten unter der Aufsicht der Friedensrichter »eine erschreckende Macht« verleihen würde; und was waren die Friedensrichter anderes als eine bunte Ansammlung von Bankrotteuren, verkrachten Juristen und »Poeten – ja, insbesondere Poeten – kein Gerichtshof, der nicht seinen Dichter hat.« Daraufhin verschwand die Gesetzesvorlage in der Versenkung. Dafür wurde 1816, 1818 und 1822 viel Wind um drei andere parlamentarische Komitees gemacht, die sich mit den Gefahren eines Polizeiapparats für die englische Freiheit befassten. Als Peel 1829 schließlich die städtische Polizei gründete, folgte umgehend ein großer Aufschrei der

250

Kirchenvorsteher, Aufseher und Gemeindevertreter der Gemeinde St. George's-in-the-East.

John Williams' Knochen lagen seit achtzehn Jahren unter den Pflastersteinen an der Straßenkreuzung, und über die Geschichten, die über ihn erzählt wurden, hatte sich eine Aura von Geheimnis und Legende gelegt. Die Zeit hatte die schmutzige Realität beschönigt, auch wenn De Quincey Williams noch nicht unsterblich gemacht hatte. Eine neue Generation von Kirchenvorstehern, Aufsehern und Gemeindevertretern hatte festgestellt, dass sie nun doch höchst zufrieden mit ihren Gemeindenachtwächtern waren. Was sie von Peels neuen »Bobbies« erwartet hatten, wissen wir nicht. Doch Anfang 1830 kam der Gemeinderat zu dem Schluss, dass seine Erwartungen »insgesamt enttäuscht worden waren, da das System zu planlos ist … infolge allgemeiner Nachlässigkeit haben die Gesetzesübertretungen in der Gemeinde allgemein zugenommen, die Einbrüche werden häufiger, die Straßen befinden sich nachts in einem unerträglichen Zustand von Aufruhr und Chaos, und die Bevölkerung hat so wenig Vertrauen, dass auf Kosten von Einzelpersonen private Wachleute eingestellt wurden. Die Polizisten wurden des Öfteren betrunken im Dienst angetroffen und verbrüdern sich in den Kneipen offen und regelmäßig mit Prostituierten und anderen verdächtigen Elementen.« Der Gemeinderat schloss mit der Bemerkung: »Das gegenwärtige System ist verfassungswidrig und hat allein die Funktion, die Grundfesten unserer Freiheiten zu erschüttern.«

Ein Beitrag von eintausendachthundert Pfund für die Kosten der Stadtpolizei war nach achtzehn Jahren offenbar ein zu hoher Preis, um sich gegen die Gefahr eines zweiten John Williams abzusichern.

XI
Das achte Opfer?

Das selbstsichere Urteil, das über John Williams gefällt wurde, ist ein Urteilsspruch über das frühe neunzehnte Jahrhundert selbst. Doch es wäre unfair, die Friedensrichter für ihre Handhabung dieses Falls allzu hart zu kritisieren. Als Institution gebrach es ihnen an jeder Ausbildung, sie waren unkoordiniert und unterbesetzt, und die verfügbaren Leute waren für die ihnen gestellten Aufgaben völlig unqualifiziert. Doch selbst wenn man die Unzulänglichkeiten des Systems in Rechnung stellt, bleiben einige Unterlassungen und Fehler unbegreiflich. Sie verabsäumten es, den Zimmermannshammer genauer zu untersuchen, wobei die eingestanzten Initialen hätten gefunden werden müssen. Dadurch wäre ihre Aufmerksamkeit früher auf den »Pear Tree« gelenkt worden, wodurch wiederum die Morde an den Williamsons möglicherweise hätten verhindert werden können. Sie schenkten dem in Marrs Räumlichkeiten gefundenen Stemmeisen wenig Beachtung, obwohl sie eine Suche nach seinem Besitzer ausschrieben und erkannt haben müssen, dass es mit an Sicherheit grenzender Wahrscheinlichkeit von dem Mörder ins Geschäft gebracht worden war. Sie ließen den »Pear Tree« erst zehn Tage nach dem Tod ihres Hauptverdächtigen durchsuchen. Sie verschwendeten viel Zeit und Mühe auf die fruchtlosen Verhöre von Leuten, die ihnen aufgrund völlig unzureichender Verdachtsmomente vorgeführt wurden. Sie verabsäumten es, irgendeine Art von Zusammenarbeit zum direkten Austausch von Informationen und zur Koordination ihrer jeweiligen Maßnahmen zu organisieren, wie vorübergehend und rudimentär auch immer diese ausgesehen hätte. Sie verschwendeten ihre Zeit und die ihrer Polizeibeamten, indem sie Verdächtige unnötig im Gefängnis festhielten, weil sie sich in ihrer Unsicherheit scheuten, selbst den unwahrscheinlichsten Verdächtigen gehen zu lassen, wenn er ihnen erst einmal vorgeführt worden war. Noch ernster war, dass sie, nachdem die Herkunft des Hammers erst einmal festgestellt worden war, so beeindruckt von der Tatsache waren, dass einer ihrer bereits verhafteten Verdächtigen bei den Vermilloes gewohnt und dadurch Zugang zu dem Mordwerkzeug gehabt hatte, dass sie all ihre Energien darauf konzentrierten, seine Schuld zu beweisen, und es völlig verabsäumten, die weiter gehende Bedeutung ihres Funds zur Kenntnis zu nehmen. Eine sofortige, gründliche Haussuchung im »Pear Tree«, eine Vernehmung aller, die dort logierten oder Zugang zu John Petersons Werkzeugkasten hatten, eine Überprüfung ihrer Kleidung und ihrer Rasiermesser, Ermittlungen bezüglich ihres Aufenthalts in der Mordnacht, all das wäre zwingend erforderlich gewesen. Nichts davon geschah. Und was am schlimmsten war, die Friedensrichter deuteten Williams' Selbstmord als Beweis seiner Schuld, und in ihrer Beflissenheit, den Mob zu befrieden, setzten sie die Leiche eines Mannes, der weder vor Gericht gestellt worden war noch die Möglichkeit erhalten hatte, seine Sache vor einer Jury zu vertreten, einer Schande aus, die nur verurteilten Mördern vorbehalten war.

Es ist wichtig, sich ins Gedächtnis zurückzurufen, aufgrund welch dürftiger Verdachtsmomente Williams ursprünglich inhaftiert worden war:

Die ihm zur Last gelegten Tatbestände waren, dass er am vergangenen Donnerstag gegen sieben Uhr abends dort gesehen wurde, dass er an diesem Abend nicht vor Mitternacht nach Hause kam und dann einen Mitbewohner, einen ausländischen Seemann, ersuchte, seine Kerze zu löschen, dass er ein kleiner Mann mit einem hinkenden Bein war, dass er Ire war und dass er vor diesen traurigen Ereignissen wenig oder gar kein Geld hatte und bei seiner Verhaftung eine ganze Menge Silber besaß.

In dem Bericht in der »Times« wird auch erwähnt, dass sich eine Pfundnote in seinem Besitz befand. Diese ersten Beweise standen, wie unbedeutend sie auch sein mochten, im Zusammenhang mit den Morden an den Williamsons und Bridget Harringtons. In jenem Stadium wurden die Morde an den Marrs und an James Gowen gar nicht erwähnt. Interessanterweise bezeichnete der Premierminister die Morde an den Marrs als ungelöst. Williams wurde nur für den Mörder der Marrs gehalten, weil man glaubte, er habe die Williamsons ermordet. Dennoch war der Mord an den Williamsons der Mord gewesen, bei dem der Mörder gesehen worden war, und es war eindeutig festgestellt worden, dass es sich nicht um Williams gehandelt hatte. Wenn man Miss Lawrences Zeugenaussage Glauben schenken darf, und sie hatte sich als feindselige Zeugin erwiesen, die keinerlei Zuneigung zu Williams empfand, hatte Williams für diesen Mord auch eine Art Alibi.

Williams hatte nie ein Geheimnis aus seiner Bekanntschaft mit den Williamsons gemacht, und er leugnete auch nicht, dass er das »King's Arms« des Öfteren besucht hatte und an dem fraglichen Donnerstag dort gewesen war. Doch wenn ein Besuch im »King's Arms« allein schon verdächtig war, muss man sich wundern, dass nicht die halbe männliche Einwohnerschaft der Gegend verhaftet wurde. Ebenso ist es kaum von wesentlicher Bedeutung, dass Williams nicht vor Mitternacht in sein Quartier zurückkehrte. Die Gegend war bekannt dafür, dass die Leute lange aufblieben, und die Geschäfte und Gasthäuser waren durchgehend bis nach Mitternacht geöffnet. Richter sagte bei seiner Vernehmung am zweiten Weihnachtstag aus, dass Williams »gewohnheitsmäßig lange aufblieb«. Wenn Williams tatsächlich erst nach Mitternacht in den »Pear Tree« zurückkehrte, spricht das eher für ihn. Die Williamsons wurden kurz nach elf Uhr abends ermordet, und das »King's Arms« war weniger als fünf Minuten zu Fuß vom »Pear Tree« entfernt. Wenn er schuldig gewesen wäre, hätte Williams lange vor Mitternacht zu Hause sein müssen. Er hätte keinen Anlass gehabt, länger auszubleiben, aber jeden Grund, so schnell wie möglich von der Straße weg und sicher nach Hause zu gelangen, bevor der Alarm und der allgemeine Aufruhr losgingen. Das »Pear Tree« wäre seine natürliche und zweifellos einzige Zuflucht gewesen.

Williams' Erklärung für seinen Protest wegen der Kerze seines Mitbewohners klingt glaubhaft, besonders wenn man sich die stets gegenwärtige Feuergefahr in den alten Häusern am Fluss vor Augen hält. Und Williams war Matrose auf einem Schiff der Ostindischen Gesellschaft gewesen. Die Handelsschiffe der Ostindischen Gesellschaft waren aus Holz gebaut und aufgrund der Notwendigkeit, sich im Notfall zu verteidigen, bewaffnet. Feuer auf See war auf einem hölzernen Schiff mit Schießpulver an Bord eine größere Gefahr als ein Sturm oder ein Angriff, und die Feuerschutzmaßnahmen waren streng und wurden drakonisch durchgesetzt. Alle Kerzen auf Deck mussten um neun Uhr abends gelöscht sein, und die unter Deck bis zehn Uhr. Williams' Erfahrungen und seine Ausbildung sowohl an Land wie zur See hatten ihn gelehrt, Feuer zu fürchten. Der Anblick einer brennenden Kerze in der Hand eines nach Mitternacht im Bett lesenden Mannes musste ihn unweigerlich zu einem Protest veranlassen. Wäre er tatsächlich blutüberströmt, derangiert und nach einem Kampf mit Williamson, der sehr viel größer und stärker war als er, höchstwahrscheinlich verletzt zu seinem Quartier zurückgekehrt, hätte die sinnvollste Methode, einer Entdeckung zu entgehen, darin bestanden, unauffällig ins Bett zu schlüpfen und nicht, alle Aufmerksamkeit auf sich zu lenken, indem er einen Streit mit einem Mitbewohner vom Zaun brach, zumal das trübe Licht einer Kerze, die in einigem Abstand gehalten wurde, für ihn kaum eine große Gefahr dargestellt haben dürfte.

Bleibt noch das Verdachtsmoment der Pfundnote und der Silbermünzen. Mrs. Vermilloe hatte ausgesagt, dass das Geld, das Williams bei ihrem Mann deponiert hatte, noch nicht vollständig aufgebraucht gewesen sei. Williams brauchte jedenfalls Geld. Warum sonst hätte er seine Schuhe verpfänden sollen? Doch diese Situation war ihm ebenso wenig wie jedem anderen Seemann fremd. Er kam reich nach Hause und war bald arm. Wenn die Lösung dieses Problems Raub und Mord waren, ist es verwunderlich, dass er nicht schon nach früheren Reisen auf diese Möglichkeit zurückgegriffen hatte. Es wurde nie der Beweis erbracht, dass die kleine Geldsumme, die sich in seinem Besitz befand, irgendwie mit den Morden an den Williamsons in Zusammenhang stand. Hatte er Williamsons Uhr gestohlen und anschließend verkauft? Es ist unvorstellbar, dass sich der Käufer nicht gemeldet haben soll. Hatte er die Pfundnote im »King's Arms« gestohlen? Wenn ja, hätte sie blutverschmiert sein müssen. Es ist viel wahrscheinlicher, dass das Geld, das Williams bei sich hatte, tatsächlich von der Verpfändung seiner Schuhe stammte. Die Polizisten, die ihn festnahmen, überprüften die Daten auf seinen Pfandscheinen nicht, doch die Tatsache, dass sie sich noch in seinem Besitz befanden, deuten auf seine Unschuld hin. Williams war ein eitler junger Mann, besonders, was sein Äußeres betraf. Wenn er bei den Morden an den Williamsons Geld erbeutet hätte, wäre eine seiner ersten Unternehmungen mit Sicherheit gewesen, sich seine Schuhe zurückzuholen.

Williams wurde nur nach einem Alibi für die Morde an den Williamsons gefragt, und er sagte aus, dass er, nachdem er das »King's Arms« verlassen hatte, wegen der Verletzung an seinem Bein einen Arzt in Shadwell aufgesucht habe. Danach sei er in derselben Gegend in der Hoffnung auf eine billigere Behandlung zu einer Heilerin gegangen und habe den Rest des Abends weiter westlich in weiblicher Gesellschaft mit dem Besuch mehrerer Kneipen verbracht. Er wurde weder nach dem Namen des Arztes noch nach dem Namen der Heilerin gefragt, und möglicherweise suchte er beide zu früh auf, als dass ihm dies ein Alibi verschafft hätte. Doch die Geschichte, dass er etwas trinken gegangen sei, wurde in gewisser Weise bestätigt. John Fitzpatrick und Miss Lawrence sagten übereinstimmend aus, dass er gegen Viertel nach elf Uhr abends mit Cornelius Hart im »Ship and Royal Oak« gezecht habe, eine Uhrzeit, die den beiden ein Alibi verschafft hätte, wogegen John Cobbett angab, Williams mit Ablass in Mr. Lees Kneipe gesehen zu haben. Mit der möglichen Ausnahme von Miss Lawrence scheint keiner der Zeugen besonders zuverlässig. Doch soweit es zu Williams' Aufenthaltsorten am Abend des Donnerstags, des 19. Dezembers, überhaupt irgendwelche Zeugenaussagen gibt, bestätigen sie seine Angabe, dass er in verschiedenen Kneipen etwas getrunken habe.

Dann ist da die Behauptung, Williams habe seinen auffälligen Backenbart abgenommen. Dies wurde offenbar als Versuch interpretiert, sich unkenntlich zu machen, doch es ist schwer nachzuvollziehen, wieso, da nur Susan Peachy die Beschreibung eines Mannes mit Backenbart abgab. Wenn Williams besorgt war und fürchtete, sein Bart könne ihn verraten, hätte er nur Anlass zu Spekulationen und Verdächtigungen gegeben, wenn er ihn unmittelbar nach den Verbrechen abrasiert hätte. Er hatte genug Bekannte, die bestätigen konnten, dass er ihn normalerweise trug, er konnte kaum hoffen, dass dieses Täuschungsmanöver Erfolg haben würde. Der mürrische Richter sagte bei seiner widerstrebenden Zeugenaussage aus, dass er kaum einen Unterschied an Williams' Erscheinungsbild hätte bemerken können, und es kann sehr gut der Wahrheit entsprechen, dass Williams' Entscheidung, seinen Bart abzunehmen, ohne jeden Hintergedanken und eine Routineprozedur war. Es könnte durchaus sein, dass sich Williams erst rasieren ließ, während er sich im Gefängnis in Coldbath Fields befand, da die nach seinem Tod in seiner Zelle angefertigte Zeichnung von Lawrence ihn ohne Bart zeigt. Genauso natürlich ist mit Sicherheit Williams' Antwort: »Ich weiß«, als Harrison in sein Zimmer gestürmt kam, um ihn mit der Nachricht von den Morden an den Marrs zu wecken. Die Neuigkeit musste sich wie ein Lauffeuer im ganzen Haus verbreitet haben, und Harrison selbst räumte ein, dass Williams sehr gut zugehört haben konnte, während er alles Mrs. Vermilloe erzählte. Ein schuldiger Verbrecher hätte mit Sicherheit den Versuch gemacht, Schrecken, Erstaunen und Überraschung zu heucheln.

Von seiner ersten Vernehmung an hatten sich die Vorurteile gegen Williams ständig verhärtet, und die Friedensrichter hatten nichts dagegen unternommen. Bei seiner Zeugenaussage räumte Harrison offen ein, dass »er immer einen schlechten Eindruck von dem Gefangenen gehabt und stets auf eine Gelegenheit gehofft habe, etwas gegen ihn vorbringen zu können«. Andere zeigten ihre Vorurteile weniger unverhohlen, bestanden jedoch ebenso hartnäckig auf ihnen. Mrs. Orr, die zugab, dass sie und ihre Tochter »Williams für einen angenehmen jungen Mann hielten und nie für möglich gehalten hätten, dass er rauben und morden könne«, führte nichtsdestoweniger das vor ihrem Fenster zurückgelassene Stemmeisen »als weiterer Beweis seiner Schurkerei« an. Mr. Lee, der Wirt des »Black Horse«, erzählte, wie sich Williams gegen seine Frau gedrückt und ihre Taschen geschüttelt hatte, als wolle er überprüfen, wie viel Geld sie bei sich hatte, und er beschrieb, wie Williams sich bei einer Gelegenheit die Freiheit genommen habe, die Ladenkasse zu öffnen und seine Hand hineinzustecken. Lee räumte jedoch naiv ein, dass »er die Sache nicht besonders ernst genommen habe, bis er hörte, dass Williams festgenommen worden sei«. Richter begann gleich mit der Geschichte von Kapitän Hutchinsons Prophezeiung, dass Williams am Galgen enden würde, wenn er an Land zurückkehrte. Der Kapitän bestätigte dies später, die Notwendigkeit, seine Bemerkung zu begründen, brachte ihn jedoch offensichtlich in Verlegenheit. Er entschuldigte sich damit, dass die unter strenger Disziplin gehaltenen Seeleute wenig Gelegenheit hätten, Straftaten zu begehen; und der besondere Vorfall, an den sich der Kapitän erinnerte – dass sich Williams an Land als Zweiter Maat der »Roxburgh Castle« ausgegeben habe und es ihm dadurch gelungen sei, sich eine geringe Geldsumme zu leihen –, war sicher eine geringfügige Sünde angesichts der Schlächterei vom Ratcliffe Highway. Es war zweifellos typisch für Williams' Selbstgefälligkeit, dass er sich als Maat ausgab, und seine Hochstapelei machte ihn in Verbindung mit seinem Jähzorn vermutlich zu einem unangenehmen Mitglied von Kapitän

Hutchinsons Mannschaft. Doch angesichts der Umstände erscheint die Vorhersage seines Kapitäns eher ein Wutausbruch als eine ernst gemeinte Prophezeiung gewesen zu sein.

Über Williams' Vergangenheit ist nichts bekannt. Doch nach seinem Tod und seinem schändlichen Begräbnis wurde viel spekuliert. Wie nicht anders zu erwarten, waren alle Vermutungen abfällig. Der »Newgate Calendar« behauptete:

Es wird allgemein angenommen, dass sein wirklicher Name Murphy war, und dass er den Namen Williams annahm, um der Aufdeckung von Verbrechen zu entgehen, die er in der Vergangenheit begangen hat. Über sein früheres Leben gibt es keine zuverlässigen Informationen. Darüber, ob er sich zum Zeitpunkt der unglücklichen Aufstände im Jahr 1798 in seinem Heimatland aufhielt, kann nur spekuliert werden, doch es ist sicher nicht falsch anzunehmen, dass ein Ungeheuer, das in der Lage ist, solche Bluttaten zu verüben, in jungen Jahren jenen natürlichen Abscheu vor Blutvergießen verloren haben muss, der uns Menschen auszeichnet. Wahrscheinlich erlag er in jenen schrecklichen Zeiten der Rebellion erstmals der Versuchung, seine Hände mit dem Blut seiner Mitmenschen zu besudeln. Und inmitten der Schrecken nächtlicher Morde, von denen dieses unglückliche Land damals heimgesucht wurde, könnte sein sündiges Gewissen jedes Gefühl von Reue und Schuldbewusstsein eingebüßt haben.

Angenommen, Williams wäre tatsächlich in Irland geboren worden, so wäre er zur Zeit des Aufstandes von 1798 vierzehn Jahre alt gewesen.

Es schien eine allgemein beschlossene Sache gewesen zu sein, dass das Ungeheuer vom Ratcliffe Highway ein Ire sein musste. Die Iren waren eine ungeliebte, verachtete und gefürchtete Minderheit, eine ständige Quelle der Irritation für die gesetzestreuen Bürger im Osten Londons. Da Williams eindeutig kein Portugiese war, war es nur logisch, dass er Ire sein musste. Wieder wurde dafür kein Beweis erbracht. Es war eine Mutmaßung, ein offenkundiges Beispiel für Rassismus und Antikatholizismus, das in Bezug auf die Verbrechen vollkommen irrelevant war. Sheridan hatte versucht, die Geschichte vor dem Unterhaus zu widerlegen. Ein anonymer Beitrag im »Examiner« vom 9. Januar 1812 geißelte die Unterstellung in drastischen Worten und versuchte gleichzeitig, die Zeugenaussage des Unteroffiziers der Garde zu diskreditieren,

Die Einwohner Irlands in ihrem eigenen Land primitiv und ungebildet zu halten und sie im übrigen Europa zu diskreditieren war das erklärte Ziel sämtlicher Gouverneure dieses Landes ... Es verwundert daher nicht, dass sofort der Versuch gemacht wurde, in der Öffentlichkeit den Glauben zu verbreiten, die Morde am Ratcliffe Highway seien von Iren begangen worden. Der ehrbare Gardekorporal mit seinem Brief an einen Mr. Niemand in Nirgendwo von seinem treuen Freund Patrick Mahoney wäre vor einigen Jahren für einen ähnlichen Dienst an Irland mit Sicherheit zum Obristen befördert worden. Die beim Verfassen dieses wertvollen Beispiels krimineller Korrespondenz bewiesene Genialität und Geschicklichkeit wäre den Mächtigen in jenem Land mit Sicherheit nicht entgangen ...

Der »Morning Chronicle« von letzter Woche hat einen weiteren Puzzlestein zu dem Brief des ehrbaren Korporals von Paddy Mahoney hinzugefügt. Der Absatz, auf den ich anspiele, beweist einen ebenso bemerkenswerten Erfindungsgeist und zweifellos eine genauso patriotische Gesinnung, indem er noch genauere Details zur Sache liefert, und er hat dadurch, dass er den Namen Mahoney durch Murphy ersetzt, auch noch den Vorteil der Originalität. Ich kann zu Vorstehendem nur anmerken, dass es noch fragwürdiger als die Geschichte ist, die uns von dem kühnen Korporal aufgetischt wurde. In den zahlreichen Vernehmungen hat niemand tatsächlich ausgesagt, dass Williams irgendjemandem gegenüber eingeräumt habe, einen anderen Namen angenommen zu haben oder Ire zu sein. Er gab an, Schotte zu sein. In einigen Zeitungen tauchte das Gerücht auf, er sei Ire, doch das scheint eine ebenso hinterhältige Unterstellung wie die Geschichte von

Murphy alias Mahoney zu sein und dem gleichen Zweck zu dienen. Ich will nicht behaupten, dass Irland nicht ebenso viele schlechte Menschen hervorbringt wie England, doch bevor der Bevölkerung eine ernst zu nehmende Bestätigung des Inhalts des Artikels im »Chronicle« präsentiert wird, haben ich und andere irische Leser das gute Recht, ihn für fingiert zu halten; und ich werde, ohne Schottland, einem Land, das ich respektiere, damit zu nahe treten zu wollen, weiterhin glauben, dass der Mörder Schotte war und Williams hieß.

Doch die Kampagne bösartiger Unterstellungen, Verleumdungen und Verunglimpfungen wurde fortgesetzt. Die »Times« stellte den Gegensatz zwischen der Lebensführung der beiden Seeleute Marr und Williams heraus. Marr war nüchtern, fleißig, friedfertig und verbindlich gewesen, Williams dagegen ein Nichtsnutz, ein Säufer, liederlich und ein Raufbold. Der höfliche junge Mann mit der offenen Art, der in Mrs. Orrs Haus mit offenen Armen empfangen wurde, wie spät am Abend es auch sein mochte, der sich um ihr Baby kümmerte und mit ihrer Tochter scherzte, der junge Mann, dem Mrs. Williamson die Wange getätschelt und den sie als Freund willkommen geheißen hatte, war also ein Ungeheuer, das hinter einem anziehenden Gesicht und liebenswürdigen Manieren einen unstillbaren Blutdurst verbarg. Mit Sicherheit war das in Lawrences Portrait gezeigte sensible und hübsche Gesicht ein Problem für seine Verleumder. Es ist sicher kein Gesicht, das von Willensstärke zeugt, aber man kann schwerlich behaupten, es trage die Zeichen vollständiger Verderbtheit. Doch De Quincey zeigte sich selbst dieser Herausforderung gewachsen.

Eine Dame, die ihn bei einer Vernehmung sah (ich glaube, im River Thames Police Office), versicherte mir, sein Haar habe eine außergewöhnlich lebhafte Farbe gehabt, ein leuchtendes Gold, irgendwo zwischen der Farbe von Orangen und Zitronen. Williams war in Indien gewesen, vor allem in Bengalen und Madras, doch er war auch auf dem Indus. Nun ist bekannt, dass im Pandschab die Pferde der höheren

Kasten oft gefärbt sind, purpurrot, blau, grün und violett, und es kam mir der Gedanke, dass sich Williams davon hat anregen lassen, vielleicht, um sein Äußeres zu verändern, und dass die Farbe nicht natürlich war. In jeder anderen Hinsicht war seine Erscheinung sehr natürlich, und nach einem Gipsabdruck seines Gesichts zu schließen, den ich in London erstand, muss ich sagen, gewöhnlich, was seine Struktur betraf. Ein Umstand ist jedoch augenfällig und stimmt mit dem Eindruck seines natürlichen, raubtierhaften Charakters überein, dass nämlich sein Gesicht stets eine blutleere, gespenstische Blässe aufwies. »Man könnte fast glauben«, sagte meine Informantin, »dass in seinen Adern kein lebendiges, rotes Blut strömte, durch das er vor Scham, Wut oder Mitgefühl hätte erröten können, sondern eine grüne Flüssigkeit, die nicht aus einem menschlichen Herzen quoll.« Seine Augen schienen eisig und glänzten, als sei ihr Licht ganz auf ein Opfer gebündelt, während er im Hintergrund lauerte. So weit muss seine Ausstrahlung abstoßend gewesen sein, doch andererseits gaben viele zeitgenössische Zeugen an, was auch das stille Zeugnis der Tatsachen bestätigt, dass die schmierige und schlangenhafte Falschheit seines Verhaltens der Widerwärtigkeit seines gespenstischen Gesichts entgegenwirkte, was ihm besonders bei unerfahrenen jungen Frauen freundliche Aufnahme verschaffte.

Die jungen Frauen müssen unglaublich naiv und unerfahren gewesen sein, wenn sie sich dazu verführen ließen, derart reizlose, geisterbleiche Züge, solch starre Augen zu übersehen und Haare, die gefärbt waren wie das eines Pferdes der höheren Kasten.

Es ist nie bewiesen worden, dass sich auch nur eines der drei Mordwerkzeuge, die so auffällig auf Williams' Bahre zur Schau gestellt worden waren, jemals in seinem Besitz befand. Zwei davon, der Zimmermannshammer und eines der Stemmeisen, stammten aus dem »Pear Tree«, und Williams hatte dort gewohnt. Doch das traf auch auf mindestens vier weitere Seeleute zu, und zahlreiche andere hatten freien Zugang zur Gaststube. Richter, Cuthperson und Harrison wussten genau, wo Petersons Werkzeug aufbewahrt wurde. Hart war ein häufiger Besucher. Mr. Vermilloe pflegte den Zimmermannshammer zum Holzhacken zu benutzen, seine Neffen spielten mit ihm und vertrieben sich so während der vielen Stunden die Zeit, in denen ihre Mutter beim Waschen war. Vermilloe hatte seltsame Vorstellungen von einer sicheren Aufbewahrung, und es ist offenkundig, dass jeder, der im »Pear Tree« wohnte oder die Schankstube besuchte, sich ohne weiteres eines von Petersons Werkzeugen aneignen konnte. Es ist von größter Bedeutung, dass Mrs. Rices kleiner Sohn William aussagte, dass der Hammer seit etwa einem Monat fehlte, denn das bedeutet, dass er bereits eine Woche vor den Morden an den Marrs verschwunden war. William könnte sich geirrt haben. Die Zeugenaussage eines kleinen Jungen über einen Zeitraum ist vermutlich weit weniger zuverlässig als seine Identifizierung eines Objekts. Doch für die Kinder von Mrs. Rice, die sicher nicht eben üppig mit herkömmlicheren Spielsachen ausgestattet waren, war der Zimmermannshammer ein wichtiges Spielzeug, und sie müssen ihn vermisst haben. Es ist unwahrscheinlich, dass sich William bei seiner Zeugenaussage geirrt hat, und wenn sie wahr ist, eröffnet sich eine interessante Möglichkeit. Wenn Williams den Hammer genommen hatte, wo hatte er ihn versteckt? Er war kaum ein Objekt, das er so einfach unter seinem Bett oder in seiner Truhe verstauen konnte. Und wenn Williams die Morde geplant hatte, warum hätte er sich die Mühe machen sollen, den Hammer zu stehlen? Er wusste, wo Petersons Werkzeug verwahrt wurde, genau wie jeder andere Bewohner des »Pear Tree«. Er hätte ihn sich nehmen können, wann immer er wollte, ohne ihn vorher verstecken zu müssen. Der Umstand, dass der Hammer schon eine Woche lang vermisst wurde, bevor er benutzt wurde, ist einer der stärksten Hinweise darauf, dass der Mörder Zugang dazu oder einen Freund hatte, der im »Pear Tree« wohnte, dass er aber nicht selbst dort lebte. Er legt auch die Vermutung nahe, dass der Hammer und das Stemmeisen ursprünglich für einen anderen Zweck als für einen Mord entwendet wurden.

Und damit kommen wir zu dem mysteriösen Bericht über Williams' Besuch bei Mrs. Orr, spät in der Nacht des Samstags vor den Morden an den Marrs. Je mehr man sich mit diesem Vorfall beschäftigt, desto unerklärlicher wird er, gleichgültig, ob man ihn als Zeichen seiner Unschuld oder seiner Schuld werten will. Es besteht kein Anlass, an der Wahrheit von Mrs. Orrs Geschichte zu zweifeln, lediglich die Interpretation der Tatsachen wirft ein Problem auf. Die Friedensrichter wollten nur das Offensichtliche wahrhaben. Mrs. Orr hörte, dass Williams versuchte, in ihr Haus einzubrechen. Als er eingelassen wurde, hatte er keine andere Wahl, als die belastende Waffe vor dem Fenster liegen zu lassen. Als er erst einmal drinnen war, setzte er sich, um sich mit der alten Dame zu unterhalten, und fragte sie dabei, offensichtlich ohne auch nur zu versuchen, subtil vorzugehen, über den Aufbau ihres Hauses und seine Berührungspunkte mit den Nachbarhäusern aus, und das in der offenkundigen Absicht, sie entweder zu berauben und anschließend zu entkommen oder das Haus und den Hof zu nutzen, um in ein vielversprechenderes Grundstück einzudringen. Das unerwartete Auftauchen des Nachtwächters versetzte ihn in vehementen und unüberlegten Zorn, und er versuchte zu verhindern, dass Mrs. Orr den Mann einließ. Als sie darauf bestand, schlich er hinaus, um das Stemmeisen an sich zu nehmen, doch es war bereits zu spät. Der Wachmann hatte es bereits entdeckt. Mrs. Orr gibt in ihrer Zeugenaussage die offizielle Betrachtungsweise wider. Das Stemmeisen war »ein weiterer Beweis seiner kriminellen Gesinnung«, und Mrs. Orr wurde dementsprechend für ihren Beitrag zum Nachweis seiner Schuld belohnt.

Aber die Geschichte ergibt keinen Sinn. Warum hätte Williams versuchen sollen, in Mrs. Orrs Haus einzubrechen? Sie kannte und mochte ihn. Er musste lediglich an die Tür klopfen, und sie hätte ihn eingelassen. Das ist im Übrigen genau das, was sich tatsächlich abspielte. Sie hätte vielleicht selbst den höflichen und gewinnenden Mr. Williams nicht willkommen geheißen, wenn er eine Brechstange geschwungen hätte, aber es kann kaum ein unüberwindliches Problem dargestellt haben, das Werkzeug zu verbergen. Er hätte es ohne weiteres in seinem Ärmel oder unter seiner Jacke verstecken können, während er durch die Tür schlüpfte. Als die Tür fest verschlossen und er mit seinem Opfer allein war, hätte er sie nicht mehr verstecken müssen. Und was, wenn sie nicht alleine war? In diesem Fall wäre es natürlich gefährlicher gewesen, einzubrechen und die Leute zu alarmieren, als wie bei einem gewöhnlichen Besuch an der Tür zu klopfen. Er hätte sich immerhin jederzeit entschuldigen können, wenn die Anwesenden eine Gefahr für seine Absichten dargestellt hätten.

Und wenn er als Mörder in Mrs. Orrs Haus gekommen war, warum tötete er sie nicht? Er hatte Zugang zu ihrem Haus erhalten. Er und sein Opfer waren allein. Und wenn sich kein geeignetes Tatwerkzeug anbot oder er sich nach dem beruhigenden Gefühl sehnte, das von ihm für den Anlass ausgewählte Werkzeug in der Hand zu haben, war das ein solches Problem? Er hätte sich entschuldigen und nach draußen gehen können – vielleicht indem er anbot, Bier für sie beide zu holen –, das Stemmeisen wieder an sich nehmen und erneut klopfen können, um eingelassen zu werden. Aber er bot nicht an, Bier zu holen. Tatsächlich bestand er, ziemlich unhöflich, darauf, dass sie dies übernehmen solle, wodurch er das Risiko einging, dass sie das Stemmeisen selbst entdeckte. Er kann sie schlecht weggeschickt haben, um sie berauben zu können. Mrs. Orr behauptete zu keiner Zeit, dass irgendetwas aus ihrem Besitz gefehlt habe.

Es ist bezeichnend, dass der Nachtwächter zu diesem Zeitpunkt keinerlei Verdacht gegen Williams hegte. Das Stemmeisen wurde Mrs. Orr übergeben, und der Nachtwächter ließ sie und Mr. Williams allein. Williams hatte nun sowohl sein Opfer in seiner Gewalt als auch sein Mordwerkzeug in bequemer Reichweite. Warum tötete er sie nicht? Die einzig logische Erklärung ist, dass der Nachtwächter seine Anwesenheit in dem Haus hätte bestätigen und das Stemmeisen identifizieren können. Das ist zumindest plausibel. Dagegen ist es unmöglich, die Erklärung eines der

Autoren nachzuvollziehen, die über die Verbrechen schrieben. Er will uns glauben machen, Williams habe in ohnmächtiger Wut dagesessen und mit seinem Opfer geplaudert, weil es im Besitz des Werkzeugs gewesen sei und sich als ungehorsam genug erwiesen habe, es ihm nicht auszuhändigen.

Mrs. Orr sagte vermutlich die Wahrheit, als sie aussagte, dass sie sich über ihr Haus und seine Umgebung unterhielten, doch es ist sehr gut möglich, dass sie die Bedeutung des Gesprächs fehlinterpretierte und dass es sich doch nur um eine belanglose Plauderei handelte. Warum sollte Williams so verdächtige Fragen stellen? Er hatte drei Jahre lang immer wieder im »Pear Tree« gewohnt. Er kehrte nach jeder seiner Reisen hierher zurück. Der »Pear Tree« befand sich im wahrsten Sinn des Wortes mitten in Mrs. Orrs Hinterhof. Er musste nur aus dem Fenster seines Quartiers sehen, um sich einen genauen Überblick über die Lage der Grundstücke zu verschaffen. Er war schon vorher in Mrs. Orrs Haus gewesen, es war ihm nicht fremd. Es unterschied sich auch in keiner Weise von den anderen bescheidenen Häusern im Distrikt, die ihm vertraut sein mussten. Es wurde als verdächtig interpretiert, dass ihm der Besuch des Nachtwächters unangenehm war, aber das ist nur natürlich. Er hatte keinen Grund, Sympathie für den Mann zu empfinden. War es vielleicht derselbe, der seinem Vergnügen Einhalt geboten hatte, als er mit seinen Freunden im »Pear Tree« getanzt hatte, sodass er Zuflucht zu einer anderen Kneipe hatte suchen müssen, um die Musiker dort zu bewirten?

Doch wenn wir den Sachverhalt näher betrachten, erklärt sich alles von selbst. Mrs. Orr hörte ein Geräusch, als versuche jemand einzubrechen. Später, nach einem kurzen Gespräch, kam Williams herein. Es ist immerhin möglich, dass das Stemmeisen absichtlich von jemandem zurückgelassen wurde, der gesehen hatte, dass Williams das Haus betrat, und dass der Nachtwächter es fand, weil es jemandes Absicht war, dass er es finden sollte.

Doch der überraschendste Aspekt der Geschichte ist die Beschreibung der Entdeckung des Klappmessers. Nichts an diesem bemerkenswerten Fund klingt überzeugend. Harrison behauptete, er habe das Messer erstmals zu Gesicht bekommen, als Williams ihn aufforderte, seine Taschen nach einem geliehenen Taschentuch zu durchsuchen. Diese Geschichte von dem geliehenen Taschentuch wiederholt auf verdächtige Weise die frühere Anspielung auf die geliehenen Socken, die Williams angeblich nach den Morden an den Williamsons auswusch. Für einen anspruchsvollen jungen Mann, der in einem Mietshaus mit geteilten Zimmern lebte, scheint Williams erstaunlich erpicht darauf gewesen zu sein, sich die Wäsche seiner Mitbewohner anzueignen. Doch selbst wenn die Geschichte von dem Taschentuch wahr ist, ist es seltsam, dass Williams Harrison, der sicherlich kein Freund war, aufgefordert haben sollte, in seinen Taschen herumzustöbern, besonders, wenn sich darin ein Messer befand, das er erst kürzlich gekauft hatte, um einen Mord zu begehen. Das Messer könnte ebenso gut ein harmloser Gelegenheitskauf gewesen sein. Williams könnte es aufgeklappt haben, um Harrison mit seiner eigenartigen Schönheit zu beeindrucken. Einer von ihnen muss es geöffnet haben. Ein festes Messer mit einer fünfzehn Zentimeter langen Klinge, das stabil und scharf genug war, um damit drei kräftige Kehlen bis auf den Knochen zu durchtrennen, kann kaum in einer Manteltasche aufbewahrt worden sein. Es hätte das Futter in Fetzen geschnitten und Harrisons stöbernde Finger verletzt. Also muss Williams Harrison die Klinge gezeigt haben, als er ihm von seinem Kauf erzählte. Es war ein elegantes Messer mit einem Griff aus Elfenbein, eine angemessene Zierde für einen Dandy. Vermutlich war Williams ziemlich stolz darauf. Es ist seltsam, dass er sonst niemand im »Pear Tree« mit dem Anblick dieser beneidenswerten Anschaffung beglückte.

Doch wenn schon dieser Teil der Geschichte eigenartig klingt, erscheint Harrisons Behauptung, er habe das Messer bei seiner vorangegangenen Befragung nicht erwähnt, weil es ihm nicht in den Sinn gekommen sei, umso unbegreiflicher. Er war der Mann, der Williams von Anfang an verdächtigt hatte, der Mann, der des

Nachts in der Hoffnung an sein Bett geschlichen war, Belastendes von seinen Lippen zu vernehmen, während sich Williams unruhig im Schlaf hin und her warf oder Fetzen betrunkener Lieder sang. Er war der Zimmergenosse, der mit jedem neuen Beweisstück zu Mrs. Vermilloe gerannt kam, sich aber nie direkt an die Polizei wandte. Die Bedeutung des Messers konnte ihm nicht entgangen sein, und das räumte er sogar ein. Er behauptete, es in Williams' Seekiste und in jedem Winkel des »Pear Tree« gesucht zu haben, aber irgendwie vergaß er, es den Friedensrichtern gegenüber zu erwähnen, ungeachtet der Menge an weit weniger beweiskräftigem Material, dass er sich bemüßigt fühlte, ihnen unter die Nase zu reiben. Irgendwie war es ihm trotz der Gründlichkeit seiner Nachforschungen, trotz des Umstandes, dass er im »Pear Tree« wohnte und jede freie Minute damit verbringen konnte, sich umzusehen, nicht gelungen, es zu finden. Die Zahl der möglichen Verstecke kann nicht sehr groß gewesen sein. Es erscheint seltsam, dass ihm bei seiner ach so gründlichen Suche der Schrank mit dem vielsagenden Mauseloch dahinter völlig entging.

Das Messer wurde also schließlich gefunden. Es wäre interessant zu wissen, wer die Suchaktion leitete und welche Rolle Harrison dabei spielte. Das Messer tauchte plötzlich auf, und wie nicht anders zu erwarten, war es blutverschmiert. Aber war es die Tatwaffe? Die »Times« hegt natürlich keinerlei Zweifel daran, dass es so war, und ihr Bericht offenbart das gleiche Niveau des Urteilsvermögens und der Logik, das für die gesamten Ermittlungen typisch ist: »Es ist jetzt ziemlich klar, dass diese Bluttaten mit dem fraglichen Messer begangen wurden, zumal inzwischen bekannt ist, dass Williams nie ein eigenes Rasiermesser besessen hat und stets zum Barbier ging, um sich rasieren zu lassen, und dass überdies in dem Haus, in dem er wohnte, kein Rasiermesser vermisst wird.« Doch William Salter, der Arzt, der die Leichen untersucht hatte, war sicher, dass das Mordwerkzeug ein Rasiermesser gewesen sein musste. Keine weniger scharfe Klinge hätte einen Hals mit einem Schnitt bis auf den Knochen durchtrennen können, ohne das

Gewebe zu zerfetzen. Williams aber besaß kein Rasiermesser, sondern ein Klappmesser, und deshalb befand sich der Arzt im Irrtum.

De Quincey zweifelte ebenfalls nicht daran, dass das Klappmesser das Tatwerkzeug war. Seine Darstellung ist so falsch, dass man den von W. Roughhead geäußerten Einwand, De Quincey sei »von glücklicher Immunität gegenüber einer haarspalterischen Vertrautheit mit Daten, Namen und unbedeutenden Tatsachen gewesen und habe ein ermüdend genaues Gedächtnis für Belanglosigkeiten« gehabt, nur vorbehaltlos unterschreiben kann.

Man erinnerte sich nun daran, dass Williams sich kürzlich ein großes Taschenmesser von besonderer Bauart ausgeliehen hatte, und so wurde bald aus einem Haufen von altem Brennholz und Lumpen eine Weste hervorgezogen, von der das ganze Haus beschwören konnte, sie kürzlich an Williams gesehen zu haben. In dieser Weste wurde das durch geronnenes Blut mit dem Futter der Tasche verklebte Messer gefunden. Außerdem war jedermann in dem Gasthaus bestens bekannt, dass Williams zum damaligen Zeitpunkt für gewöhnlich knarrende Schuhe und einen mit Seide gefütterten, braunen Mantel trug. Noch mehr Verdachtsmomente schienen kaum erforderlich. Williams wurde sofort verhaftet und kurz vernommen. Das geschah am Freitag. Am Samstag Morgen (also zwei Wochen nach den Morden an den Marrs) wurde er erneut vorgeführt. Die Indizienbeweise waren erdrückend. Williams sah, wie sie sich zusammenfügten, sagte aber sehr wenig. Am Ende war er vollständig überführt und wurde dem Gericht zur Verurteilung bei der nächsten Sitzung überstellt. Es erübrigt sich, darauf hinzuweisen, dass er auf dem Weg zum Gefängnis von einer derart erbitterten Menschenmenge verfolgt wurde, dass unter normalen Umständen wenig Hoffnung für ihn bestanden hätte, den geballten Rachegelüsten zu entgehen. Doch zu diesem Anlass war eine starke Eskorte bereitgestellt worden, sodass er wohlbehalten im Gefängnis abgeliefert werden konnte.

Wenn aber das Messer tatsächlich das Tatwerkzeug war, wann, sollen wir annehmen, wurde es in diesem bequemen Loch hinter dem Schrank versteckt? Wurde es nach den Morden an den Marrs dort hinterlegt, noch nass vom Blut des Kindes, um später wieder hervorgeholt zu werden, nachdem es sich als effizient erweisen hatte und für die Kehlen der Williamsons benötigt wurde? Aber ein blutverkrustetes Messer, das zwölf Tage lang ungereinigt dagelegen hatte, hätte die kräftigen Hälse der Williamsons wohl kaum so glatt durchtrennt. Also war bei der ersten Gelegenheit vielleicht ein anderes Messer verwendet worden? Und wenn ja, was wurde daraus? Wenn Williams es in die Themse warf, warum entledigte er sich der zweiten Waffe nicht auf ähnliche Weise? Ist es vorstellbar, dass Williams, blutig, wie er gewesen sein muss, nach Mitternacht auf der Suche nach einem Versteck in dem dunklen Haus umherschlich? Er konnte nicht sicher sein, dass ihn nicht die Wirtin oder ein anderer Bewohner des Hauses auf seinem Weg ins Bett beobachtete. Und warum war das Messer so blutig? Die instinktive Reaktion wäre gewesen, die Klinge abzuwischen, vermutlich an den Kleidern seiner Opfer, und das Messer, wenn sich die Zeit und die Gelegenheit boten, auf verräterische Blutspuren zu untersuchen und diese abzuwaschen. Wasser war nicht eben knapp, die Themse war nur wenige Meter vom »Pear Tree« entfernt. Der Mörder hätte das Messer entweder in den Fluss werfen können, um dieses belastende Beweisstück ein für alle Mal loszuwerden, oder, wenn ihm zu viel an ihm lag, um darauf zu verzichten, oder wenn er weitere Morde damit begehen wollte, hätte er zumindest sicherstellen können, dass es sauber war. Es sollte noch fast einhundert Jahre dauern, bis die forensische Wissenschaft in der Lage war, winzige Spuren menschlichen Bluts in den Scharnieren eines Messers zuverlässig nachzuweisen. Ein kurzes Eintauchen in den Fluss, und das Messer wäre ungefährlich gewesen. Williams' Schuhe wurden vor Gericht vorgezeigt. Es ist nirgends protokolliert, dass es sich um Nagelschuhe handelte, also konnte Williams nicht mit dem Fußabdruck hinter dem »King's

Arms« in Verbindung gebracht werden. Die Schuhe waren jedoch gewaschen worden; und dieser Umstand wurde offensichtlich als verdächtig eingestuft. Würde ein Mörder, der sich die Mühe machte, das Blut von seinen Schuhen zu waschen, das Mordwerkzeug selbst in einem so belastenden Zustand lassen? Das Messer ungereinigt und mit dem Blut seiner Opfer verklebt in einem Haus zu verstecken, das von Bewohnern und Besuchern nur so wimmelte, in dem wenig unentdeckt blieb und in dem er selbst wohnte, wäre die Tat eines Schwachsinnigen gewesen.

Die Beschreibung vom Fund des Klappmessers in der »Times« kommt dem modernen Leser sofort verdächtig vor. Den zeitgenössischen Lesern ging es ähnlich. Es wäre überraschend gewesen, wenn Aaron Graham die Geschichte so akzeptiert hätte, wie sie auf den ersten Blick aussah. Und in der »Times« vom 20. Januar steht ein kurzer, aber bedeutender Absatz:

Ein Beamter des Gerichts von Shadwell, der das Messer und die Jacke des verstorbenen Williams gefunden hatte, wurde von Mr. Graham am Samstag einer privaten Vernehmung unterzogen. Der Wirt des »Duke of Kent« sagte ebenfalls zur Sache aus.

Jemand hatte also geredet. Es hätte keinen Grund gegeben, den Schankwirt zu vernehmen, wenn er nicht ein belastendes Gespräch in seiner Kneipe mitgehört hätte. Jemand, der genug Geld hatte, um es für ein Besäufnis auszugeben, war indiskret gewesen. Vielleicht war der Beamte aus Shadwell in der Lage, Graham zu überzeugen, dass es sich nur um einen weiteren Schurken handelte, der seinen Mund zu voll nahm. Davon hatte es schon so viele gegeben. Doch wenn das Gerede wahr war, waren die Schlussfolgerungen erschreckend, vielleicht zu erschreckend, um sie näher in Erwägung zu ziehen. Wir hören nichts mehr von Aaron Grahams Verdacht.

Die Rolle des Segelmachers John Harrison bei der ganzen Geschichte ist schwierig einzuschätzen. Es sieht so aus, als sei er ein

Komplize des Mörders gewesen, der die Aufgabe hatte, Beweise gegen Williams aus dem Hut zu zaubern und die Ermittlungen der Polizei von dem wirklichen Täter abzulenken. Er hat seinen Auftrag offensichtlich gut erledigt, und es drängt sich der Verdacht auf, dass er dies mit Freuden tat und dass es wohl Feindseligkeit und Ressentiments zwischen den ehemaligen Schiffskameraden gegeben hatte. Dennoch besteht die Möglichkeit, dass auch Harrison übertölpelt worden ist, dass er ein gutgläubiger, aber ehrlicher Narr war, der die Friedensrichter mit Beweisen versorgte, die mit großer Sorgfalt so platziert worden waren, dass er auf sie stoßen musste. Aber das erscheint kaum glaublich. Es würde ein Ausmaß an Subtilität seitens des Mörders voraussetzen, das kaum mit der groben Barbarei der Verbrechen zu vereinbaren wäre. Und dann gibt es noch einen weiteren Punkt. Harrison hatte das Klappmesser beschrieben, bevor es gefunden wurde, und damit den Boden für den anschließenden Fund bereitet. Wenn man am Beweiswert des Messers zweifelt, ist es schwer zu glauben, dass Harrison ehrlich war. War es möglich, dass er tatsächlich an Williams' Schuld glaubte und beschlossen hatte oder überredet worden war, die endgültigen Beweise zu fingieren, nach denen die Friedensrichter suchten, in der zuversichtlichen Hoffnung, dass er gut dafür bezahlt werden würde? Es ist bezeichnend, dass die »Times« nach der Entdeckung des Messers sehr darauf drängte, dass Harrisons Eifer in angemessener Weise anerkannt wurde, und dass er später dreißig Pfund erhielt – eine der höchsten Belohnungen, die ausgezahlt wurden.

Ebenso seltsam wie der Fund der Jacke und die anschließende Entdeckung des Klappmessers ist die Behauptung, die Jackentasche sei mit geronnenem Blut verklebt gewesen. In dieser Sache wurde nicht die Meinung eines »chemischen Gentleman« eingeholt, doch selbst wenn die Friedensrichter ihr früheres Maß an Skepsis gezeigt hätten, ist es unwahrscheinlich, dass die Untersuchung irgendetwas Brauchbares ergeben hätte. Das Blut hätte gut das eines Tiers sein können – es gab in Shadwell genug

Schlachthäuser, und man kann sich vorstellen, dass kein Mangel an streunenden Katzen und Hunden herrschte – denn vor der Jahrhundertwende waren die Wissenschaftler nicht in der Lage, menschliches Blut von dem anderer Spezies zu unterscheiden. Die blutverkrustete Tasche wurde sofort als weiterer Beweis für Williams' Schuld akzeptiert, ungeachtet der Tatsache, dass die Jacke eines Mannes, der so blutige Morde begangen hatte, sicher über und über blutverschmiert gewesen sein musste, besonders vorne und an den Ärmeln. Dennoch waren die Vorderseite und die Manschetten der blauen Jacke allem Anschein nach sauber, während die einzige Innentasche steif von geronnenem Blut war. Die Ärmel und die Vorderseite der Jacke hätten nur dann sauber bleiben können, wenn der Mörder einen Mantel darüber getragen hätte. Die Entdeckung rief – genau, wie es zweifellos geplant war – sofort Turners Zeugenaussage ins Gedächtnis, der beschrieben hatte, wie der Mörder Mrs. Williams ausgeraubt und dann seine Hand in seine Innentasche gesteckt hatte. Doch der große Mann im Wintermantel, den Turner gesehen hatte, konnte nicht Williams gewesen sein. Der »kräftige Mann mit einem sehr weiten Wintermantel«, den Williamson im Durchgang beim »King's Head« gesehen hatte, war nicht John Williams gewesen. Beide Männer kannten ihn gut und hätten ihn erkennen müssen. Die Tatsachen sind unübersehbar. Wenn es nur einen Mörder gegeben hatte, war dieser nicht Williams gewesen. Wenn besagte blaue Jacke von dem Mann getragen worden war, den Turner bei der Beraubung von Mrs. Williamson gesehen hatte, dann hatte Williams sie nicht getragen. Wenn wir Harrisons Aussage vom Auffinden der Jacke ebenso wie seine Identifizierung des Klappmessers als offensichtlich unwahrscheinlich verwerfen und annehmen, dass sie nur zur zusätzlichen Belastung eines bereits toten Mannes dienen sollten, sind die Implikationen klar.

Wenn keines der Mordwerkzeuge mit Williams in Verbindung gebracht werden konnte noch in seinem Besitz gesehen wurde, sind die Beweismittel in Form der blutverschmierten Kleidungsstücke – die reichlich vorhanden waren – ebenso bedeutungslos und wenig überzeugend. Die Morde waren unbeschreiblich brutal und blutig; der Angreifer muss, vor allem nach dem heftigen Kampf, den Williamson um sein Leben geführt hat, über und über von Blut getrieft haben. Dennoch wurde nur bewiesen, dass eines der Kleidungsstücke, die Williams besessen hatte, blutbefleckt war, und dies anhand der unbestätigten Aussage der Waschfrau, die sein Hemd durchaus mit einem anderen verwechselt haben konnte. Mrs. Rice sagte aus, dass sie nach den Morden an den Marrs ein zerrissenes und blutverschmiertes Hemd gewaschen habe, doch das Hemd war lediglich »um Hals und Brust« mit Blut bespritzt und sicher nicht hinreichend mit Blut durchtränkt gewesen, um zum damaligen Zeitpunkt ihren Verdacht zu erregen. Die angeblich von Cuthperson ausgeliehenen Socken trugen lediglich zwei blutige Daumenabdrücke am Bündchen. Als Cuthperson ihn wegen der Eigentumsverhältnisse zur Rede gestellt hatte, hatte Williams ebenso vernünftig wie unschuldig gehandelt. Er hatte sie gewaschen und nach »einer kleinen Diskussion« bezüglich der Besitzverhältnisse zurückgegeben. Er hätte kaum seine Ansprüche auf die blutverschmierten Socken geltend gemacht, wenn er sie kurz zuvor beim Verüben eines Mordes getragen hätte. Die Socken sind im Vergleich zu den feuchten und frisch gewaschenen Hosen, die unter dem Bett des schweigsamen und unwilligen Zeugen Richter gefunden wurden, sicher von untergeordneter Bedeutung. Die weißen Seemannshosen, die im Abort des »Pear Tree« gefunden wurden, könnten durchaus von einem der Mörder getragen worden sein. Die Tatsache, dass sie bis auf den Grund der Versitzgrube gestoßen wurden, legt die Schlussfolgerung nahe, dass sie mit einem blutigen Verbrechen in Zusammenhang standen. Doch Mrs. Vermilloe war sicher, dass der dandyhafte Williams sie nie getragen hätte, vor allem nicht im Haus, und selbst Harrison machte nicht den Versuch, ihre Zeugenaussage zu widerlegen. Die stark blutverschmierten Kleidungsstücke, die Mr. Penn und sein Freund, der andere Quäker, auf dem Ratcliffe Highway gesehen hatten, waren nie gefunden oder identifiziert worden. Es bleibt also nur ein leicht verschmutztes Hemd als Beweisstück; und selbst wenn das als Beweis für Williams' Schuld betrachtet wird, was ist dann mit der blauen Jacke? Sie kann kaum sauber geblieben sein, als das darunter getragene Hemd mit Blut bespritzt wurde. Professor Simpson vertritt die Ansicht, dass »der Angreifer durch das wiederholte Zuschlagen vor allem um Gesicht, Schultern, Arme und Hände blutüberströmt gewesen sein muss. Blut und Hirnmasse können meterweit fliegen, wenn jemand mehrfach auf blutende Wunden einschlägt.« Es ist unvorstellbar, dass nur die Innentasche der blauen Jacke Blutflecken abbekommen haben soll, wenn Williams oder ein anderer sie beim Verüben der Morde trug.

Doch wenn Williams unschuldig war, warum hätte er dann Selbstmord begehen sollen? Es gibt dafür drei Möglichkeiten. Er hätte zu dem Schluss kommen können, dass die Beweislast gegen ihn durch die Identifikation des Zimmermannshammers so stark und die lokalen Vorurteile gegen ihn so intensiv waren, dass für ihn keine Möglichkeit bestand, dem Galgen oder der öffentlichen Lynchjustiz zu entgehen, weshalb er vor der Wahl stand, vor einem gewalttätigen und feindseligen Mob hingerichtet zu werden oder gnädiger durch seine eigene Hand zu sterben. Er könnte aber auch mit einer Persönlichkeit geschlagen gewesen sein, die plötzlichen und irrationalen Anfällen von Verzweiflung anheim fiel, und in den frühen, einsamen Morgenstunden das unwiderstehliche Bedürfnis verspürt haben, einem erfolglosen und jetzt auch noch entehrten Leben ein Ende zu setzen. Er war offensichtlich ein lebhafter, emotionaler junger Mann, und er könnte instabil gewesen sein. Und schließlich könnte er, wenn auch unschuldig, in die Morde verwickelt gewesen sein, vielleicht dadurch, dass er die Mörder mit Informationen versorgte, für die sie ihn bezahlten, und dann von Reue übermannt worden sein.

Keiner dieser Gründe entspricht dem gesunden Menschenverstand. Williams hätte die Hoffnung noch nicht aufzugeben brauchen. Er war noch nicht einmal zur Hauptverhandlung überstellt worden. Er hatte nach wie vor reelle Chancen, die Geschworenen von seiner Unschuld zu überzeugen. Es konnte sich immer noch jemand melden, der sein Alibi bestätigte, und es bestand immer noch die Möglichkeit, dass der Schuldige gefasst wurde. Die Zeit für einen Selbstmord ist erst gekommen, wenn alle Hoffnung geschwunden ist. Genauso schwer fällt es, zu glauben, dass er sich von Verzweiflung übermannen ließ. Er war dem Wärter und seinen Mitgefangenen völlig ruhig vorgekommen. Zu keiner Zeit wird er als deprimiert oder verzweifelt beschrieben. Und ebenso schwer fällt es, einzusehen, warum er sich aus Reue umgebracht haben soll, wenn er bei den Morden nicht aktiv war. Wenn er irgendeinen Verdacht gehabt hätte, wer für die Morde verantwortlich war, oder den Mördern geholfen hätte, wie unfreiwillig auch immer, er hätte sich nur als Kronzeuge zur Verfügung stellen und zu Protokoll geben müssen, was er wusste, und er wäre mit an Sicherheit grenzender Wahrscheinlichkeit freigelassen worden.

Für den Mörder war es lebensnotwendig, Williams zu beseitigen, unabhängig davon, ob er, willentlich oder nicht, ein Komplize gewesen war oder nicht. Wenn Williams schuldig war, war es höchst unwahrscheinlich, dass er zum Galgen gegangen wäre, ohne ein Geständnis abzulegen, das seine Komplizen entlarvt hätte. Dr. Ford hätte genau darauf seine gesamte Kunst verwandt. Der Geistliche hätte ihm das ewige Höllenfeuer vor Augen geführt, das den Halsstarrigen und Verstockten mit Sicherheit erwartete, dem reuigen Sünder jedoch die Hoffnung auf Rettung versprochen. Und wie hätte er seine Reue besser unter Beweis stellen können als mit einem detaillierten und vollständigen Geständnis? Der Mann hätte nur dann ein überzeugendes Motiv gehabt zu schweigen, wenn er entweder unschuldig war oder ungeachtet der Gefahr für seine unsterbliche Seele auf Biegen und Brechen den Anschein aufrechterhalten wollte, es zu sein, und sei es auch nur, um den Geistlichen um die Befriedigung eines vollen Geständnisses zu bringen, oder wenn er sich entschlossen hatte, seine Hoffnung auf Erlösung zu opfern, um seine Freunde zu schützen. Es ist unwahrscheinlich, dass Williams auch nur im Entferntesten zu einem derartigen Opfer bereit war. Er war ein Mann, der keine engen Freundschaften schloss, und diese Verbrechen waren so schmutzig und brutal, dass man keine Spur von solchem Edelmut darin zu entdecken vermag. Man kann mit Sicherheit davon ausgehen, dass Williams geredet hätte, wenn er tatsächlich schuldig und verurteilt gewesen wäre, und dass es unerlässlich war, dies zu verhindern.

Und wenn er unschuldig war, war sein Tod für den Mörder ebenso wichtig. Er hatte noch nicht vor Gericht gestanden, und die Beweislage war unsicher und zweifelhaft. Jede Sekunde konnte eine Frau aus dem Westend auftauchen, um eine Alibi vorzubringen, jede Minute konnte eine neue Entdeckung alles verderben. Wenn Williams erst einmal tot war und dies allem Anschein nach durch eigene Hand, würde die Polizei ihre Ermittlungen einstellen, der aufgebrachte Pöbel wäre zufrieden, und des Selbstmörders Schuld würde als erwiesen angesehen werden. Ein gewalttätiger und gewissenloser Mann, der bereits sieben Leute umgebracht hatte, würde vor diesem letzten und unvermeidlichen Mord kaum zurückschrecken. Das Opfer war zugänglich, gefesselt und hilflos. Der Aufseher war unterbezahlt und konnte bestochen werden. Das Gehalt eines Gefängnisaufsehers betrug eine Guinee pro Woche, und Bestechungsgelder waren so üblich, dass sie fast als fester Bestandteil des Berufs betrachtet wurden. Es muss mindestens einen Mann gegeben haben, dessen Sicherheit von Williams' Tod, und zwar seinem baldigen Tod, abhing.

Williams' Selbstmord war so bequem für seine Komplizen, wenn es sie denn gab, und kam so unerwartet, dass er notwendigerweise Kommentare provozieren musste. Die Friedensrichter und der Mob mögen es vorgezogen haben, den oberflächlichen Anschein als Beweis für seine Schuld zu betrachten, doch in der »Times« vom 30. Dezember findet sich ein Absatz, der, ohne offen zu suggerieren, dass Williams nicht durch seine eigene Hand starb, dennoch den Verdacht nahe legt, dass der Selbstmord mehr Rätsel aufgab, als es zunächst den Anschein hatte:

Der Selbstmord des elenden Williams ist ein Ereignis, das sicherlich zu bedauern ist. Wenn er der Mörder oder einer der Mörder war, muss man beklagen, dass diese zusätzliche Verzweiflungstat die Justiz der Möglichkeit beraubt, sein Verbrechen zu beweisen und ihm die Strafe aufzuerlegen, die die Gesetze dieses Landes für derart scheußliche Verbrechen vorsehen. Das Ganze ist auch unter einem anderen Gesichtspunkt beklagenswert: Es besteht die Möglichkeit, und wir hoffen, nur eine schwache Möglichkeit, dass er durch seinen Selbstmord nicht nur sich selbst vor einer öffentlichen Hinrichtung bewahrt, sondern auch, wenn keine weiteren Hinweise gefunden werden können, seinen oder seine möglichen Komplizen bei diesen Bluttaten vorläufig gerettet hat. Zweifellos wird von den Friedensrichtern und den Bewohnern des Viertels, in dem diese schockierenden Verbrechen begangen wurden, jede neue Spur verfolgt, um die Sache so gut wie möglich aufzuklären, doch bei der angesichts solcher Ungeheuerlichkeiten natürlichen Bestürzung könnten selbst den Tüchtigsten wesentliche Einzelheiten entgehen. Wir hoffen, dass die Quartiere aller, die auch nur entfernt mit dem Selbstmörder bekannt waren, und sämtlicher Verdächtigen mit unerbittlicher Strenge durchsucht werden. Aktivitäten dieser Art sind nun umso notwendiger, als es mit Sicherheit ein ganz besonderer Affront gegen die britische Polizei und das britische Gesetz wäre, wenn solche Untaten verübt werden könnten, ohne dass die Schuldigen entdeckt werden.

Soweit wir das zu beurteilen vermögen, wurde viel von der direkten oder indirekten Verantwortung Atkins', des Direktors des Gefängnisses in Coldbath Fields, gesprochen, doch die Bezichtigungen scheinen unbegründet. Was ihn betrifft, haben wir bereits berichtet, dass seine Gesundheit so angegriffen war, dass seine medizinischen Berater ihm nicht gestatten wollten, an der gerichtlichen Untersuchung zur Feststellung der Todesursache teilzunehmen. Was die Behandlung des Gefangenen im Gefängnis betrifft, so wünschten die Friedensrichter, dass er allein blieb, und dementsprechend wurde er zum Zwecke der erneuten Vernehmung in einer Einzelzelle untergebracht. Es befanden sich drei weitere Häftlinge im Gefängnis, die wegen des gleichen Verbrechens unter Verdacht standen. Durch jede Zelle des Gefängnisses läuft ein Eisenträger, der den Häftlingen zum Aufhängen ihrer Kleider und, wenn der Boden gereinigt wird, auch ihrer Betten dient. Es ist ein unbestätigter Bericht in Umlauf, nach dem ihm Schreibzeug verweigert und damit sein Geständnis verhindert wurde. Unseren Informationen nach entspricht das jedoch keineswegs den Tatsachen. Ihm wurde mitgeteilt, dass er ins Büro des Gefängnisses kommen und schreiben könne, was immer er wolle. Aber den ganzen Tag, nachdem er ins Gefängnis gebracht worden war, äußerte er nicht den Wunsch nach Feder, Tinte oder Papier.

Warum sollte der Gefängnisdirektor angegriffen werden? Vermutlich, weil es einem wichtigen Häftling, der sich in seiner Obhut befand, gelungen war, sich umzubringen. Das ist ein völlig berechtigter Vorwurf, und es ist eigenartig, dass der Korrespondent der »Times« versucht, den bedauernswerten Atkins zu entlasten. Die Schlussfolgerung ist, dass die dem Gefängnisdirektor vorgeworfene »direkte oder indirekte Verantwortung« etwas Schlimmeres betrifft als die Nachlässigkeit, nicht sicherzustellen, dass sein Gefangener keine Möglichkeit hatte, seinem Leben selbst ein Ende zu setzen. Der Artikel legt die Vermutung nahe, dass etwas an Williams' Tod verdächtig war und dass dies Anlass zu Gerüchten und Besorgnis gab. In dem Artikel wird ausdrücklich das zu dieser Zeit aktuelle Gerücht bestritten, Williams habe nach Feder und Papier verlangt, bevor er starb. Williams hatte um nichts gebeten. Ist es logisch zu unterstellen, dass ein Mann, der plante, sich umzubringen, und dafür frühzeitig Vorkehrungen getroffen hatte, indem er die halbe Eisenhalterung eingesteckt hatte, nicht den Wunsch gehabt haben soll, seine Tat zu erklären? Wenn er schuldig war und aus Reue handelte, musste er den Wunsch gehabt haben, sein Gewissen zu erleichtern. Wenn er von seinen

Komplizen seinem Schicksal überlassen wurde, hätte er wohl kaum sterben wollen, ohne ihre Namen zu nennen. Wenn er willens gewesen wäre, die ganze Schuld auf sich zu nehmen, um die Sicherheit seiner Freunde zu gewährleisten (was nicht unbedingt nach Williams klingt), hätte er mit Sicherheit eine Nachricht hinterlassen, in der stand, dass er und er allein für die Morde verantwortlich sei. Doch er hinterließ kein Wort. Er fühlte keine Reue. Er zeigte keine Besorgnis. Er war am Tag vor seinem Tod völlig unbesorgt, »weil er wusste, dass ihm nichts Schlimmes passieren konnte«. Die Tatsache, dass es Williams gelungen war, die halbe Eisenhalterung an sich zu bringen, beweist, sofern es überhaupt wahr ist, lediglich, dass er als Kämpfernatur das natürliche Bedürfnis hatte, sich in einer bedenklichen Situation jeder Waffe zu versichern, deren er habhaft werden konnte. Doch Williams benutzte die Eisenhalterung nicht. Er machte nicht einmal einen halbherzigen Versuch, sich mit ihr umzubringen, obwohl der Ring »scharf genug war, um ihn tödlich zu verletzen«.

Es gibt weitere Aspekte dieses angeblichen Selbstmords im Gefängnis von Coldbath Fields, die Misstrauen erregen. Es wurde angegeben, dass sich Williams an einem Eisenträger erhängt habe, der etwa ein Meter neunzig über dem Boden verlief. Er selbst war an die eins fünfundsiebzig groß. Vermutlich stellte er sich auf sein Bett, um die Tat zu begehen. Hätte er seinen Entschluss bereut, als sich das Halstuch um seinen Hals zuzog und er die ersten Schrecken des Erwürgtwerdens erlebte, hätte er sicher mit den Händen nach dem Träger greifen oder mit den Füßen nach der Bettkante tasten können. Beides wäre nicht möglich gewesen, wenn der Tod schnell eingetreten wäre, vielleicht aufgrund einer Nervenblockade. Aber es sieht so aus, als sei er keineswegs schnell gestorben. In der »Morning Post« vom 28. Dezember steht: »Seine Augen und sein Mund standen offen, und der Zustand seines Körpers zeigte deutlich, dass sein Todeskampf heftig gewesen war.« Dies ist der einzige Hinweis auf einen Todeskampf in den zeitgenössischen Berichten, doch wenn er zutrifft, liefert er eines der stärksten Argumente gegen einen Selbstmord. Wenn Williams tatsächlich heftig mit dem Tod kämpfte, warum war es ihm dann nicht möglich, sich zu retten? Professor Simpson merkt an, dass es nichts Ungewöhnliches ist, wenn Selbstmörder Verletzungen haben, weil der Körper in den Krämpfen, die dem Tod vorausgehen, gegen die Wand schlägt. Doch Williams hatte sich angeblich an einem Träger erhängt, der durch seine Zelle lief. Es gibt keinen Hinweis darauf, dass sich die Vermutung, es habe ein heftiger Todeskampf stattgefunden, aus derartigen Verletzungen herleiten lässt.

Und es gibt einen weiteren Anhaltspunkt. Ein Häftling in einer benachbarten Zelle hörte gegen drei Uhr morgens das heftige Schütteln von Ketten. Rüttelte Williams aus Wut und Verzweiflung an seinen Ketten, wie die Gefangenen es manchmal taten? Oder kämpfte er vehement gegen jemanden, der stärker war als er, jemanden, der ihm den Mund zuhielt, um seine Schreie zu ersticken, während er ein Halstuch um seinen Hals schlang? Oder waren es zwei Männer, einer, der ihn zum Schweigen brachte und erdrosselte, und einer, der Williams' Arme mit solcher Kraft festhielt, dass sie nach seinem Tod von den Ellenbogen abwärts durch Totenflecken blau verfärbt waren? Man muss vorsichtig sein, in diesen letzten Hinweis nicht zu viel hineinzuinterpretieren. Nach dem Tod durch Erhängen zeigen sich häufig derartige Flecke auf Armen und Beinen, und es ist heute nicht mehr feststellbar, ob Druckeinwirkungen unmittelbar vor Williams' Tod in irgendeiner Weise dafür verantwortlich waren. Unter den dürftigen gerichtsmedizinischen Beweismitteln, die uns zur Verfügung stehen, findet sich nichts, das die Theorie stützt, Williams sei ermordet worden. Aber, wie Professor Simpson bestätigt, steht auch nichts darin, was den Verdacht widerlegen würde. Wenn der Aufseher bestochen worden war, die Mörder einzulassen, hätte er anschließend geschwiegen. Es war so viel leichter und für den Bestochenen so viel sicherer, davon auszugehen, dass Williams sich selbst umgebracht hatte. Doch es könnten durchaus Gerüchte in Umlauf gewesen sein. War Sylvester Driscolls panische Angst davor, in der Zelle daneben eingesperrt zu werden, nur abergläubische Furcht? Warum hielt es Graham für nötig, seine Gefangenen Hart und Ablass bewachen zu lassen, obwohl sie gefesselt waren? War Atkins, der Gefängnisdirektor, deshalb zu krank, um der Untersuchung des Coroners beizuwohnen, weil er den Verdacht hatte, dass mit diesem speziellen Selbstmord irgendetwas ganz und gar nicht stimmte?

Nichts an diesem ganzen mysteriösen Fall ist seltsamer als die außergewöhnliche Plötzlichkeit, mit der die Ermittlungen eingestellt wurden. Kaum einer, der sich ernsthaft mit dem Fall beschäftigt hatte, kann geglaubt haben, dass an den beiden Verbrechen nur ein Mörder beteiligt war und dass die Beweislage gegen John Williams überzeugend oder schlüssig war. Selbst der Premierminister äußerte im Unterhaus Zweifel daran, dass Williams ohne Hilfe gehandelt hatte. Die Beweisstücke wurden in die Bow Street geschickt, und Aaron Graham wurde von Ryder beauftragt, die Ermittlungen fortzusetzen. Zwei Verdächtige, Ablass und Hart, saßen noch immer in Untersuchungshaft. Der Innenminister verteidigte seinen Untergebenen, als Graham deswegen kritisiert wurde, dass er Ablass weiterhin in Haft behielt. Die ersten Verdachtsmomente gegen beide Männer waren sicher stärker als die gegen Williams vorgebrachten. Dennoch wurde keiner der beiden zu einer Hauptverhandlung überstellt. Beide wurden ohne Erklärung oder Entschuldigung in aller Stille freigelassen. Der Grund liegt auf der Hand. Die Ermittlungen wurden nicht eingestellt, weil der Fall gelöst war, sondern weil jemand wollte, dass sie eingestellt wurden.

Es wird nirgends behauptet, dass der Innenminister oder die Friedensrichter korrupt oder desinteressiert waren oder dass sie sich verschworen hatten, Beweise zu unterdrücken. Doch der Umstand, dass sie ihr Interesse an dem Fall so plötzlich und vollständig verloren, legt den Verdacht nahe, dass sie große Angst vor dem hatten, was weitere Ermittlungen ans Tageslicht hätten bringen können. Es wäre nicht das erste Mal gewesen, dass die Obrigkeit in einem Einzelfall die Gerechtigkeit dem Wohl der Allgemeinheit untergeordnet hat, und manchmal lebten die Opfer sogar noch. Williams jedoch war tot. Keine Anstrengungen der Friedensrichter, keine öffentlichen oder privaten Ermittlungen, keine noch so große Entschlossenheit, im Interesse der Gerechtigkeit die Wahrheit herauszufinden, konnten ihm nun noch helfen. Jeder Ehrenmann wäre davor zurückgeschreckt, ein unschuldiges Opfer zu verurteilen und hinzurichten, wie geeignet dieses auch sein mochte, den Rachedurst des Pöbels zu stillen. Aber ein totes Opfer, arm und ohne Freunde, dessen Familie unbekannt und dessen Unschuld nach wie vor nur eine Vermutung war, die auf nur halb ausgereiften Theorien und unwillkommenen Unstimmigkeiten beruhte, konnte man wesentlich leichter in Frieden verrotten lassen. Es war besser, diese Theorien und diesen Verdacht nicht beim Namen zu nennen. Die Möglichkeit, dass weitere Ermittlungen zu Entdeckungen führen könnten, die Williams' Schuld in Zweifel ziehen oder ihn sogar vollständig rehabilitieren würden, muss alle erschreckt haben, die für den Verlauf der Untersuchung verantwortlich waren. Sie hatten Williams' Leiche einer Schande ausgesetzt, die normalerweise nur bei verurteilten Mördern vorstellbar war, und das so öffentlichkeitswirksam wie nur möglich und mit der Zustimmung des Innenministers, der später im Unterhaus für seine Beteiligung gerügt wurde. Sie wurden ohnehin schon öffentlich und privat für ihre Inkompetenz kritisiert, die ganze Zukunft des Systems der Friedensrichter stand auf dem Spiel. Ihre gut bezahlten Stellen waren in Gefahr. Das Zeitalter war gewalttätig, und es war unbedingt nötig, dass das Gesetz und seine Hüter respektiert wurden. War es zu dieser Zeit für den Innenminister und die Friedensrichter möglich einzugestehen, dass die Morde am Ratcliffe Highway nach wie vor ungelöst waren, zuzugeben, dass Williams möglicherweise unschuldig war und dass es sich bei dem Selbstmord, der das stärkste Indiz für seine Schuld darstellte, ebenso gut um einen weiteren Mord handeln konnte, den Mord an einem angeketteten Häftling, der sich in der Obhut des Gesetzes befand?

Vermutlich äußerte niemand offen, was er dachte, weder mündlich noch schriftlich, aber es könnte durchaus eine Art Vereinbarung, eine stille Übereinkunft gegeben haben, dass es jetzt zweckmäßig sei, erst einmal Gras über die Ratcliffe-Highway-Affäre wachsen zu lassen, die für so viel Unruhe gesorgt, die Behörden so viel Zeit gekostet und den Ruf so vieler bedroht hatte. Mit einer Fortsetzung der Ermittlungen waren keine Lorbeeren zu gewinnen. Aaron Graham muss schon lange klar gewesen sein, dass dies kein zweiter Fall Patch war. Er war im Unterhaus bereits öffentlich zur Ordnung gerufen worden, weil er Ablass ohne Gerichtsverhandlung festhielt. Seine Kollegen müssen ihm gegenüber angedeutet haben, dass sein übertriebener Eifer das gesamte Rechtssystem in Misskredit zu bringen drohe und dass ihm dieser Fall, wenn er ihn weiterhin so hartnäckig verfolge, ebenso großen Schaden zufügen konnte, wie ihm der Fall Patch Ruhm und Ehre eingebracht hatte. Und Graham unterstand dem Innenminister. Er muss sich auf Bitten Ryders hin mit dem Fall befasst haben; ein Wink seines Herren dürfte genügt haben, und er ließ die Sache fallen.

Und es gab einen weiteren Grund, den Fall abzuschließen. Harrison und Cuthperson drängten auf die Auszahlung ihrer Belohnungen, damit sie wieder zur See fahren konnten. Das System der öffentlichen Belohnungen für sachdienliche Hinweise war zu dieser Zeit unentbehrlich für die Ermittlungen in Kriminalfällen und hing – oder hängt bis heute – von dem Vertrauen der Informanten ab, dass das Versprechen auch gehalten wurde. Wenn dieses Vertrauen erschüttert worden wäre, hätte der Strom der Auskünfte nachgelassen, und das System der Ermittlungen in Kriminalfällen, das ohnehin bereits desorganisiert und ineffizient genug war, wäre vollständig zusammengebrochen. Und es waren nicht nur die Seeleute, die sich über die Verzögerung der Auszahlung beschwerten. Die Vermilloes müssen ähnlich verärgert gewesen sein. Bald hätten auch Leute in Positionen, die es ihnen ermöglichten, wirklich Ärger zu machen, eine Erklärung für dieses ungewöhnliche Zögern der Friedensrichter gefordert, ihre Informanten in einem Fall von solcher Bedeutung zu belohnen. Es war sowohl einfacher als auch klüger, die Gelder auszuzahlen und die örtlichen Empfänger weiter ihren Geschäften nachgehen und die Seeleute ihr unbequemes Wissen mit sich hinaus aufs Meer nehmen zu lassen.

Wer aber ermordete die Marrs und die Williamsons? Es besteht kein Zweifel, dass beide Morde das Werk des gleichen Täters waren, mit oder ohne Komplizen. Beide Verbrechen zeichneten sich durch die gleiche Brutalität und Erbarmungslosigkeit aus, die gleiche kaltschnäuzige Missachtung jeder Gefahr. In beiden Fällen wurde ein Mordwerkzeug verwendet, das aus Petersons Kasten im »Pear Tree« stammte. In beiden Fällen wurde früher am Abend ein großer Mann gesehen, der in der Nähe des Tatorts herumlungerte. In beiden Fällen war das Mordwerkzeug (mit Ausnahme des Messers oder Rasiermessers) am Tatort zurückgelassen worden. In beiden Fällen kamen der Mörder beziehungsweise die Mörder zur Vordertür herein und schlossen hinter sich ab. Beide Opfer waren bescheidene, aber erfolgreiche Geschäftsleute. In beiden Fällen entkamen der oder die Mörder über die Rückseite der Gebäude. In beiden Fällen wurde der Raub, sofern Raub das Motiv war, nur teilweise ausgeführt, obwohl niemand mit Sicherheit sagen konnte, was eigentlich gestohlen und was zurückgelassen worden war, da in beiden Haushalten niemand am Leben blieb, der in der Lage gewesen wäre, anzugeben, wie viel Bargeld sich in dem jeweiligen Anwesen befunden hatte.

Trotz der Unzulänglichkeit vieler der Berichte ist es möglich, einige Schlüsse über die Mörder zu ziehen und zu überlegen, wer unter den Verdächtigen dem Bild, das sich dabei ergibt, am besten entspricht. Es ist praktisch sicher, dass mehr als eine Person an den Marr-Morden beteiligt war. Früher am Abend waren zwei oder möglicherweise drei Männer gesehen worden, die in der Nähe des Geschäftes herumlungerten. Im Hof waren zwei Paar Fußspuren. Die Bewohner des Hauses in der Pennington Street, das an das Haus anstieß, aus dem die Mörder geflohen waren, hatten das Geräusch von mehr als einem Paar Füße gehört. Zwei Mordwerkzeuge wurden verwendet: der Zimmermannshammer und das scharfe Messer oder Rasiermesser. Zusätzlich wurde ein Stemmeisen in das Haus gebracht und unbenutzt auf der Ladentheke zurückgelassen, während der Zimmermannshammer im Schlafzimmer im oberen Stockwerk zurückblieb. Es ist unwahrscheinlich, dass eine einzige Person mit solch lästigen, teils überflüssigen Gegenständen beladen eindrang. Die beiden Paare Fußspuren müssen mit mehr Vorsicht betrachtet werden. Es war Winter, der Hof wird schlammig gewesen sein, die Helfer durchsuchten ihn vermutlich in Gruppen, hielten sich aus Gründen der Sicherheit und des Vertrauens nahe beieinander und waren vom Licht der Laternen abhängig. Die Fußabdrücke wurden nie genauer untersucht oder gemessen. In Anbetracht des Standards polizeilicher Ermittlungen zu dieser Zeit wäre dergleichen auch äußerst ungewöhnlich gewesen. Doch zusammengenommen lassen die vorhandenen Beweise darauf schließen, dass der Mörder der Marrs nicht allein arbeitete.

Weniger sicher ist, ob der Mörder der Williamsons einen Komplizen hatte. Turner sah nur einen Mann, und er ähnelte dem großen Mann im langen Mantel, den Anderson und Phillips früher am Abend vor dem Pub hatten herumlungern sehen – der Mann, den Williamson hatte fragen wollen, »was er hier zu suchen« habe. Turner war zum Zeitpunkt der Verbrechen wach, er war nahe genug an dem Massaker, um den Schrei der Bediensteten und die letzten verzweifelten Worte von Williamson zu hören, und er schlich rechtzeitig genug hinunter, um zu sehen, wie sich der Mörder über eines seiner Opfer beugte. Doch auch bei den Morden an den Williamsons wurden zwei Tatwerkzeuge benutzt, das Stemmeisen und ein Rasiermesser. Die logische Schlussfolgerung ist, dass in beiden Fällen ein Mann der tatsächliche Mörder war. Beim ersten Mal hatte er einen Komplizen dabei, beim zweiten

Mal hatte der Komplize abgelehnt, vielleicht weil er die Nerven verloren oder bei dem ersten, schrecklichen Verbrechen zu wenig bekommen hatte, vielleicht auch, weil er gar nicht erst aufgefordert worden war mitzukommen. Ein Indiz dafür, dass möglicherweise dennoch mehr als ein Mann an dem zweiten Verbrechen beteiligt war, ist die Zeugenaussage von Turner, dass er das Knarren der Schuhe des Mörders gehört habe und dass es sich seiner Meinung nach dabei nicht um Nagelschuhe gehandelt habe. Die Fußabdrücke im Hof stammten jedoch von genagelten Sohlen. Es scheint aber unwahrscheinlich, dass, wenn zwei Männer beteiligt waren, diese in verschiedenen Richtungen geflüchtet sind, zumal das zur Folge gehabt hätte, dass einer von ihnen auf die New Gravel Lane hätte laufen müssen. Es ist ebenso unwahrscheinlich, dass Turner die Anwesenheit eines zweiten Eindringlings entgangen ist. Der Mann kann nicht die Treppe hinaufgegangen sein. Er muss daher bei Williamsons Leiche im Keller gewesen sein, nur ein paar Stufen unterhalb der Stelle, an der Turner stand. Es ist unwahrscheinlich, dass der zweite Täter sich so leise bewegte, dass seine Anwesenheit Turner entging, besonders in einem so kleinen Haus und unter Umständen, die so entsetzlich waren, dass die Nerven blank gelegen und alle Sinne so angespannt gewesen sein müssen, dass ihnen sicher nicht das kleinste Geräusch entgangen wäre.

Wer also war für diese Verbrechen verantwortlich?

Wir können eine ganze Menge über den Haupttäter schlussfolgern: Er war brutal, gewissenlos und gewalttätig; vermutlich war er das, was man in der Terminologie der modernen Psychologie als aggressiven Psychopathen bezeichnen würde, ein Mann, der weder Mitleid noch Reue empfinden konnte. Er war ein starker Mann, der seine Kraft erprobt hatte, der sich völlig sicher war, den kräftigen und vitalen Williamson überwältigen zu können. Trotz der barbarischen Schlächterei hält es Professor Simpson für absolut vorstellbar, dass die Morde das Werk eines einzigen Mannes waren. Der Mörder lebte in dem Viertel, war aber kein sesshafter

Bürger. Wäre er das gewesen, wären seine hemmungslose Brutalität und Aggressivität früher aufgefallen. Er war also vermutlich entweder ein Seemann, dessen Gewalttätigkeit normalerweise ein Ventil in den gefährlichen Herausforderungen des Lebens auf See und im Krieg gegen die Franzosen fand, oder ein kürzlich entsprungener Sträfling. Wenn er Seemann war, befand er sich wahrscheinlich schon so lange an Land, dass er seine angesammelte Heuer bereits ausgegeben hatte. Mit ziemlicher Sicherheit hatte er eine kriminelle Vergangenheit. Er war ein Mann mit Organisationstalent, der Einfluss auf andere hatte, möglicherweise infolge seiner Körperkraft und Grausamkeit, eine Führernatur, die ihre Leute durch Angst an sich band. Es ist erstaunlich, dass ihn trotz der beispiellosen Belohnung keiner verriet. Höchstwahrscheinlich war er ein Soldat, der einige Schlachten überlebt hatte. Beide Verbrechen waren systematische Tötungen, typisch für den Kampf Mann gegen Mann. Beide Fälle sind gekennzeichnet durch einen plötzlichen Überfall, den sofortigen Einsatz ungeheurer Kraft, ein fast selbstverständliches, umfassendes Niedermetzeln aller Anwesenden, das entschlossene Ergreifen eines momentanen Vorteils, während die Tür offen stand und die Luft rein war. Und in beiden Fällen gibt es Hinweise, dass das Terrain vorher erkundet wurde. All das trifft auf Ablass zu. Die »Times« beschreibt ihn als kräftigen Mann, etwa ein Meter neunzig groß. Er hatte eine gewalttätige Vergangenheit und schon einmal eine Meuterei organisiert. Er hatte kein überzeugendes Alibi, da die Frau, die für ihn aussagte, die gleiche war, die sich als seine Ehefrau ausgab. Er war seit zwei Monaten zu Hause – lange genug, um seine gesamte Heuer durchzubringen. Er besaß Geld, dessen Herkunft er nicht erklären konnte, und seine Aussage, dass er auf Kosten von Freunden und vom Erlös der Verpfändung seiner Besitztümer lebte, ist in sich unglaubwürdig. Mrs. Vermilloe hatte ihn zweifellos im Verdacht.

Es scheint keinen Grund zu geben, warum ein solcher Mann Williams an irgendeinem Unternehmen hätte beteiligen sollen. Tatsächlich hatte Ablass Grund genug, Williams zu verachten. War es diesem nicht gelungen, nach der Meuterei auf der »Roxburgh Castle« seiner Strafe zu entgehen, indem er behauptete, verführt worden zu sein? Das war nicht die Art von Verbündetem, die man bei einem gewagten Unternehmen gebrauchen konnte und mit der man die Beute teilen würde. Williams hatte nichts beizutragen, nicht einmal physische Kraft. Es ist wesentlich wahrscheinlicher, dass Ablass Williams als bequemen Sündenbock betrachtete, falls das Unternehmen scheitern sollte. Es ist interessant, dass Ablass der einzige Verdächtige mit einem lahmen Bein war. Die Versuchung, ihn für den hinkenden Mann zu halten, den man nach den Morden die New Gravel Lane hatte hinaufrennen sehen, ist daher groß. Doch dieser Mann war der kleinere der beiden. Wahrscheinlich war keiner von beiden in die Morde verwickelt, auch wenn sie beide gute Gründe dafür gehabt haben dürften, der Polizei aus dem Weg zu gehen. Wenn einer von ihnen oder auch beide aus dem »King's Arms« gekommen wären, hätte Lee, der Wirt des »Black Horse« auf der anderen Straßenseite, sie sehen müssen, als er nach seiner Frau und seiner Nichte Ausschau hielt, die im Theater gewesen waren. Er gab an, eine schwache Stimme aus dem »King's Arms« gehört zu haben, die rief: »Pass auf, pass auf!«, obwohl er seltsamerweise nichts unternahm. Sieben Minuten später sah er, wie Turner sich abseilte. Wenn der Mörder durch die New Gravel Lane geflohen wäre, hätte er ihn sehen müssen. Der Mörder kann nicht durch die Vordertür entkommen sein, da diese verschlossen war und die Retter sie aufbrechen mussten. Wäre er durch den seitlichen Durchgang geflüchtet, der in die Gravel Lane mündete, wäre er seinen Verfolgern zwangsläufig direkt in die Arme gelaufen. Überdies war Williams, wenn diese beiden die Mörder waren, mit Sicherheit unschuldig: Einer der beiden war sehr groß, und der andere hinkte, was auf Williams nicht zutraf. Ablass war am Ende jedoch einer von Grahams Hauptverdächtigen, und die Berichte der »Times« vom 17. und 27. Januar bringen seinen Namen sowohl mit den Morden an den Marrs als auch mit den Morden an den Williamsons in Verbindung. Am 31. Januar sprach der Premierminister noch immer von der Vermutung, Ablass habe sich »zu einer bestimmten Zeit an einem bestimmten Ort« aufgehalten. Dieser Ort war entweder das »King's Arms« oder Marrs Geschäft. Es besteht kein Anlass, anzunehmen, Ablass sei je in der Lage gewesen, diesen Verdacht zu entkräften.

Und wie steht es mit Hart? Das stärkste Verdachtsmoment gegen ihn ist das unbenutzte Stemmeisen auf Marrs Ladentheke. Möglicherweise sollte es benutzt werden, um sich Zutritt zu Marrs Haus zu verschaffen. Es war nicht schwierig, Zugang zum »King's Arms« zu erlangen, und wahrscheinlich hatte Williamson die Tür noch nicht verriegelt. Doch Marr, der sein Geschäft um Mitternacht abschloss, war möglicherweise weniger bereit, einen Fremden einzulassen. Tatsächlich standen beide Häuser zufällig offen, doch der Mörder konnte damit nicht gerechnet haben. Hart hatte in dem Haus gearbeitet; er hätte behaupten können, dass er gekommen sei, um das Stemmeisen zurückzubringen. Und es gibt noch andere Hinweise auf eine Beteiligung von Hart. Er hatte Zugang zum »Pear Tree«, und bei seiner Vernehmung am zweiten Weihnachtstag gab er zu, in diese Kneipe gegangen zu sein, als seine Frau ihn wenige Tage vor den Morden an den Marrs nicht in sein eigenes Haus gelassen hatte. Aber er wohnte nicht im »Pear Tree«. Er hätte den Zimmermannshammer daher einige Zeit, bevor er ihn brauchte, an sich nehmen müssen. Er war Zimmermann und könnte sich sowohl den Hammer als auch das Stemmeisen, mit denen die Williamsons ermordet wurden, noch vor den Morden für seine Zwecke ausgeliehen haben. Er könnte durchaus gewusst haben, dass Marr Geld in seinem Geschäft aufbewahrte, weil er dort gearbeitet hatte, und möglicherweise hatten sich die beiden gestritten. Er wäre gezwungen gewesen, die Marrs entweder selbst zu töten oder zuzulassen, dass sie getötet wurden, weil er mit der Familie bekannt war und die Opfer nicht am Leben lassen konnte, da sie ihn hätten identifizieren können. Er wurde offensichtlich von Mrs. Vermilloe verdächtigt, die weit mehr über die Verbrechen wusste, als sie je zugab; und er schickte seine Frau, um heimlich in Erfahrung zu bringen, ob Williams festgenommen worden war.

Wie mehrdeutig und unstimmig einige von Mrs. Vermilloes Aussagen auch gewesen sein mögen, es besteht wenig Zweifel, dass Williams' Vermieterin von seiner Unschuld überzeugt war; und von allen Zeugen in diesem Fall war sie wohl am ehesten in der Lage, dies zu beurteilen. Sie war offensichtlich nicht die Art Frau, die ihn offen verteidigt hätte, wenn sie dabei Gefahr lief, die Friedensrichter gegen sich aufzubringen, den Verdacht auf sich selbst zu lenken oder ihre Aussicht auf eine Belohnung aufs Spiel zu setzen. Doch einer der interessantesten Aspekte an dem Fall ist die Art, in der sich ihr Glaube an Williams' Unschuld in ihren Taten, Worten und Aussagen offenbart, ganz besonders in ihrem unwillkürlichen Protest: »Du lieber Gott, warum sagt er das?«, als ihr Ehemann den Zimmermannshammer eindeutig identifizierte, und ihrem offenbar echten Schrecken, als sie hörte, dass Williams tot aufgefunden worden war. Dies beeindruckte die Friedensrichter so sehr, dass sie nach dem Grund fragten, und sie sagte nach einigem Zögern: »Es täte mir sehr Leid, wenn er leiden musste, obwohl er unschuldig war.« Nach einem Bericht der »Times« vom 6. Januar war es Mrs. Vermilloe, die bitter bemerkte, dass die Friedensrichter, wenn sie Hart ebenso lange vernommen hätten wie sie, etwas über die Verbrechen erfahren hätten. Ein anderer Zimmermann, Trotter, hatte zu John Cobbet, einem Kohleträger, gesagt, »Es ist eine erschreckende Sache, und das würden Sie auch finden, wenn Sie wüssten, was ich weiß.« Das war der gleiche Trotter, der Mrs. Vermilloe besuchte, um ihr zu erzählen, dass Williams bald entlastet sein würde. Graham scheint von Harts Schuld überzeugt gewesen zu sein. Die Beweise gegen ihn hätten wahrscheinlich selbst das Gericht von Shadwell überzeugt, wenn sie je in entsprechender Form beigebracht worden wären.

Nach Williams' Tod veröffentlichte Mrs. Vermilloe eine Darlegung, die offenbar von einem Anwalt vorbereitet wurde. Sie ist in der »Times« vom 20. Januar abgedruckt:

Aufgrund eines in einer Morgenzeitung fehlerhaft wiedergegebenen Ausspruchs von Mrs. Vermilloe, in deren Haus der elende verstorbene Mr. Williams wohnte, hat sie am 18. dieses Monats einen Brief veröffentlicht, in dem sie angibt, dass sie zur Rechtfertigung einer unglücklichen und verfolgten Frau, als die sie sich selbst betrachtet, öffentlich bekannt zu machen wünscht, dass der Bericht, in dem behauptet wird, sie habe mündlich gestanden, an den jüngsten, schockierenden Morden an den Familien von Mr. Marr und Mr. Williamson beteiligt gewesen zu sein, jeglicher Grundlage entbehrt. Sie gibt ferner an, nichts zu gestehen zu haben, mit Ausnahme dessen, was dem gesamten Land bereits bekannt sei: dass es nämlich ihr Unglück gewesen sei, einen Mann zum Mieter gehabt zu haben, dem die entsetzlichsten Verbrechen zur Last gelegt worden sind.

Der letzte Satz ist interessant, besonders die Worte »zur Last gelegt«. Man fragt sich, ob Mrs. Vermilloe darauf bestanden hatte, dass der Satz so sorgfältig formuliert wurde.

Und so war mit der Auszahlung der Belohnungsgelder der Fall offiziell abgeschlossen und konnte nun beginnen, zur Legende zu werden. Mehr als vierzig Jahre später veröffentlichte De Quincey seinen »Nachtrag«. Unter seinem Stift wurden die Subtilitäten und Geheimnisse des Falls endgültig verwischt. Schrecken wurde durch Sensibilität verfeinert, Brutalität und Ruchlosigkeit durch berechnenden Sadismus beschönigt, eine rohe Lust am Plündern zur Boshaftigkeit des personifizierten Bösen erhöht, das sich heimlich an seine unschuldigen und ahnungslosen Opfer heranpirschte. De Quinceys Essay setzte den Standard für nachfolgende Beschreibungen des Falls. Es gab nur wenige, und die einzigen offenen Fragen, mit denen sie sich beschäftigen, sind Williams' Motiv (Gewinnsucht, Rache, Mordlust, sexueller Neid, der aus der eigenen Unzulänglichkeit resultierende Wunsch, glückliche Familien zu zerstören) und ob er einen Komplizen gehabt hatte. Die Morde am Ratcliffe Highway wurden als Akt extremer Brutalität betrachtet, der wenig geheimnisvoll und interessant war, da der

Täter gefasst und seine Schuld überzeugend bewiesen worden war. Es scheint, als habe die Nachwelt das Urteil der Friedensrichter von Shadwell gebilligt und deren Ansicht geteilt, dass der Fall möglichst still in der Versenkung verschwinden müsse.

Es ist unwahrscheinlich, dass die ganze Wahrheit je herausgefunden wird. Möglicherweise ist die Wurzel für die Gewalt, die sich in den dunklen Dezembernächten im Jahr 1811 mit so entsetzlichen Auswirkungen entlud, Monate zuvor unter den Kanonen von Surinam zu finden; und möglicherweise enthielt das längst verloren gegangene oder zerstörte Logbuch der »Roxburgh Castle« den Schlüssel zu dem Geheimnis. Doch trotz der Unzulänglichkeit vieler zeitgenössischer Quellen sind zwei Schlussfolgerungen zwingend: John Williams wurde aufgrund so unzureichender und irrelevanter Indizienbeweise verurteilt und sein Andenken aus so nichtigen Gründen geschändet, dass kein kompetentes Gericht der Welt je ein Verfahren gegen ihn angestrengt hätte. Und was die Frage betrifft, ob er durch eigene Hand starb oder durch die eines anderen, so ist es zumindest sehr wahrscheinlich, dass der Leichnam, der in solcher Schmach an der Straßenkreuzung beim Schlagbaum von St. George's verscharrt wurde, die Leiche des achten Mordopfers war.

Epilog

Einiges von dem alten Wapping hat die Zeit bis ins zwanzigste Jahrhundert überdauert.

Ein frühes Opfer war das »King's Arms«, New Gravel Lane Nr. 81. In den dreißiger Jahren des neunzehnten Jahrhunderts wurde das Londoner Dock erweitert, und die Häuser auf der Westseite der Gasse wurden durch eine weitere gigantische Dockmauer ersetzt. Williamsons Herberge war eines der Gebäude, die abgerissen wurden, um Platz zu schaffen. Dann verlor der Ratcliffe Highway seine Identität. Reverend R. H. Hadden, Kurator von St. George's-in-the-East, schrieb 1880 einen knappen Nachruf: »Der Ratcliffe Highway ist nicht mehr das Inferno, das er einst war. Eigentlich gibt es heute keinen Ratcliffe Highway mehr. Wir nennen ihn St. George's Street, East, um die alten Geschichten zu vergessen.« Doch zumindest einer dieser Geschichten hat die Zeit nichts anhaben können. Thomas Burke, ein Historiker aus dem Ostteil Londons, konnte noch 1928 Marrs Geschäft identifizieren und schrieb dazu: »Das baufällige Haus entspricht voll und ganz den schrecklichen Szenen, die sich dort abgespielt haben.«

Das Schwinden alter Erinnerungen beschleunigte sich am Vorabend des Zweiten Weltkriegs, als sich die lokale Verwaltung, unbeleckt von jedem Traditionsbewusstsein, entschloss, drei von Wappings bedeutendsten Straßen umzubenennen. Im Juli 1937 wurde aus dem Ratcliffe Highway beziehungsweise der St. George's Street einfach The Highway, im Februar 1939 tauften Bilderstürmer die Old Gravel Lane in Wapping Lane um, und wenige Monate später wurde die New Gravel Lane in Garnet Street umbenannt. Im darauf folgenden Jahr vollendeten die Bomben den Prozess des Auslöschens. In einer der schrecklichen Nächte im September 1940, als ein Großteil der Dockregion Londons dem Erdboden gleichgemacht wurde, müssen die Überreste von Marrs Geschäft in Flammen aufgegangen sein.

Heute kann man durch die Gemeinde St.-George's-in-the-East nach St. Paul's in Shadwell und hinunter zu den verlassenen Werften und Landestegen am Flussufer von Wapping gehen und dabei wenig anderes hören als das Geschrei der Möwen und das ferne Brummen der Lastwagen, die den Highway entlangfahren. Die Seeleute, die Dockarbeiter, die Herbergen und die meisten Kneipen sind verschwunden. Das letzte Schiff ist 1968 aus dem Londoner Dock ausgelaufen, und die großen Lagerhäuser, in denen einst die Fracht aus Indien lagerte, Medikamente, Tee, Indigo und Gewürze, stehen leer und verfallen.

Dennoch muss man seine Phantasie nicht sonderlich anstrengen, um selbst heute die Orientierungspunkte des alten Wapping zu erkennen. Die Lage der Hauptstraßen entspricht noch genau dem Verlauf der früheren Straßen, wie er in der Skizze am Anfang des Buches dargestellt ist: dem Ratcliffe Highway, der Old Gravel Lane und der New Gravel Lane. Einige Namen haben alle Veränderungen überdauert. Die große Mauer des London Dock wirft noch immer ihren gigantischen Schatten über die Pennington Street, und die Ecke zum Artichoke Hill kennzeichnet den Standort des unbewohnten Hauses, durch das die Mörder der Marrs entkommen sein sollen. Das Quartier, in dem Marrs Geschäft lag und das auf zwei Seiten vom Artichoke Hill und vom John's Hill und auf den anderen von der Pennington Street und dem Highway begrenzt wurde, ist leicht zu finden. Heute steht ein Wohnblock namens Cuttle Close auf dem Gelände, und an seiner östlichen Ecke markiert ein Straßenschild mit der Aufschrift »The Highway, E.1.« die Stelle, auf der das Haus Nr. 29 stand. Auf der anderen Straßenseite überragt der auffällige Hawksmoor Tower die einst traurig zerbombte und heute wunderschön restaurierte Kirche St.-George's-in-the-East. Unten am Fluss steht heute die Thames Police Station genau an der Stelle direkt an den New Stairs von Wapping, an der sich einst Harriotts Dienststelle befand. Von Zeit zu Zeit ankert ein modernes Polizeiboot, die »John Harriott«, in der Nähe. Ein Schild an der Wand eines alten Lagerhauses weist auf den Ort hin, an dem die Piraten gehenkt wurden. Man kann noch immer der genauen Route folgen, die der Zug mit John Williams' Leiche auf seinem langsamen Weg zu seinem Grab an der Kreuzung New Cannon Street und Cable Street nahm. Aber der »Pear Tree«? Heute endet die Cinnamon Street, die noch immer mit Kopfsteinen gepflastert ist, wie am Silvestertag 1811, als der Karren auf ihr dahinholperte, bevor er in den Sir William Warren's Square einbog, an einem verfallenen Lagerhaus und einem zerbombten Block. Irgendwo unter dem Schutt könnten die Überreste von Mrs. Vermilloes Herberge liegen.

Es besteht kaum noch die Wahrscheinlichkeit, dass irgendwelche Relikte der Morde am Ratcliffe Highway ans Tageslicht kommen, und durch eine seltsame Ironie gibt es keine Spur der letzten Ruhestätte auch nur eines der Opfer. Die Kirche St. Paul's in Shadwell, wo die Williamsons begraben lagen, wurde im folgenden Jahr durch ein neues Gebäude ersetzt. Der Kirchhof ist voller Grabsteine mit unleserlichen Inschriften, und vom Grab der Williamsons ist keine Spur mehr übrig. Der Kirchhof von St.-George's-in-the-East wurde 1886 in einen öffentlichen Park umgewandelt. Die Grabsteine wurden entfernt und an die umgebende Mauer gelehnt. Viele der Inschriften sind im Laufe der Zeit verwittert, doch der Grabstein der Marrs ist noch vorhanden und erzählt ihre blutige Geschichte. Auch die Gebeine von John Williams durften nicht ungestört liegen bleiben. Laut S. Ingleby Oddy, bis vor kurzem Coroner in der Innenstadt von London, entdeckte eine Gruppe von Arbeitern, die hundert Jahre später eine neue Kanalisation verlegten, sein primitives Grab. Zwei Freunde, Professor Churton Collins und H. B. Irving, ein Gelehrter und ein Schauspieler, die das Interesse für die Kriminologie miteinander teilten, untersuchten das Skelett. Churton Collins behielt die Knochen des rechten Arms. Andere bedienten sich ebenfalls. Ein Notizbuch, das sich heute im Pfarrhaus von St.-George's-in-the-East befindet, enthält einen nicht datierten Eintrag über Williams. Er endet: »Sein Schädel befindet sich gegenwärtig im Besitz des Eigentümers einer Kneipe an der Ecke Cable Street, Cannon Street Road.« Es ist vielleicht ganz passend, dass John Williams' Schädel in einer Kneipe in der Nähe der Stätte seines traurigen Ruhmes aufbewahrt wird und dass seine übrigen Knochen, ebenso wie die der Marrs und der Williamsons, vergessen an einem nicht gekennzeichneten Ort liegen.

Personenverzeichnis

Ratcliffe Highway Nr. 29, St. George's, Middlesex

Timothy Marr	Weißwarenhändler
Celia Marr	seine Frau
Timothy Marr junior	ihr Baby
Margaret Jewell	Dienstmädchen der Marrs
James Gowen	Gehilfe
Wilkie	ehemaliges Dienstmädchen der Marrs

»The King's Arms«, New Gravel Lane, St. Paul's, Shadwell

John Williamson	Schankwirt
Elizabeth Williamson	seine Frau
Kitty Stillwell	ihre Enkelin
Bridget Anna Harrington	Bedienstete der Williamsons
John Turner	Handwerksgeselle, Mieter im »King's Arms«

»The Pear Tree«, Pear Tree Alley, Wapping

Robert Vermilloe	Schankwirt
Sarah Vermilloe	seine Frau
Mary Rice	Waschfrau, Schwägerin von Mrs. Vermilloe
John Cuthperson	Seemann, Mieter im »Pear Tree«
John Harrison	Segelmacher, Mieter im »Pear Tree«
John Peterson	Matrose aus Hamburg, ehemaliger Mieter im »Pear Tree«
John Frederick Richter	Seemann, Mieter im »Pear Tree«
John Williams	Seemann, Mieter im »Pear Tree«

Friedensgericht, Shadwell
George Story   Friedensrichter
Edward Markland   Friedensrichter
Robert Capper   Friedensrichter
William Hewitt   Polizeibeamter
Joseph Holbrook   Polizeibeamter
Ralph Hope   Polizeibeamter
Robert Williams   Polizeibeamter

Friedensgericht, Bow Street
Aaron Graham   Friedensrichter

The River Thames Police Office, Wapping
John Harriott   Friedensrichter
Charles Horton   Polizeibeamter

Innenministerium
Richard Ryder   Innenminister
John Beckett   Staatssekretär

Gefängnis von Coldbath Fields
Mr. Atkins   Gefängnisdirektor
William Hassall   Gefängnisschreiber
Thomas Webb   Gefängnisarzt
Joseph Beckett   Aufseher
Henry Harris   Häftling
Francis Knott   Häftling

Sonstige
Spencer Perceval   Premierminister
James Abercromby   Abgeordneter
Sir Francis Burdett   Abgeordneter
Sir Samuel Romilly   Abgeordneter
Richard Brinsley Sheridan   Abgeordneter

John Wright Unwin	Coroner
Walter Salter	Arzt
Kapitän Hutchinson	Kapitän des Handelsschiffs »Roxburgh Castle«
Mr. Lee	Besitzer des Gasthauses »Black Horse«
Robert Lawrence	Pächter des »Ship and Royal Oak«
Miss Lawrence	seine Tochter
Mrs. Peachy	Wirtin des »New Crane«
Susan Peachy	ihre Tochter
Susannah Orr	Witwe
John Murray	Pfandleiher
Mr. Anderson	Gemeindeschutzmann
George Fox	Anwohner der New Gravel Lane
Mr. Pugh	Zimmermannsmeister
Cornelius Hart	Zimmermann, Aushilfe bei Pugh
Trotter	Zimmermann
Jeremiah Fitzpatrick	Schreiner
John Cobbett	Kohlenträger
William Ablass (Long Billy)	Seemann aus Danzig
Thomas Knight	Hechler, Angestellter der Seilerei Sims & Co.
Le Silvoe	portugiesischer Seemann
Bernard Govoe	portugiesischer Seemann
Anthony	portugiesischer Seemann
William Austin	irischer Seemann
Michael Harrington	Irischer Seemann
William Emery	irischer Seemann
Thomas Cahill	Deserteur
Sylvester Driscoll	Ire, der in der Nähe des »King's Arms« wohnte
Cornelius Driscoll	ein Freund von Cahill

301

Auf die Frage, warum ordentliche (Haus-)Frauen fortgeschrittenen Alters so blutrünstige Geschichten erfinden, antwortete P. D. James in einem Interview in der ZEIT:
»Wir verstehen uns gut auf den Mord in familiärer Umgebung. Außerdem haben Frauen einen Sinn fürs Detail, der bei einer guten Detektivgeschichte wichtig ist.«

Meisterwerke der »Queen of Crime«!

P. D. James bei Knaur

Der Beigeschmack des Todes

Ein Spiel zuviel

Ende einer Karriere

Vorsatz und Begierde

Wer sein Haus auf Sünden baut

Ihres Vaters Haus

Was gut und böse ist

Knaur